Negaholiker:
Der Hang zum Negativen

W0416499

In diesem praxisnahen Buch stellt die Autorin zunächst einen Test vor, mit dessen Hilfe man das Ausmaß des eigenen Negaholismus prüfen kann. Sie analysiert die verschiedenen Negaholiker-Persönlichkeiten: den Perfektionisten, den sich ständig Überfordernden, den Sklaventreiber, den Aufschieber, den Wiederholungstäter, die zweite Geige, den Nörgler, den ewigen Rivalen, den nachträglichen Fehlerfinder, den vorzeitigen Abwerter, den Fallensteller, den Klagenden, den Unheilsboten und den Weltuntergangspropheten. *Negaholiker* enthält eine Vielzahl von einfühlsam geschilderten Fallbeispielen, die hilfreich und unterhaltsam sind.

Chérie Carter-Scott ist Unternehmerin, Vortragende und Seminarleiterin. Sie ist Vorstandsvorsitzende und Präsidentin der Motivation Management Service Inc. Zu ihren Klienten gehören auch Firmen wie IBM, GTE, Burger King, First Interstate Bank und American Express.

Chérie Carter-Scott

Negaholiker: Der Hang zum Negativen

Wege aus der Selbstblockade

Campus Verlag
Frankfurt/New York

Die amerikanische Ausgabe »Negaholics« erschien 1989 bei Villard Books, a division of Random House, Inc.
Copyright © 1989 by Chérie Carter-Scott
All rights reserved. No part of this work may be reproduced or transmitted in any form or by any means, electronic or mechanical, including photocopying and recording, or by any information storage or retrieval system.

Deutsche Übersetzung von Katharine Cofer. Der Text wurde in Übereinstimmung mit der Autorin für die deutsche Fassung leicht gekürzt.

CIP-Titelaufnahme der Deutschen Bibliothek

Carter-Scott, Chérie:
Negaholiker: der Hang zum Negativen : Wege aus der Selbstblockade / Chérie Carter-Scott. [Dt. Übers. von Katharine Cofer]. – 2. Aufl. – Frankfurt/Main ; New York : Campus Verlag, 1990
Einheitssacht.: Negaholics ‹dt.›
ISBN 3-593-34258-8

2. Auflage 1990

Das Werk einschließlich aller seiner Teile ist urheberrechtlich geschützt. Jede Verwertung ist ohne Zustimmung des Verlags unzulässig. Das gilt insbesondere für Vervielfältigungen, Übersetzungen, Mikroverfilmungen und die Einspeicherung und Verarbeitung in elektronischen Systemen.
Copyright © 1990: Alle deutschsprachigen Rechte bei Campus Verlag GmbH, Frankfurt/Main
Umschlaggestaltung: Atelier Warminski, Büdingen
Umschlagabbildung: Edward Hopper, *Office in a Small City*,
Abdruck mit freundlicher Genehmigung des Metropolitan Museum of Art
Satz: L. Huhn, Maintal
Druck und Bindung: Druckhaus Beltz, Hemsbach
Printed in Germany

Inhaltsverzeichnis

Widmung

Dieses Buch ist all jenen Menschen gewidmet, die ihre Zeit und ihre Energie, ihre Hingabe und ihre Liebe in den Dienst unserer Firma Motivation Management Service und von deren Selbstachtungsseminaren gestellt haben.

Des weiteren meinen zwei liebenswürdigen und engagierten Mitarbeiterinnen Lynn Stewart und Suzanne Eastman, ohne die dieses Buch gar nicht hätte geschrieben werden können.

Lynn ist nicht nur meine Schwester und Geschäftspartnerin, sondern auch meine sehr enge Freundin, Mitarbeiterin und Seelenschwester. In ihrer unnachgiebigen Art stand sie mir stets zur Seite, unterstützte mich beim Schreiben mit Spaß und Humor. Sie war immer da, wenn ich sie brauchte.

Ich danke außerdem Warren Bennis, Diane Reverand und Jim Stein, die an mich glauben und mich tatkräftig unterstützen.

Ebenso Mary Kelly Untermeyer und Milton Untermeyer, die ihr Bestes taten und mich motivierten, zu suchen, zu finden und zu begreifen.

Und schließlich danke ich Ulrich Egger, dessen sorgsame Durchsicht und dessen Empfehlungen der Klarheit der deutschen Übersetzung zugute gekommen sind.

Einleitung

Dieses Buch handelt von einer Krankheit, die sich in unserer Gesellschaft derzeit wie ein Lauffeuer ausbreitet: der Sucht nach negativen Sicht- und Denkweisen, dem »Negaholismus«. Diese Sucht nach Negativität ist ein Syndrom, bei dem Menschen unbewußt ihre angeborenen Fähigkeiten einschränken, sich selbst einreden, daß sie das, was sie wollen, nicht bekommen können, und ihre Wünsche, Sehnsüchte und Träume sabotieren. Dieses Buch zeigt, wie sich der »Negaholismus« im täglichen Leben bei fast jedem von uns auswirkt. Auf subtile Weise vergiften selbstauferlegte Einschränkungen des eigenen Glücks, der eigenen Freude und Erfüllung das Bewußtsein der meisten Menschen. Die Überzeugungen, Einstellungen und Wahrnehmungen, die uns beschränken, einzwängen und beschneiden, haben bereits das Ausmaß einer regelrechten Epidemie erreicht.

Beim Lesen dieses Buches werden Sie entweder sich oder andere, die der Sucht nach Negativität verfallen sind, wiedererkennen. Sie werden auch entdecken, daß es Wege aus dieser Falle gibt. Die Anwendung der in diesem Buch beschriebenen Werkzeuge und Techniken wird es Ihnen ermöglichen, aus alten Verhaltensmustern auszubrechen und sich auf eine völlig neue Lebensart einzulassen. Ich weiß es, denn ich selbst war früher einer negativen Sichtweise verfallen, also »Negaholikerin«, und was ich gelernt habe, kann auch Ihnen helfen.

Während der vergangenen fünfzehn Jahre habe ich eine Reihe von Workshops sowohl im öffentlichen Bereich als auch für private Unternehmen geleitet. Bei diesen Seminaren ging es in erster Linie um das Individuum und seine Fähigkeit, zu wachsen und zu gedeihen. Ein zweites Arbeitsfeld war, Leuten bei ihren zwischenmenschlichen Beziehungen zu helfen, um ihnen zu einer größeren Zufriedenheit sowohl bei der Arbeit als auch in der Privatsphäre zu verhelfen. Ich habe Beratungen in Einzelsitzungen sowie in Gruppenseminaren durchgeführt. In meinen Nachforschungen und bei meiner praktischen Arbeit tauchten immer wieder dieselben grundlegenden Themen auf:

- Wie kann ich in meinem Leben das bekommen, was ich mir wünsche?
- Wie kann ich die Arbeit finden, die meinen Fähigkeiten und Spezialkenntnissen entspricht, mir ein Gefühl der Zufriedenheit vermittelt und sich auch finanziell lohnt?
- Wie kann ich die Partnerbeziehung verwirklichen, nach der ich mich sehne?
- Wie kann ich die Wohnatmosphäre schaffen, die ich mir wünsche?
- Wie kann ich mein körperliches Aussehen entsprechend meinen Wünschen verändern?
- Wie schaffe ich es, ein gutes Gefühl in bezug auf mich selbst zu bekommen?
- Wie schaffe ich es, eine Firma nach meinen Vorstellungen aufzubauen?
- Wie kann ich mein Leben so gestalten, daß ich das Gefühl habe, meine Träume seien Wirklichkeit geworden?

Es handelt sich um einen dreiteiligen Prozeß:

1. Ihre Wünsche bestimmen oder klären;
2. einen Aktionsplan ausarbeiten;
3. bei der Verwirklichung des Traums unterstützt werden.

Bei jedem Problem, das bei der Beratung besprochen wird, gibt es einen konkreten Anfang, einen Mittelteil und ein Ende. Wir interessieren uns weniger für das »Warum« oder das »Wie« als für das »Was«. Was wollen Sie? Was hat Ihr Ziel für einen Charakter? Was ist dazu erforderlich? Was brauchen Sie, um dorthin zu gelangen? Der Prozeß ist zwar therapeutisch, aber keine Therapie im eigentlichen Sinne. Er ist nicht lang-, sondern kurzfristig angelegt. Er ist an Lösungen orientiert.

Der Prozeß ist verblüffend einfach, denn er beruht im wesentlichen auf der Vermittlung von Geborgenheit und Wohlbehagen sowie auf Ermutigung. Der Prozeß setzt nichts voraus. Er kehrt die Rollen von Schüler und Meister, Publikum und Schauspieler, Zuschauer und Teilnehmer um. Der Berater/Mittler ist kein Experte, sondern ein Katalysator für Entdeckungen, ein Agens der Veränderung, eine Hebamme, die Ihnen dabei hilft, das Selbst, das Sie wirklich werden wollen, ans Licht zu bringen.

Abraham Maslow, als Vater der modernen Motivationstheorie bekannt, gründete sein berühmtes Werk *Motivation und Persönlichkeit* auf seine Untersuchungen zu einer psychologischen Typenlehre des Menschen. Seine Theorie geht davon aus, daß die Menschen fähiger, rationaler und autonomer sind als bisher angenommen. Der Kernpunkt seiner These ist, daß der Mensch ein Wesen ist, das ständig neue Wünsche verspürt: Kaum wird ein Wunsch befriedigt, da taucht ein neuer auf. In seiner »Hierarchie der Bedürfnisse« zeigt er ein fünfstufiges Fortschreiten auf – von Überleben, Sicherheit und Zugehörigkeit über Selbstachtung bis schließlich zur Selbstverwirklichung.

Ich habe in den Vereinigten Staaten mit Klienten gearbeitet, die erhebliche Unterschiede im Hinblick auf Alter, ethnische Abstammung, finanziellen Status und Lebensstil aufwiesen. Es ist für mich offensichtlich, daß sie, wenngleich ihre Interessen ein äußerst breites Spektrum abdecken, der von Maslow beschriebenen Entwicklung sehr genau entsprechen. Es gibt wenig Gemeinsames zwischen einem Menschen, der mit grundlegenden Fragen des Überlebens beschäftigt ist – z.B. wo er sein nächstes Essen herbekommt, wo er schlafen oder wie er sich kleiden soll – und einem Menschen, der von einem Berufswechsel, einer Scheidung oder Fragen nach seinem Lebensziel in Anspruch genommen ist. Dennoch bin ich auf ein wiederkehrendes, überall gegenwärtiges Thema gestoßen, das für alle Menschen – ungeachtet ihrer Lebensumstände, ihres gesellschaftlichen Status oder ihres persönlichen Hintergrunds – ein grundlegendes Problem darzustellen scheint. Die meisten Menschen wissen nicht, wie sie dieses Phänomen bezeichnen bzw. anpacken sollen. Man hat ihm bereits viele Namen gegeben, darunter: »die Stimme in meinem Kopf«, »mein Verstand«, »das Geplapper im

Kopf«, »der Kobold in mir«, »der wilde Affe«, »der kritische Vater/die kritische Mutter«, »meine Dämonen« und »der pathologische Kritiker«.

Bei diesem Buch geht es darum, wie Sie diesen Stimmen in Ihrem Kopf auf die Schliche kommen, wie Sie sie in den Griff bekommen und sie entweder abstellen oder für *Ihre* Zwecke einsetzen. Die Stimmen funktionieren oft so, als hätten sie ein Eigenleben, und spielen oft die Rolle eines Saboteurs.

Ich habe dieses Buch geschrieben, um Ihnen dabei zu helfen, sich aufzumachen und für Ihre Rechte einzutreten, die Wahrheit über Ihre Gefühle und Ihre Wünsche zu sagen und folgendes zu lernen:

- wie Sie sich mutig den »Ich kann nicht«-Stimmen stellen;
- wie Sie die »Ich kann«-Stimmen bestärken und zu einer treibenden Kraft in Ihrem Leben ausbauen;
- wie Sie sich in Ihrem Leben von den »Ich kann«-Stimmen leiten lassen;
- wie Sie in Zukunft Anfälle von Negativität abwenden;
- wie Sie ein gesundes Selbstbild aufrechterhalten, damit solche Anfälle unwahrscheinlicher werden oder ganz ausbleiben;
- wie Sie in Ihrem Leben das bekommen, was Sie wollen.

Die beschriebenen Werkzeuge und Techniken können und werden auch für Sie funktionieren; Sie brauchen sie nur anzuwenden.

Chérie Carter-Scott
Los Angeles, 1988

Kapitel 1

Die Sucht nach der Negativität

Denken Sie kurz nach. Ist es bei Ihnen schon mal vorgekommen, daß Sie

- sich selbst eine neue Beziehung ausredeten, weil Sie den potentiellen Partner für außerhalb Ihrer Reichweite (zu attraktiv, zu erfolgreich, zu reich) hielten;
- sich selbst eine neue Berufschance ausredeten, weil Sie Angst hatten, der Herausforderung nicht gewachsen zu sein;
- sich einredeten, Sie könnten z.B. nicht an einem Sportwettbewerb teilnehmen, weil Sie noch nie mitgemacht hatten oder weil Sie nicht scheitern wollten;
- sich das Ausprobieren irgendeiner neuen Aktivität (etwa Skifahren, Windsurfen, Reiten) ausredeten, weil Sie nicht dumm aussehen wollten;
- sich den Kauf eines schönen, teuren Möbel- oder Kleidungsstücks aus dem Kopf schlugen, weil Sie Ihrem Geschmack nicht trauten oder weil Sie Angst hatten, es könnte beschädigt werden;
- sich einredeten, Sie könnten nicht soviel abnehmen, wie Sie wollen, weil Ihnen dazu die Willensstärke fehlt oder weil Ihnen das Essen zu sehr schmeckt;
- sich einredeten, Sie bräuchten den Urlaub, den Sie sich wünschen, gar nicht erst zu planen, weil Sie ja wissen, daß bei der Arbeit unweigerlich irgendeine Krise auftreten wird, die Ihre Aufmerksamkeit erfordert und Sie zum Stornieren zwingt;
- sich einredeten, Sie könnten sich nicht das Auto anschaffen, das Sie wirklich gerne hätten, weil es protzig oder zu unpraktisch sei oder weil Sie das Geld anderweitig besser anlegen könnten?

Falls Sie eine oder mehrere der obengenannten Fragen mit Ja beantwortet haben, dann lesen Sie weiter.

Ich habe einen kleinen Test ausgetüftelt. Er ist jedoch kein Psycho-Test im eigentlichen Sinne, sondern vielmehr ein Werkzeug, mit dessen Hilfe Sie einschätzen können, in welchem Ausmaß Sie der Sucht nach Negativität verfallen, d.h. »Negaholiker« sind. In den nächsten fünf Minuten werden Sie erfahren, wie ernst Ihr Krankheitsbild ist. Am Ende diese Buches werden Sie sich selbst besser kennen, Ihre bisherigen Verhaltensmuster durchschauen und, am allerwichtigsten, genau wissen, was Sie tun müssen, um die alten Gewohnheiten und Abhängigkeiten zu verändern und den Weg zur Genesung anzutreten.

Sind Sie »Negaholiker«?

1. Fällt es Ihnen manchmal schwer, morgens aufzustehen?
2. Müssen Sie oft an die Niederlagen und Pleiten in Ihrem Leben denken?
3. Ertappen Sie sich manchmal dabei, daß Sie sich auf das Schlimmste gefaßt machen, damit Sie nicht enttäuscht werden?
4. Beobachten Sie manchmal, wie Sie beim Hören von guten Nachrichten aus Angst vor den schlechten, die unweigerlich darauf folgen müssen, nervös werden?
5. Beantworten Sie die Frage »Was wollen Sie?« oft mit »Ich weiß nicht«?
6. Antworten Sie oft mit »Egal«, wenn man Sie fragt, was Sie wollen?
7. Ertappen Sie sich oft dabei, die Fehler, Versehen, Pannen und sonstigen Patzer in Ihrer Vergangenheit als Rechtfertigung dafür heranzuziehen, daß Sie kein neues Risiko eingehen?
8. Wenn Sie sich irgendein großes Ziel vorstellen, hören Sie dann innere Stimmen, die Ihnen zuflüstern »Das packst du nicht...«, »Das schaffst du doch nie...«?
9. Fällt es Ihnen schwer, sich für Ihre »Noch-zu-erledigen-Liste« zu begeistern?

10. Grübeln Sie oft über Mißgeschicke, die Sie »verbrochen« haben?
11. Ertappen Sie sich häufig dabei, daß Sie sich selbst dafür heruntermachen, wie Sie aussehen, wie Sie sich bewegen oder wie Sie sprechen?
12. Verfügen Sie über Listen von Dingen, die Sie erledigen wollten, jedoch nicht geschafft haben, und die Sie deshalb gleichsam als Beweismaterial gegen sich selbst anwenden?
13. Fällt es Ihnen schwer, Ihre Erfolge zu feiern?
14. Wenn Sie anfangen, sich Ihre Ziele vorzustellen, hören Sie dann eine kleine Stimme, die sagt »Für wen hältst du dich eigentlich?«
15. Wenn Sie Komplimente von Freunden bekommen, gehen Sie darüber hinweg, oder suchen Sie gar nach einem möglichen Hintergedanken?
16. Wenn Sie in den Spiegel sehen, zählen Sie dann oft die grauen Haare und Falten?

Glauben Sie, Sie könnten jemals...

17. Ihre Traumwohnung finden?
18. Ihre Traumbeziehung realisieren?
19. soviel Geld verdienen, wie Sie wollen?
20. die Figur haben, die Sie sich wünschen?
21. eine Arbeit haben, die Ihnen Spaß macht, Sie befriedigt und erfüllt?

Ärgern Sie sich oft über sich selbst, weil Sie...

22. zuviel Geld ausgegeben haben und/oder ein Geizhals sind?
23. zuviel essen?
24. zuviel trinken?
25. Zeit verplempern?

Fühlen Sie sich oft...

26. über sich oder andere verärgert?
27. ängstlich, aus spezifischem Anlaß oder generell?
28. im unklaren darüber, was Sie tun sollten?
29. deprimiert, wegen allem oder wegen nichts?
30. unschlüssig?
31. ungeduldig?

32. unsicher?
33. einsam?
34. reumütig?
35. unglücklich?
36. ungeliebt?
37. bekümmert?

Fühlen Sie sich selten...

38. ruhig?
39. fähig?
40. sicher?
41. kompetent?
42. selbstbewußt?
43. begeistert?
44. glücklich?
45. freudig?
46. liebenswürdig?
47. optimistisch?
48. stark?
49. zufrieden?

Und:

50. Rackern Sie sich ständig ab, ohne am Ende Ihrer Bemühungen ein Gefühl der Vollendung und Erfüllung zu haben?

Sind Sie »Negaholiker«?

Auflösung

Um das Ausmaß Ihrer Abhängigkeit von negativen Denkmustern festzustellen, werten Sie Ihre Antworten folgendermaßen aus:

- geben Sie sich 2 Punkte für jedes »JA« auf die Fragen 1-16,
- geben Sie sich 2 Punkte für jedes »NEIN« auf die Fragen 17-21,
- geben Sie sich 2 Punkte für jedes »JA« auf die Fragen 22-49,
- und falls Sie die Frage 50 mit »JA« beantwortet haben, geben Sie sich weitere 2 Punkte.

Zählen Sie jetzt Ihre Punkte zusammen und ermitteln Sie Ihren Zustand entsprechend der nachstehenden Einteilung.

0 Sie können sich zu Ihrem positiven Selbstbild und Ihrem hohen Selbstwertgefühl gratulieren und sich auf ein gesundes, erfülltes Leben freuen.

2 – 24 Ein leichter Fall von Negaholismus. Sie müssen sich jedoch keine großen Sorgen machen. Ein bißchen Bestätigung und gutes Zureden von Ihnen selbst und von Ihren Lieben, und Sie kriegen das sehr gut hin.

26 – 40 Sie haben eine deutliche Tendenz zum Negaholismus. Wahrscheinlich liegt es in der Familie. Wenn Sie die Sache sofort angehen, können Sie das Übel im Keim ersticken. Lassen Sie es weiterhin schwelen, so könnte es sich mit der Zeit äußerst schädlich auf Ihre psychische Gesundheit auswirken. Eine Selbsterfahrungsgruppe, ein Workshop zur Erhöhung des Selbstwertgefühls, eine Therapie oder die Beteiligung an einer Selbsthilfegruppe wären angebracht. Außerdem sollten Sie sich im Vierteljahr mindestens ein Selbsthilfe-Buch zu Gemüte führen, das Sie beim Aufbau eines positiven Selbstbildes unterstützt.

42 – 60 Sie müssen Ihren Zustand ernst nehmen. Ohne die richtige Behandlung und Pflege wird die Krankheit des Negaholismus bei Ihnen voll zum Ausbruch kommen. Sie brauchen jede Woche irgendeinen positiven Impuls, um dieser Situation abzuhelfen. Ein Schaubild an der Wand mit Sternchen und Aufklebern, Tagebuch-Schreiben, das Auflegen von Selbsthilfe-Kassetten zur Stärkung des positiven Selbstbildes beim Autofahren oder vorm Ins-Bett-Gehen, ein Selbsthilfe-Buch pro Monat und 10 schriftliche Sätze lobender Selbstanerkennung pro Tag werden helfen, diesem fortgeschrittenen Krankheitszustand beizukommen.

62 – 80 Sie befinden sich in der Gefahrenzone. Sie können nicht mehr einfach alles zudecken, die Situation hinnehmen oder hoffen, daß sie sich zum Positiven wendet, sobald Sie abnehmen, den gewünschten Job kriegen, die Traumbeziehung finden oder einen Ortswechsel versuchen. Gestehen Sie es sich ein: Sie haben es mit einer richtiggehenden Sucht zu tun, und Sie müssen sich damit auseinandersetzen. Psychisch machen Sie sich erbarmungslos nieder. Es gibt jedoch Hoff-

nung – es ist keineswegs alles verloren. Als erstes müssen Sie akzeptieren, daß Sie »Negaholiker« sind, und sich verpflichten, alles Nötige zu unternehmen, um dieser Sucht entgegenzuwirken.

82–100 Sie sind ein amtlich bestätigter Negaholiker! Sie müssen sich als solcher erklären und täglich Maßnahmen ergreifen, um dieser Sucht beizukommen. Sie ist inzwischen mächtiger als Sie selbst. Die Negativität ist dermaßen subtil, daß Sie sie kaum noch bemerken; Ihre Gedanken und Ihre Gefühle sind davon völlig beherrscht. Sie brauchen ein festes Programm, mit dessen Hilfe Sie Ihre Dämonen exorzieren können. Lesen Sie dieses Buch und werden Sie aktiv! Fangen Sie sofort damit an! Ein neues Leben erwartet Sie; auch Sie können sich ein positives Selbstbild schaffen.

Nach der Auswertung des Fragebogens befinden Sie sich höchstwahrscheinlich in einer von drei Situationen: Erstens könnten Sie in diesem Moment für den Brückenschlag, den Sprung bereit sein, der Ihrem Negativismus für immer ein Ende setzen wird. Oder, zweitens, Sie machen sich vielleicht Sorgen um Ihren Zustand, haben Zweifel, ob es für Sie noch Hoffnung gibt, sind bereit, sich der Herausforderung zu stellen, befürchten aber gleichzeitig, daß Sie *der eine* hoffnungslose Fall sind... Oder drittens, Sie sind darüber hocherfreut, daß jemand ein Buch über Sie und Ihr Problem geschrieben hat und daß Sie mit ein bißchen Unterstützung Ihrem Negaholismus ein für allemal den Garaus machen können.

Wenn Sie Negaholiker sind, dann sind Sie jeden Tag Ihres Lebens in einen inneren Kampf verwickelt. Auf dem inneren Schlachtfeld wird ein Dauerkrieg zwischen zwei Erzfeinden geführt. Diese Feinde sind die beiden Seiten Ihres Selbst.

Haben Sie jemals vom Publikum aus einen Vortragenden, einen Moderator oder einen Unterhaltungskünstler beobachtet und insgeheim gedacht: »Das könnte ich auch. Ich könnte es sogar besser als der. Hätte ich bloß die Chance, würde ich es zehnmal besser machen.«

Das ist Ihre »Ich kann«-Seite. Diese Seite will auf die Pauke hauen und allen zeigen, was sie kann. Diese Seite glaubt, daß Sie jeder Herausforderung gewachsen sind und Ihr Leben genau so einrichten können, wie Sie es wollen. Diese Seite Ihrer Persönlichkeit ist selbständig, tüchtig und selbstbewußt. Außerdem ist sie stets ohne Furcht, nie von Selbstzweifeln geplagt, niemals verwirrt und fast immer sicher in bezug auf alles, was ihr begegnet.

Leider ist das aber nicht das ganze Bild. Das Leben wäre viel einfacher, wenn Sie es nur mit Ihrem »Ich kann«-Anteil zu tun hätten. Wurde Ihnen schon einmal eine Arbeit angeboten, die Ihnen jenseits Ihrer Fähigkeiten, Ihrer Möglichkeiten oder Ihrer Erfahrung zu liegen schien? Flüsterte Ihnen eine kleine Stimme zu: »Das schaffst du nie! So etwas hast du noch nie gemacht. Sag lieber nein. Du weißt gar nicht, in was du dich da verwickelst. Irgendwann merken sie, daß du von nichts eine Ahnung hast, und dann bist du unten durch.«

Falls Sie jemals ähnliche Stimmen gehört haben, dann kennen Sie schon Ihre »Ich kann nicht«-Seite. Diese Stimmen sind eigentlich dazu da, Sie zu schützen, Sie davor zu bewahren, daß Sie zum Narren gehalten, in Verlegenheit gebracht oder gedemütigt werden. Diese Seite sagt Ihnen »Du kannst nicht« zu fast allem, was Sie über Ihre Grenzen hinauswachsen lassen würde. Sie ist darauf ausgerichtet, Sie zu schützen und Ihnen Geborgenheit zu vermitteln. Sie ist weitgehend von Selbstzweifeln und Angst gekennzeichnet. Sie ist zurückhaltend und scheu. Diesen Anteil des Selbst nenne ich die »Ich kann nicht«-Seite, weil ihm eine von Ängsten, Einschränkungen und Zweifeln geprägte Haltung zugrunde liegt.

Eine der großen Herausforderungen des Lebens ist zu lernen, wie man mit diesen inneren Kämpfen umgeht, wie man die Stimme, die Ihnen »Ich kann nicht« ins Ohr flüstert, zum Schweigen bringt. Die gesunde »Ich kann«-Haltung zu fördern und den »Ich kann nicht«-Anteil zu schwächen, ist allerdings ein Prozeß, der seine Zeit braucht.

Wenn Sie dem Negaholismus erlegen sind, dann haben die »Ich kann nicht«-Stimmen von Ihrem Leben Besitz ergriffen. Dies erfolgte im Verlauf eines längeren Zeitraums, während dessen Sie von negativen Denkweisen und Haltungen abhängig wurden. Als Kind lernten Sie recht früh, daß Sie, wenn Sie krank oder verletzt waren, Ihren Teller nicht leer aßen, Ihr Zimmer nicht aufräumten, Radau machten, Lügen erzählten und generell schwierig waren, viel mehr

Aufmerksamkeit erhielten, als wenn Sie sich brav benahmen. Nach wiederholtem Einprägen solcher Erfahrungen verinnerlichten Sie ein Motivationssystem, bei dem Sie Aufmerksamkeit für Negatives anstatt für Positives bekamen. Ihre Sucht nach Negativität beruht auf dem physiologischen, chemischen »Kick«, den Sie jedesmal erleben, wenn Sie sich negativen Gedanken, Worten oder Handlungen hingeben.

Danny und die Attacken am Morgen

Danny war ein netter, zurückhaltender Mann mittleren Alters, der jeden, dem er begegnete, stets mit einem Lächeln und einem warmherzigen »Wie geht's denn?« begrüßte.

Eines Morgens sagte er mir in einem stillen Augenblick: »Wissen Sie, es ist wirklich merkwürdig. An manchen Tagen wache ich auf und fühle mich wunderbar, an anderen fühle ich mich wiederum schrecklich. Schon beim Aufwachen bin ich nervös, besorgt, ängstlich – wegen allem und jedem. Es gibt keinen ersichtlichen Grund; an manchen Tagen geht's mir gut und an manchen Tagen schlecht, und wie es an einem bestimmten Tag sein wird, weiß ich nie, bevor ich aufwache. Ich kann nie irgendeinen Auslöser feststellen; plötzlich ist mir dann einfach ganz scheußlich zumute.«

Ich weiß, was er meint. Dieses Syndrom ist mir wohlbekannt. Durch meine Arbeit habe ich einiges darüber erfahren, weshalb es eintritt und wie man dagegen angehen kann.

Dieses Buch enthält viele Werkzeuge und Techniken zu diesem Zweck, die ich Ihnen gerne vermittle; doch wenn Sie sich eine dauerhafte Besserung wünschen, dann müssen Sie bereit sein, diese Techniken auch wirklich zu üben und einzusetzen.

Wären Sie z.B. Konzertpianist, dann würden Sie nicht erst kurz vor einem Konzert anfangen zu üben; Sie würden schon lange im voraus jeden Tag üben, um sich für den großen Auftritt vorzubereiten. Am Tag des Konzerts wären Sie dann bereit. Sie hätten schon das Fundament gelegt. Sie würden sich sicher fühlen, denn Sie wüßten ja, daß Sie gewissenhaft geübt hätten. Viele Menschen haben den Wunsch und sogar die Bereitschaft dazu. Die eigentliche Frage lautet aber: Haben Sie wirklich den Willen, alles daranzusetzen, damit diese Situation in Ihrem Leben anders wird?

Viele Menschen haben Angst, sie könnten sich nicht ändern. Sie glauben fest daran, daß der Mensch nur von seinen Gewohnheiten geprägt ist; sie meinen, sie seien zu alt, zu faul, zu sehr in ihren Gewohnheiten verwurzelt. Falls auch Sie der Meinung sind, Sie könnten sich nicht ändern und müßten immer so bleiben, wie Sie jetzt sind, können Sie sich jetzt eines besseren belehren lassen. Es braucht drei Wochen, um sich eine Verhaltensweise anzugewöhnen, und sechs Wochen, um sie sich wieder abzugewöhnen. Mit anderen Worten, der Prozeß braucht seine Zeit; Sie schaffen es also nicht über Nacht, doch grundsätzlich schaffen können Sie es schon.

Gleich nach dem Aufwachen unter Beschuß

Ich bat Danny, mir zu erzählen, wie es war, als er zum letzten Mal in schlechter Verfassung aufwachte. Er sagte: »Ich ging am Abend vorher ins Bett und fühlte mich fabelhaft; als ich am nächsten Morgen aufwachte, fühlte ich mich wieder ganz elend.«

»Wenn Sie sagen, Sie fühlten sich ganz elend, was meinen Sie damit?« fragte ich.

»Nun, es war, als ob ich unter Beschuß stände. Ich fühlte mich wie mit Bomben oder Raketen angegriffen, bevor ich überhaupt aufstehen konnte.«

»Was war das denn für ein Angriff?« fragte ich weiter.

»Angst, Panik, Furcht... Ich war von allen Seiten wie von einer Meute Kampfpiloten im Sturzflug angegriffen. Blendend gelaunt, mit einem Lächeln auf den Lippen lege ich mich schlafen, um dann mitten im Dritten Weltkrieg aufzuwachen!«

»Was sagten Ihnen die Kampfpiloten?« bohrte ich.

»Na ja, sie fingen an mit meinen Kapitalanlagen, die danebengelaufen sind, dann ging es weiter mit meinen Beziehungen zu Frauen, und zum Schluß machten sie an meinem Alter herum. Ach, es war schlimm«, sagte Danny und schüttelte ratlos den Kopf.

»Wissen Sie noch die genauen Worte?« drängte ich.

»Allerdings, so etwas vergißt man nicht so schnell. Ich weiß aber nicht mehr genau, wie es anfing, denn als ich aufwachte, war der Bombenangriff bereits in vollem Gange. Die erste Stimme, an die ich mich erinnere, sagte: ›Mit diesen Kapitalanlagen hast du ja ein tolles Ding gedreht. Ist dir eigentlich klar, wieviel Geld du verlieren wirst? Alle andern bereichern sich an Immobilien, und du deckst nicht einmal deine Kosten, sondern verlierst auch noch Geld! Es ist einfach unfaßbar, daß du dich auf so ein riskantes Geschäft eingelassen hast: eine Skimaschine, um Himmels Willen! Du hättest doch wissen müssen, daß die Firma zu wenig Kapital hatte und Pleite machen würde. Dein Geld siehst du nie wieder. Wie konntest du nur? Dein Geld ist verloren, du kannst es abschreiben. Du verarmst und landest in der Gosse. Wer hat dich dann noch lieb? Wer liebt dich überhaupt? Elaine sagt doch dauernd, daß sie nicht mit dir schlafen will. Ständig hat sie irgendeinen blöden Vorwand parat. Sieh den Tatsachen ins Gesicht: Du bist ein Versager und du wirst es immer bleiben! Außerdem – wer könnte jemanden lieben, der so klein ist wie du?« Danny ließ seinen Kopf hängen, hob ihn dann abrupt und sagte: »Ich fühlte mich wirklich wie körperlich verwundet. Es war entsetzlich!«

Nachdem ich Dannys Geschichte gehört hatte, wußte ich, was mit ihm los war. Danny war Negaholiker. Er hatte eine Seite, die ihn innerlich sabotierte. Im übrigen konnte er den Mechanismus nicht mehr steuern, und inzwischen war er unbewußt süchtig nach diesem selbstquälerischen Verhalten. Ich erklärte Danny, daß das Negaholiker-Syndrom ein häufig anzutreffendes Leiden ist, mit dem sich ein Großteil der Menschen in unserer Gesellschaft abplagt. Man darf sich jedoch ein Herz fassen: Es ist heilbar.

Das »Ich kann/Ich kann nicht«-Spiel

Jeder von uns hat zwei Seiten: Das »Ich kann«-Selbst und das »Ich kann nicht«-Selbst versuchen beide, sich eine günstige Ausgangsposition zu verschaffen. Beide Anteile rangeln um den ersten Platz. Gerade wenn Sie sich an etwas Neues heranwagen, sich ein großes Ziel setzen oder ein Risiko eingehen, tritt das »Ich kann nicht«-Selbst ins Spiel und versucht, Sie davon abzubringen. Das »Ich kann nicht«-Selbst versucht, Sie vor Enttäuschung und Scheitern zu bewahren. Es ist der Meinung, daß Sie, sofern Sie nicht zuviel riskieren, nicht enttäuscht werden bzw. nicht ganz so tief fallen müssen, falls Sie scheitern. Diese Seite von Ihnen will auf Nummer Sicher gehen. Nur leider ist das »Ich kann nicht«-Selbst ein Tyrann und meistens viel stärker als der Federgewichtler »Ich kann«. So ist es nicht schwer zu erraten, wer in der Regel aus diesen Kämpfen als Sieger hervorgeht.

Das Problem besteht darin, daß die »Ich kann nicht«-Seite sich irgendwann vergißt und mehr als nur die Funktion eines Beschützers einnimmt; statt dessen wird sie zum Nörgler. Sie beginnt an Ihren Wünschen herumzumäkeln und Ihnen zu sagen, daß Sie sie nicht verwirklichen können, daß sie außerhalb Ihrer Reichweite liegen, daß Sie nicht das bekommen können, was Sie wollen. Läßt man sie gewähren, so kann und wird sie alles an sich reißen. Dann schreibt sie Ihnen vor, wer Sie zu sein haben, wer Sie *nicht* zu sein haben und was Sie in Ihrem Leben tun und lassen sollen. Da sich die »Ich kann nicht«-Seite auf ein Bewußtsein gründet, das von Knappheit und Einschränkungen geprägt ist, nimmt es nicht wunder, daß sie Ihnen mitzuteilen versucht, Sie könnten bestimmte Sachen nicht schaffen bzw. nicht das bekommen, was Sie wollen. Sie versucht, Ihnen einen festen Rahmen vorzuschreiben, damit Sie sich sicher fühlen und die Steuerung in Ihrer Hand behalten.

»Ich kann nicht« gewinnt die Oberhand

Wenn die »Ich kann nicht«-Seite bei Ihnen die Oberhand bekommt, dann erleiden Sie einen Anfall von Negativität. Dabei zertrampelt die »Ich kann nicht«-Seite Ihre ganzen Träume und Phantasien. Wie eine Räuberbande wütet und plündert sie, ohne auch nur einen Gedanken an die zarten, zerbrechlichen, kostbaren Hoffnungen zu verschwenden, die Sie in Ihrem Innersten hegen. Indessen haben sich die »Ich kann«-Gedanken jedoch keineswegs zu einer Gruppe von Hilfssheriffs zusammengeschart, um die »Ich kann nicht«-Ganoven aus der Stadt zu jagen. Weit davon entfernt – die »Ich kann«-Anteile sind sanfte, gutmütige Leute, die das Geschehen vom Rande aus beobachten und jedesmal überrumpelt werden, wenn die Räuberbande in die Stadt einfällt.

Warum heißt dieses Syndrom »Negaholismus«?

Nega- = negativ; -holiker = jemand, der einer Sucht verfallen ist. Ein Negaholiker ist jemand, der süchtig nach Negativität ist. *Negare* ist ein lateinischer Wortstamm, der »verneinen« bedeutet. »Ich kann nicht« verneint, daß »Ich kann« recht hat. Verneinen bedeutet, daß die »Ich kann nicht«-Stimmen sich weigern anzuerkennen, daß die »Ich kann«-Stimmen fähig und kompetent sind und Ihnen zu dem verhelfen können, was Sie wollen. Das heißt, die Ganoven des »Ich kann nicht« verneinen, daß die »Ich kann«-Leute würdig und gutmütig sind, daß sie es verdienen, das zu bekommen, was sie wollen. Ein Negaholiker ist ein Opfer innerer Kräfte, die einen Krieg der Selbstverneinung gegen Einstellungen, Gedanken, Worte oder Verhaltensweisen führen. Diese Kräfte halten Sie in einem privaten Kerker gefangen, dessen Wände über und über mit Sätzen vollgeschrieben sind wie »Das kannst du nicht werden. Das kannst du nicht machen. Das kannst du nicht haben. Also vergiß es doch gleich!« Das »Ich kann nicht«-Selbst lacht und sagt »Siehste!«, wenn Sie mit Ihrem Verhalten seine Prophezeihungen bestätigen.

Die vier Formen des Negaholismus

Ich habe Negaholiker in vier verschiedene Kategorien eingeteilt, damit Sie sehen können, wie allgegenwärtig das Syndrom ist und wieviele verschiedene Formen es annimmt. Nachdem ich in den letzten fünfzehn Jahren mit jeder denkbaren Art des Negaholismus konfrontiert wurde, habe ich jeder einzelnen Form das entsprechende Etikett zugeteilt und sie in Kategorien zusammengefaßt. In Wirklichkeit greift eine Kategorie natürlich in die andere über; die negativen Einstellungen und Gedanken äußern sich meist durch Worte und Handlungen.

Einstellungsnegaholiker sind Erfolgsmenschen, die sich erbarmungslos zu immer größeren Leistungen antreiben. Einem Außenstehenden mag es vielleicht so erscheinen, als hätten sie alles bestens im Griff, doch in Wirklichkeit sind sie innerlich gequält. Dieser Typus stellt die subtilste Form des Negaholikers dar, denn sowohl in ihrem Äußeren als auch in ihrem Auftreten sind sie gepflegt, ordentlich und ästhetisch ansprechend. Sie sind meist obenauf. Die Negaholiker in dieser Gruppe sind: Der Perfektionist, der sich ständig Überfordernde und der Sklaventreiber.

Verhaltensnegaholiker hingegen mögen zwar auch bis zu einem gewissen Grad Erfolg haben, doch meistens schießen sie am Ziel vorbei. Sie strengen sich so an, daß man sie nicht tadeln möchte, aber ihre Selbstsabotage steht ihnen ins Gesicht geschrieben. Im Widerspruch zwischen ihren Vorstellungen und ihren Handlungen gefangen, sind sie unfähig, aus ihren Verhaltensmustern auszubrechen, obgleich sie sich scheinbar darum bemühen. Die Mitglieder dieser Gruppe sind: der Aufschieber, der Wiederholungstäter und die »zweite Geige«. Verhaltensnegaholiker agieren ihre Negativität in nicht konstruktiven Verhaltensweisen aus wie z.B. Rauchen, Essen oder Trinken im Übermaß, Drogenmißbrauch, Spielsucht, übertriebenem Genuß oder Mißbrauch von Sport, Fernsehen, Arbeit, Beziehungen, Sex oder Religion.

Geistige Negaholiker sind ständig damit beschäftigt, sich selbst in Gedanken auszupeitschen. Sie stürzen sich auf irgend etwas, was sie gesagt oder getan haben, krallen sich daran fest und lassen es nicht

Negaholiker-Kategorien

Mögen erfolgreich sein, treiben sich jedoch ständig selbst an	Der Perfektionist Der sich ständig Überfordernde Der Sklaventreiber	Einstellungs-negaholiker
Unter Umständen erfolgreich, doch angestrengt	Der Aufschieber Der Wiederholungstäter Die »zweite Geige«	Verhaltens-negaholiker
Machen die Selbstbestrafung zur Gewohnheit	Der Nörgler Der ständige Rivale Der nachträgliche Fehlerfinder Der vorzeitige Abwerter	Geistige Negaholiker
Hoffnungslos, hilfslos, unfähig, sich zu ändern	Der Fallensteller Der Klagende Der Unheilsbote Der Weltuntergangsprophet	Verbale Negaholiker

mehr los. Unerbittlich und unentwegt sind sie damit beschäftigt, ihre Vergangenheit, ihre Gegenwart und ihre Zukunft zu kritisieren, abzuwerten, zu verurteilen und schlechtzumachen. Der Kritiker, der ständige Rivale, der nachträgliche Fehlerfinder und der vorzeitige Abwerter sind alle miteinander verwandte geistige Negaholiker-Typen.

Verbale Negaholiker sind hoffnungslos, hilflos und unfähig, sich zu ändern. Sie äußern sich negativ über sich, über andere, über Situationen, Orte, über praktisch alles. Erstaunlicherweise haben sie nicht die leiseste Ahnung, daß sie solch negatives Verhalten an den

Tag legen; sie meinen vielmehr, sie würden die Tatsachen so, wie sie sind, präzise wiedergeben. Diese Gruppe umfaßt den Fallensteller, den ständig Klagenden, den Unheilsboten und natürlich auch den Weltuntergangspropheten.

Sarahs Fall ist ein lehrreiches Beispiel. Die nachfolgenden drei Szenarien illustrieren unterschiedliche Ausmaße des Negaholismus, die Art und Weise, wie sie sich auswirken und wie Sarah jeweils darauf reagiert.

Sarah ist klein und kräftig, sie hat ein breites Lächeln, das ihre schönen Zähne gut zur Geltung bringt, und ihre kurzes braunes Haar umrahmt ihr hübsches Gesicht. Sie unterrichtet Gymnastik und ist süchtig nach Diät-Cola. Sie ist radikalen Stimmungsumschwüngen unterworfen; wenn sie obenauf ist, kann sie einen mit ihrer Energie umhauen, und wenn sie sich niedergeschlagen fühlt, lamentiert sie und beklagt ihr Schicksal. Selten ist ihr Gemütszustand als gemäßigt zu bezeichnen.

Szenario Nr. 1:
Sarah ist verstimmt. »Ich habe mit Roger Krach gehabt, und das liegt mir im Magen. Meine Katze ist sehr krank, ich habe Angst, sie könnte sterben, und ich fühle mich mies. Ich weiß nicht, warum ich mich so fühle. Vielleicht hat es etwas mit Roger zu tun.« Sie weiß nicht, weshalb sie sich schlecht fühlt. Sie will sich besser fühlen, und zwar so schnell wie möglich. Sie sucht nach Wegen, wie sie sich besser fühlen könnte; mit aller Wahrscheinlichkeit greift sie zur Diät-Cola.

Szenario Nr. 2:
Sarah hat die gleichen Probleme wie in Szenario 1, doch dieses Mal wird sie aufmerksam auf ein »Geplapper« im Kopf, auf eine kritische Stimme, die ihr vorwirft, die Sache mit Roger ungeschickt angepackt zu haben, und sie für die Krankheit ihre Katze verantwortlich macht. Sie ist sich ihres Gefühls von Niedergeschlagenheit und Energielosigkeit bewußt und überlegt sich, eine Freundin anzurufen, um sich ein bißchen aufheitern zu lassen. Sie greift zum Telefon.

Szenario Nr. 3:
Sarah inszeniert ein ergreifendes Melodram mit, Sie haben es erraten, Sarah in der Hauptrolle als Heldin, die von den schreienden Ungeheuern in ihrem Kopf gequält wird. »Mit Roger hast du es verdorben, mit deiner Katze bist du verantwortungslos umgegangen, du hättest nie so spät ins Bett gehen sollen. Warum hast du deine Mutter angeschrien? Du weißt doch ganz genau, daß sie dann tagelang weint und wimmert. Ich kann es nicht fassen, daß du dir diese neuen Klamotten gekauft hast, wo du sie dir gar nicht leisten kannst, und diese Dummheit, auf dem Weg in die Stadt zu schnell zu fahren, wo du genau weißt, daß es immer eine Radarfalle gibt. Jetzt kriegst du auch noch einen Strafzettel! Dann mußtest du dir auch noch diese Kalorienbombe zum Nachtisch leisten. Und außerdem bist du völlig pleite. Gott, bist du ein hoffnungsloser Fall!«

Sarah hat sich von einem niedrigen zu einem hohen Angstpegel hochgeschraubt. Sie steht kurz vor einem regelrechten Anfall von Negativität.

Wir haben es hier mit drei verschieden Stufen des Negaholismus zu tun. Im ersten Szenario leidet Sarah an einem mittelstarken Ausbruch von Negativität, und ihr Bewußtsein bezüglich ihres Zustands ist relativ eingeschränkt. Beim zweiten ist ihr Zustand eigentlich gemäßigter, und ihre Lösung ist, sich bei anderen nach Zuwendung und Unterstützung umzusehen. Bei anderen nach Unterstützung zu suchen ist immer ein Zeichen dafür, daß das Problembewußtsein relativ hoch ist und daß man es sich eingestehen kann, Hilfe nötig zu haben. Im dritten Szenario ist Sarahs Negaholismus chronisch geworden. Sie verzehrt sich. Die »Ich kann nicht«-Stimmen haben die Oberhand gewonnen und treiben jetzt ihr Unwesen. Sie schreien ihr ins Gesicht, und zwar nicht nur »Du kannst nicht...«, sondern auch »Du hast gar nichts...« und »Du hättest nie sollen...« und »Du könntest nie...«

Das breite Spektrum der Einstellungsnegaholiker

Wer an Negaholismus erkrankt ist, gibt sich nie zufrieden. Auf einer sehr tiefen Ebene glaubt ein solcher Mensch, daß es nicht möglich ist, das Leben jemals wirklich zu genießen. Eine von Negaholismus geprägte Einstellung ist jede Meinung oder Wahrnehmung, die eine Situation herbeischafft, in der man unweigerlich verlieren muß. Es sind entweder bestimmte Ansprüche festgesetzt, denen man niemals genügen kann, oder Sie haben das Gefühl, Sie können nie genug tun, genug sein oder genug bekommen, um den erbarmungslosen Drachen, der Sie innerlich antreibt, zufriedenzustellen.

Es gibt drei Arten von Verhaltensnegaholikern: den Perfektionisten, den sich ständig Überfordernden und den Sklaventreiber.

Der Perfektionist

Der Perfektionist verbindet Positives und Negatives in einer Person. Der Perfektionist stellt hohe, man könnte fast sagen unrealistische Ansprüche an sich selbst und an andere.

Als Dwayne, ein adretter, gut gekleideter Geschäftsmann, bei dem jedes Haar richtig saß, mein Büro betrat, vermittelten sein warmes Lächeln und sein fester Handschlag einen Eindruck von Selbstbewußtsein und Souveränität, die fast einstudiert wirkten.

»Mir ist nicht ganz klar, was ich hier suche, aber Robin, meine Verlobte, meinte, Sie hätten gute Ratschläge in bezug auf Lebensveränderungen und Berufswechsel. Ich weiß, was ich will, und ich verfolge Strategien und organisiere alles durch, damit ich meine Ziele auch erreiche.«

»Was für eine Lebensveränderung bzw. einen Berufswechsel fassen Sie denn ins Auge?« fragte ich, neugierig geworden.

»Nun, ich bin jetzt im Computergeschäft, aber ich möchte mich verändern. Ich möchte in die Gastronomie einsteigen«, sagte er mit einer etwas merkwürdigen Stimme.

»Erzählen Sie doch einmal, weshalb Sie aus dem Computergeschäft aussteigen wollen«, forderte ich ihn auf.

»Ich habe Computer satt, und außerdem habe ich schon alles gelernt, was ich da zu lernen hatte«, sagte er in einem herrischen Ton; dabei ließ das Selbstbewußtsein, das er ausstrahlte, keine Sekunde nach. Dennoch kam mir seine Aussage etwas sonderbar vor. Irgend etwas an seinem Aussehen und seinen Worten paßte einfach nicht zusammen. Ich bohrte weiter. »Was meinen Sie damit, Sie hätten Computer satt? Wie sieht Ihre gegenwärtige Situation genau aus?«

»Zur Zeit arbeite ich nicht. Sehen Sie, ich habe das Pech, immer mit Idioten zusammenarbeiten zu müssen. Sie blicken einfach nicht durch. Ich versuche, ihnen beizubringen, wie man die Arbeit richtig macht, aber denen ist nicht zu helfen. Mir fällt es leicht, und so erledige ich am Ende die Arbeit meist selbst.« Dies sagte er sehr stolz.

»Sind Sie von sich aus gegangen oder wurde Ihnen gekündigt?« fragte ich mit messerscharfer Direktheit.

»Die Sache war gegenseitig. Mein Chef sagte, ich sei kein Mannschaftsspieler, und ich wollte im Grunde schon lange gehen, und so beschlossen wir einfach, es gut sein zu lassen.« Dabei klang er sehr nüchtern und sachlich.

»Wie viele Stellen hatten Sie in den letzten fünf Jahren?« fragte ich.

»Vier. Sehen Sie, ich lerne schnell, und dann langweile ich mich. Ich ziehe gerne weiter, wenn ich alles gelernt habe, was mir eine Arbeit zu bieten hat«, sagte er, den eigentlichen Fragen ausweichend.

Als ich Dwayne weiter ausfragte, wurde schnell klar, daß er nicht nur ein Eigenbrötler, sondern auch ein Perfektionist war. Er hatte große Schwierigkeiten, die Unzulänglichkeiten anderer zu akzeptieren.

Der »Perfektionist« erwartet Vollkommenheit, und er akzeptiert nichts, was nicht an das Ideal heranreicht. Diese Perfektion erwartet er sowohl von sich selbst als auch von allen in seiner Umgebung. Das Positive an der Sache ist, daß ein solcher Mensch immer hervorragende Leistungen bringt. Das Negative ist, daß es schwierig bis unmöglich ist, es ihm recht zu machen, und wenn Sie es nicht schaffen, gehen Sie baden. Jede Unvollkommenheit ist ihm unerträglich. Der Druck, seinen Ansprüchen zu genügen, ist sehr hoch. Und da es nur wenige Menschen gibt, die sich damit brüsten können, perfekt zu sein, fühlt sich der Perfektionist am Ende tugendhaft, besser als alle anderen und im übrigen allein. Sein Verhalten verrät die Einstellung: »Ich kann es besser.«

Es drängt sich jetzt die Frage auf: Wieso ist ein solcher Mensch als Negaholiker zu sehen? Wenn Sie aber tief in den psychologischen Unterbau des Perfektionisten hineinbohren, entdecken Sie fast immer eine tiefe Angst davor, unzulänglich zu sein und deswegen bloßgestellt zu werden. Hier ist das Gewicht etwas anders gelagert als bei der nachstehend erläuterten Einstellung, es »niemals gut genug« zu machen, doch im Kern handelte es sich auch hier um Sucht nach Negativität.

Der sich ständig Überfordernde

Verwandt mit der Einstellung des Perfektionisten, doch etwas anders gelagert ist das Syndrom des sich ständig Überfordernden. Dieser Negaholiker-Typus stellt ständig Ansprüche an sich bzw. setzt sich ständig Ziele, die unerreichbar sind. Diese unrealistischen Erwartungen schaffen eine innere Dynamik, die seine Situation als Verlierer nur verschärft.

George, ein erfolgreicher Restaurantbesitzer um Mitte dreißig, ist jemand, der sich nie mit etwas zufrieden gibt. Ein gutaussehender, extrovertierter, gewissenhafter Unternehmer. George ist immer modisch gekleidet, und die Farben, die er wählt, verraten eine künstlerische Ader. Er hat ein wunderschönes Ambiente in einer idealen Lage geschaffen, Tag und Nacht, sieben Tage in der Woche stehen die Gäste Schlange an seiner Tür, und dennoch ist er nie zufrieden. Liegt beispielsweise ein Papierfetzen auf dem Boden, gerät er außer sich. Wegen einer kleinen Verspätung, ungebügelter Dienstkleidung oder einer nicht beachteten Dienstvorschrift hackt er gnadenlos auf den Angestellten herum. Seine Einstellung lautet: »Nichts ist gut genug!« Bei ihm zu arbeiten ist frustrierend und demoralisierend, denn er sieht selten das, was in Ordnung ist – das Essen, die Zufriedenheit der Kunden, das Dienstleistungspersonal, die Einrichtung, die Lage und die Atmosphäre im Restaurant. Die paar Kleinigkeiten, die weniger gut sind, sollten jedoch nicht die vielen Aspekte, die Anerkennung verdienen, in den Schatten stellen. Egal, was George oder irgend jemand um ihn herum leistet, es ist »niemals gut genug«.

Der Sklaventreiber

Der »Sklaventreiber« gehört zur selben Familie wie der sich ständig Überfordernde und der Perfektionist. Das »Sklaventreiben« kann sich entweder als Einstellung oder als Verhalten äußern. Der Gedanke übersetzt sich in die Tat. Sklaventreiber sind meist auch Arbeitsbesessene. Sie fühlen sich innerlich gedrängt zu arbeiten, härter zu arbeiten, ständig noch eine letzte Sache zu erledigen. Der Sklaventreiber hat keine Zeit zum Spielen; er kann nur schaffen, schaffen und schaffen. Er sitzt Ihnen im Nacken und sagt Ihnen: »Schreib den Bericht.« Sie denken: »Eigentlich würde ich gern ins Kino gehen«, und der Sklaventreiber sagt: »*Nein!* Schreib den Bericht.« Sie denken: »Eigentlich würde ich gern etwas Zeit mit meiner Tochter verbringen«, und der Sklaventreiber sagt: »*Nein!* Schreib den Bericht.« Sie denken: »Eigentlich würde ich gern einkaufen gehen«, und der Sklaventreiber sagt: »Ich habe dir doch gesagt, du sollst den Bericht schreiben! Hörst du denn nicht zu? Geh und schreib!«

Die drei Dimensionen des Verhaltensnegaholismus

Verhaltensnegaholiker kommen sich selbst immer wieder in die Quere. Sie wirken wie süchtig nach diesem Verhalten und scheinen unfähig, es in den Griff zu bekommen und damit aufzuhören. Oft handelt es sich um äußerst liebenswürdige Menschen, denen Sie gerne helfen wollen. Wenn Sie aber in den Bann eines Verhaltensnegaholikers geraten, laufen Sie Gefahr, mehr Zeit in seine Probleme zu investieren, als er selbst an sich dafür aufbringen würde.

Die drei Kategorien der Verhaltensnegaholiker sind: der Aufschieber, der Wiederholungstäter und die »zweite Geige«.

Der Aufschieber

Möglicherweise handeln auch Sie nach dem Prinzip des Aufschiebens. Das »*mañana*«-Syndrom scheint harmlos genug, doch vielleicht ist es gerade dieses Verhalten, das Sie daran hindert, Arbeiten fristgerecht abzuliefern oder Ihr Wort zu halten. Es bestätigt Ihr Gefühl, Sie seien der Herausforderung nicht gewachsen.

Paul befand sich in einem richtigen Dilemma. Er war ein kräftig gebauter, willensstarker junger Mann mit funkelnden grünen Augen und einem äußerst eigensinnigen Temperament, der seine Aufschiebemanöver bis zum Letzten verteidigte. Er war Laufbursche bei einer Plattenfirma.

Irgendwelche Verpflichtungen verschob er ständig auf später; außerdem widerstrebte es ihm ungeheuer, sich irgend etwas zu notieren. Da er die Aufgaben, die er zu erledigen hatte, kaum je aufschrieb, vergaß er sie und bekam deshalb Schwierigkeiten mit seinem Chef. Was er nicht vergaß, verschob er auf später. Paul konnte einfach nicht begreifen, daß irgendein unvorhergesehener Vorfall auch die besten Pläne stets wieder zunichte macht.

»Du hast die Glühbirnen vergessen. Hast du die Post abgeholt? Warst du schon einkaufen? Wann ist die Warensendung zum Abschicken bereit? Wie weit bis du mit deinen Lieferungen?« Sein Chef löcherte ihn mit Fragen. Paul fühlte sich dann entweder ganz elend, oder er wehrte ab, wenn man ihn fragte, wieso er seine Arbeit nicht erledigt hatte. Es war nicht nur sein Chef, der ihm diese Fragen stellte; Paul hielt auch innere Dialoge mit sich selbst. Ständig war er bekümmert.

»Seit Jahren sage ich, daß ich die Garage ausmisten will, und ich komme nie dazu. Ich weiß nicht – inzwischen ist es fast schon ein Witz; ich kriege einfach nichts geregelt.« Paul wußte, daß er ein Problem hatte, doch er war in seinem Verhalten festgefahren. Er wußte nicht, wie er es ändern sollte, und er akzeptierte es als Teil seiner Persönlichkeit.

Entweder machte Paul sich selbst nieder, oder andere kritisierten ihn, weil er nicht einhielt, was er versprochen hatte. Paul hatte Schwierigkeiten, mit sich zurechtzukommen, doch seine grundlegenden negativen Tendenzen waren die Wurzel seiner ganzen Aufschiebemanöver.

Der Wiederholungstäter

Die Selbstsabotage mag die Form annehmen, daß man alte Verhaltensmuster ständig wiederholt. Sie äußert sich auch darin, daß man festgefahren ist und keinen Ausweg sieht. Oder sie läßt einen im Geist eine Schnur über den Weg spannen, über die man jedesmal, sobald man sich seinem Ziel nähert, stolpert.

Betrachten wir z.B. Tom, einen rührigen, arbeitsbesessenen Geschäftsmann: »Ich nehme mir immer wieder vor, mir etwas Zeit freizumachen, um mit meiner Familie zusammen zu sein, in Urlaub zu fahren, im Garten zu arbeiten; aber im Geschäft tritt immer irgendein Notfall ein, der mich daran hindert, wegzukommen. Ich habe die besten Absichten, aber irgend etwas nagelt mich immer im Geschäft fest.« Oft verhält sich Tom also seiner eigenen Absicht genau entgegengesetzt.

Die »zweite Geige«

Manche Leute reichen nie an das Maß heran. Sie kennen zweifellos die Ausdrücke »Immer eine Brautjungfer, niemals eine Braut«. »Er spielt immer die zweite Geige.« Das Leben steckt voller Hindernisse anstatt voller Resultate; das befriedigende Gefühl, zu sein, zu tun oder zu bekommen, was sie wollen, liegt stets außerhalb ihrer Reichweite.

Mark ist groß, dunkelhaarig, ein wenig ungepflegt; an seinem Äußeren gibt es immer eine Kleinigkeit auszusetzen. Entweder fehlt ein Knopf an seinem Hemd oder seine Strümpfe bleiben nicht oben oder der Wirbel in seinen Haaren ist wieder einmal nicht zu bändigen. Ein Bankbeamter in den mittleren Jahren, fährt Mark ein VW-

Cabrio und wünscht sich insgeheim, er hätte einen BMW. Als Abteilungsleiter wünscht er sich immer, es zum Filialleiter zu bringen, doch er wird es nie schaffen. Er ist ein guter Sportler, der dennoch nicht an einem 10-Kilometer-Wettbewerb teilnehmen konnte, weil er sich zwei Wochen vor dem Rennen den Knöchel verstauchte. Er ist ein begabter Klavierspieler, der sich jede ernsthafte Beschäftigung mit der Musik versagt, weil er seine Begabung herunterspielt. Er ist extravertiert, freundlich und warmherzig, doch in seinem Innersten glaubt er fest daran, daß er es nie wirklich zu etwas bringen wird.

Der geistige Negaholismus im Alltag

Die möglicherweise subtilste und heimtückischste Variante ist der geistige Negaholismus. Bei dieser Spielart der Sucht nach Negativität sind Ihnen Ihre eigenen Gedanken manchmal nicht im geringsten bewußt. Sie beginnen, sich niedergeschlagen, in sich gekehrt, verstimmt zu fühlen, und haben nicht die leiseste Ahnung, wieso. Obwohl viele geistige Negaholiker ihre negativen Gedanken oft auch in negative Handlungen umsetzen, gibt es auch solche, die ihre Selbstquälerei ausschließlich für sich in ihrer privaten Gedankenwelt ausleben. Der Kritiker, der ständige Rivale, der nachträgliche Fehlerfinder und der vorzeitige Abwerter stellen verschiedene Typen von geistigen Negaholikern dar.

Der Nörgler

Arianna, Art-Direktorin einer Werbeagentur, spaziert die Straße entlang und hängt ihren Gedanken nach. Sie ist seit zwanzig Jahren bei ihrer Firma beschäftigt und findet, daß sie an diesem Punkt ihrer Karriere eigentlich mehr verdienen müßte. Sie geht gedanklich die verschiedenen Alternativen durch.

Eben war sie bei einem Vorstellungsgespräch und ist unsicher, wie sie abgeschnitten hat. Mit finsterem Blick und stockenden Schritten weicht sie entgegenkommenden Passanten aus. Sie denkt über das

Gespräch nach: wie sie sich darstellte, was sie sagte und wann sie unsicher erschien. Aus dem Nichts hört sie plötzlich die penetrante Stimme eines Kritikers, der aus heiterem Himmel über sie herfällt. Nichts von alledem, was sie während des Gesprächs gesagt oder getan hat, war richtig. Erbarmungslos nimmt er jedes Wort, jede Geste auseinander.

»Du hast dich ja so dumm angestellt! Du hast total unsicher geklungen, und mit deinen Vorzügen hast du hinter dem Berg gehalten. Schon allein wie du dagesessen hast! Du hast nicht einmal erzählt, daß du 1984 für deine Arbeit eine Auszeichnung bekommen hast. Also, dieses Mal hast du es echt vermasselt«, zetert die Stimme unablässig.

Sie fühlt sich zu Unrecht angegriffen, doch auf diese Litanei weiß sie keine Antwort. Das ständige Gemeckere des Kritikers im Ohr, kommt sie sich immer kleiner vor, bis sie zum Schluß selbst daran glaubt: Sie selbst sei wertlos, die Situation hoffnungslos und jeder denkbare Handlungsschritt zwecklos.

Meist wird ein solcher Kritikschwall durch irgendeinen äußeren Anlaß ausgelöst, wie z.B. das Ende einer Liebesbeziehung oder das Scheitern eines größeren Geschäftes; doch oft ist auch kein besonderer Grund ersichtlich. Das hört sich dann so an: »Du bist so fett!«, »Du bist so häßlich!«, »Du bist so dumm!«, »Du bist so linkisch!« Ständiges An-sich-Herummäkeln ist ein fortgeschrittenes Stadium der Krankheit.

Der ständige Rivale

Manche Leute brauchen andere Menschen als Maßstab. Sich mit anderen zu vergleichen kann zum Fulltime-Job werden, da die Zahl der Vergleichsmöglichkeiten so groß ist.

»Schau nur ihre Oberschenkel an, die sind ja viel schlanker als deine.« »Er fährt einen BMW, während ich nur einen lausigen Honda habe.« »Sieh an, wie toll ihr Bericht aussieht, meiner ist ganz schäbig dagegen.« »Er spielt ja viel besser Golf, als ich es jemals könnte.«

»Ständige Rivalen« gehen das Leben mit einem Meterstab an und vergleichen sich mit allen anderen, als ob sie andauernd an einem

Wettbewerb teilnehmen würden, bei dem sie einer permanenten Kontrolle ausgesetzt sind. Und raten Sie mal, wer den Ansprüchen nie genügt?

Für diese Sorte von Negaholikern ist das Leben tatsächlich ein Wettbewerb, und derjenige, der den meisten Plunder anhäuft, die meisten attraktiven Freunde hat, das tollste Leben führt, gewinnt. Mir ist immer noch nicht klar, wer die Punkte zählt oder wo der Wettbewerb überhaupt stattfindet, aber eins weiß ich: daß es sehr viele Mitspieler gibt. Bei diesem Spiel geht es darum, andere zu beeindrucken, Prestige zu gewinnen und alles mühelos erscheinen zu lassen. Das Ziel ist, anderen zu imponieren. Da gilt es, schön auszusehen, Geld im Übermaß zu haben und so beschäftigt zu sein, daß man eine Verabredung zum Abendessen sechs Monate im voraus planen muß. Sie sind immer in den neuesten Lokalen anzutreffen, Ihre Urteile sind stets mit Superlativen gespickt: »Es war *das* Tollste.« »Es war *das* Schlimmste.« »Und überhaupt: »Das war echt alles total affenscharf!«

Der nachträgliche Fehlerfinder

Müssen Sie manchmal feststellen, daß Sie auf Ihrem Weg durchs Leben öfter anhalten und gleichsam in den Rückspiegel schauen? Dieser Blick in den Rückspiegel ermöglicht es Ihnen, das eben Geschehene noch einmal unter die Lupe zu nehmen, endlos darüber zu grübeln, es ins Unermeßliche aufzubauschen und sich darauf zu konzentrieren, was Sie für Fehler gemacht haben und daß diese nicht mehr gutzumachen sind.

Clara, eine junge Schweizerin, redete wie ein Endlosband. Ein Auszug aus ihrem Refrain: »Ich hätte nie von meiner Familie weggehen sollen. Ich hätte zu Hause bleiben und für meine Mutter sorgen sollen. Ich hätte nie den Job bei dieser Firma annehmen sollen. Ich hätte nie diesen Mann heiraten sollen. Ich hätte mir nie die Haare abschneiden sollen.« Ihr Rückspiegel bestätigte ihr Gefühl, daß sie, obschon sie im Moment nichts verkehrt machte, sich in Zukunft dennoch immer tiefer in ihre Fehlhandlungen verstricken würde.

Für diesen Negaholiker-Typus ist das Leben stets von Wehmut, Reue und Selbstanklage gekennzeichnet. Sich selbst ständig mit den Worten »Hätte ich bloß...« quälend, glauben sie offensichtlich, daß es einen besseren Weg gegeben hätte und daß sie diesem Weg nicht gefolgt sind.

Der vorzeitige Abwerter

Ist es Ihnen schon einmal passiert, daß Sie sich selbst zur Schnecke machten, *bevor* Sie überhaupt etwas angestellt haben? Manchmal leisten wir uns ja ganz schöne Schnitzer, die in der Tat eine gewisse Selbstkritik verdienen. Doch was ich hier meine, sind völlig ungerechtfertige Attacken. Aufgrund Ihrer Erfahrungen in der Vergangenheit und Ihrer negativen Einstellung ziehen Sie voreilige Schlüsse und klagen sich selbst an, bevor Sie den Tathergang und die Beweismittel nochmals überprüft haben – als ob Sie sich quasi verurteilen wollten, bevor Sie überhaupt verhört wurden. Das geht dann so: »Da hast du's also wieder. Ich kann es einfach nicht fassen, daß du... Immer tust du... Nie kannst du...« Ein solcher Anfall kann Sie überall und jederzeit überkommen, doch in Wirklichkeit ist er völlig ungerechtfertigt und unfair.

Vielleicht gehen Sie kurz aus dem Arbeitszimmer, um die Post zu holen, und in der Zeit kommt ein wichtiger Anruf, auf den Sie schon lange gewartet haben. Ihre innere Stimme macht sich sofort über Sie her: »Wie konntest du nur?« fängt die Tirade an, und Sie fühlen sich wie ein unschuldiges Opfer, das ohne jede Vorwarnung überfallen wird. Ein paar Minuten später erfahren Sie, daß derjenige, der angerufen hat, keine Zeit für ein ausgiebiges Gespräch hatte und nur ein paar Informationen hinterlassen wollte. Sie ärgern sich über Ihren unwirschen Umgang mit sich selbst. Doch der Schaden ist bereits angerichtet: Sie fühlen sich geschlagen und erschöpft.

Wenn verbale Negaholiker Amok laufen

Ein verbaler Negaholiker ist jemand, von dem Sie sich gar nicht weit genug entfernt halten können. Auf seine Worte zu hören kann entweder Ihren eigenen latenten Negaholismus auslösen oder Sie gleich ganz zum Untergang verdammen. Sich nur auf das Negative einstellen, sich die schlimmsten Szenarien ausmalen, Katastrophen heraufbeschwören: das sind die Hauptbeschäftigungen solcher Menschen. Wenn Sie Ihren Sinn für Humor nicht beibehalten, kann es sehr deprimierend sein, sich auch nur in der Gegenwart verbaler Negaholiker aufzuhalten.

Verbale Negaholiker sehen das Leben wie das sprichwörtliche halbleere Glas im Gegensatz zum halbvollen. Die vorherrschende Einstellung ist die, daß man sich schützen und im übrigen sich aufs Schlimmste gefaßt machen muß. »Das Leben ist nun einmal schwer«, »Natürlich mußte das ausgerechnet *mir* passieren« oder »Wieder einmal Pech gehabt!« sind berühmte Zitate von verbalen Negaholikern. Ihre sich selbst erfüllende Prophezeihung lautet: »Das Leben ist voller Kompromisse. Man muß sich eben mit den jeweiligen Situationen arrangieren und das herausholen, was einem geboten wird, da man das, was man wirklich will, eh' nicht kriegt.« Da diese Einstellung jeder ihrer Handlungen zugrunde liegt, liegt es auf der Hand, daß die Befürchtungen dieser Negaholiker vom Leben nur bestätigt werden. Wie ihr Leben sich entwickelt steht hundertprozentig im Einklang mit ihren negativen Einstellungen.

Der verbale Negaholismus ist ein Vetter ersten Grades des geistigen Negaholismus. Es gibt vier Sorten verbaler Negaholiker: den Fallensteller, den Klagenden, den Unheilsboten und den Weltuntergangspropheten.

Der Fallensteller

Der Fallensteller ist derjenige, der um Hilfe, Unterstützung, Beistand oder Rat bittet, doch letztendlich diese Hilfe wieder zurückweist mit der Erklärung, daß das, was man vorschlägt, nicht funktionieren wird, bereits versucht wurde bzw. von vornherein zum Scheitern verurteilt war. Oder er macht die Situation komplizierter, als man sie sich überhaupt vorstellen kann. Es handelt sich um eine Dynamik, bei der man nur verlieren kann. Nichts wird Abhilfe schaffen. Die Lage ist wirklich hoffnungslos, und der »Helfer« hat einfach keinen Durchblick. Solche Menschen kann man auch als »Hilfe zurückweisende Nörgler« bezeichnen. Das Syndrom heißt »Fallensteller«, weil der Hilfesuchende eine Falle stellt, in die der Helfer mit den besten Absichten hineintritt. Die Falle schnappt dann zu, und der in die Falle gelockte Helfer fühlt sich gefangen, irritiert und für dumm verkauft.

Meine Freundin Carol beklagte sich bei mir über ihren Mann. Ich geriet ungewollt in die Falle. Das lief so ab:

Carol: Die Situation mit ihm ist inzwischen schier unerträglich.

Chérie: Nun, dann ist es vielleicht an der Zeit, mit ihm zu reden?

Carol: Ach, er redet doch nicht! Er läßt mich jedesmal eiskalt abblitzen, wenn ich es versuche.

Chérie: Ja... und wenn du ihm einen Brief schreibst und auf seine Kommode legst?

Carol: Er wirft ihn doch weg, ohne ihn überhaupt aufzumachen. Er weiß ganz genau, daß ich ihn später finde, und wie sehr mir das wehtut.

Chérie: Warum rufst du ihn nicht im Büro an?

Carol: Seine Sekretärin kennt meine Stimme und stellt mich nicht durch.

Chérie: Und wenn du ihm einen Brief per Einschreiben schickst?

Carol: Das habe ich nie versucht, aber wie ich ihn kenne, wäre er nie da, um ihn entgegenzunehmen.

Chérie: Wie wäre es, wenn du ihm ohne Umschweife sagst, du hast einen Termin mit einem Dritten vereinbart und wünschtest seine Anwesenheit?

Carol: Er würde mich nur auslachen.

Chérie: Gut, wenn du ihn weder sprechen noch ihm schreiben oder ihn anrufen kannst, warum verläßt du ihn dann nicht?

Carol: Weil ich kein Geld habe. Er hat doch Verfügungsgewalt über alle unsere Bankkonten, und ich bekomme lediglich Haushaltsgeld. Wie weit käme ich denn damit?

Chérie: Warum beantragst du nicht die Scheidung?
Carol: Das ist wieder eine Geldfrage. Rechtsanwälte kosten Geld, und ich habe doch keins. Das Haus läuft auf seinen Namen, die Bankkonten, Kreditkarten und sämtliche anderen Vermögenswerte genauso.
Chérie: Tja, du hängst wohl richtig drin. Ich weiß nicht, was ich dir sagen soll.

Auf jeden Vorschlag, den ich ihr machte, wußte Carol etwas zu entgegnen. Scheinbar hatte sie mich um Hilfe gebeten, doch in Wirklichkeit war sie nicht bereit, eine Lösung zu finden. Das heißt nicht, daß sie schwierig sein wollte. Für sie sind Probleme nun einmal ausweglos.

Der Klagende

Sehen wir uns einmal die Situation von Neila an. Sie ist sich ihres Zustands nicht bewußt, und andere Menschen gehen ihr ständig aus dem Weg. Sie begreift nicht, weshalb sie keine Freunde hat. Der wahre Grund ist aber ihre negative Einstellung allen Dingen gegenüber. Läßt man sich ein neues Ablagesystem einfallen, sagt sie: »Das funktioniert doch nicht.« Macht man den Vorschlag, daß eine Mitarbeiterin unter einem neuen Vorgesetzten arbeiten sollte, sagt sie: »Das macht sie doch nicht.« Ermutigt man sie dazu, mit ihrem Vorgesetzten ihre beruflichen Ziele zu besprechen, sagt sie: »Er läßt sie mich ja doch nicht verwirklichen.« Mit der Zeit wird es deutlich, daß sie allem Positiven gegenüber blind ist. Für sie ist es schwierig, wenn nicht gar unmöglich, ihre eigenen Einstellungen wahrzunehmen. Ihre Einstellungen sind dermaßen tief in ihr Weltbild eingebettet, daß sie das ganze Leben durch diesen Negativ-Filter betrachtet. Sie sieht nicht, daß sie dieses System selbst geschaffen hat, und glaubt: »Das Leben ist nun einmal so!«

Der Unheilsbote

»Um Gottes Willen, beim nächsten Unfall in einem Kernkraftwerk kommen wir alle ums Leben!« »Ich werde meine Miete nicht zahlen können, dann wird mir die Wohnung gekündigt, und ich lande als Penner auf der Straße!« Haben auch Sie schon solche Befürchtungen geäußert? Forschungsergebnissen zufolge ist eine der größten Ängste, die Menschen insgeheim hegen, die, vor der Obdachlosigkeit zu stehen.

Oder kommt Ihnen der folgende Gedankengang vielleicht bekannt vor: »Ich weiß genau, daß er abhauen wird. Genau wie alle anderen. Ich bleibe einsam und verlassen zurück. Das ist nun einmal mein Los; ich bin halt dazu verdonnert, alt und einsam zu enden, das ist mein Schicksal im Leben.«

Sie sind ein wandelnder Katastrophenfilm. Sie erwarten nicht nur das Schlimmste, Sie erwarten Unheil, Tragik und das völlige Desaster. Angst ist Ihnen zur zweiten Natur geworden, und Sie leben in einem Zustand, in dem Sie sich stets das Schlimmste ausmalen, das überhaupt passieren könnte.

Der Weltuntergangsprophet

Ein enger Verwandter des Unheilsboten ist der Weltuntergangsprophet. Der Unterschied besteht darin, daß der Unheilsbote eher panisch veranlagt ist und seine Aufmerksamkeit auf bestimmte Ereignisse konzentriert. Sein Tonfall ist anders – drängend, insistierend, schon beinahe hysterisch. Seine Sätze enden alle mit Ausrufezeichen. Der Weltuntergangsprophet hat hingegen einen hoffnungslosen Einschlag. Er ist eher resigniert, daß die Dinge nicht so laufen, wie er will, und regt sich eigentlich über nichts mehr auf. Seinen Reaktionen fehlte jeder Funke von Lebendigkeit. »Das ist doch unmöglich, wenn es bislang nie so gemacht wurde, dann kann man es auch jetzt nicht schaffen, und du schaffst es schon gar nicht, also warum erst versuchen?« Es sind diese Leute, die den Brüdern Wright ständig einreden wollten, sie sollten das mit dem Fliegen doch endlich seinlassen, weil sie meinten: »Wenn Gott gewollt hätte, daß der Mensch fliegt, dann hätte er ihm Flügel gegeben.« Falls Sie etwas Neues erfunden haben, erzählen Sie es bloß nicht einem Weltuntergangspropheten, er wird Ihren Geistesblitz nur zum Erlöschen bringen

Ernie versuchte, in letzter Minute eine Werbekampagne für seine Firma zu planen. Nach einer einfallsreichen Brainstorming-Sitzung fiel ihm das perfekte Werbegeschenk ein, um die Kampagne abzuschließen.

»Ein hellblaues T-Shirt mit unserem Firmenenblem drauf wäre die Krönung der Werbekampagne!« verkündete Ernie triumphierend. »Wie schade, daß wir es nicht hinkriegen. Wir schaffen es einfach nicht, die Hemden in einem Tag bedrucken zu lassen. Hätten wir bloß früher daran gedacht...«

In unmittelbaren Anschluß an seine große Idee brachte er selbst alle Gründe vor, weshalb sie sich einfach nicht in die Tat umsetzen ließ. Ernie war überzeugt, daß sie die benötigte Menge von Hemden nicht vorrätig hätten oder daß die Farben nicht richtig wären oder daß sie es nicht innerhalb der kurzen Zeitspanne schaffen würden, die Hemden bedrucken zu lassen. Er war drauf und dran, die Idee aufzugeben, bevor er überhaupt versucht hatte, sie zu verwirklichen. Erst als seine Sekretärin die Idee aufgriff und es fertigbrachte, die Hemden in sogar weniger als sechs Stunden herbeizuschaffen, begann Ernie langsam umzudenken. Mit den T-Shirts klappte es zwar am selben Tag, doch Ernies Pessimismus verging nicht von einem Tag auf den anderen. Ab dem Zeitpunkt fing Ernie jedoch an, auch mehr an das Unmögliche zu glauben.

Die Selbstmordsabotage – oder: sich in den eigenen Fuß schießen

Alle vier Formen des Negaholismus, d.h. der Einstellungsnegaholismus, der Verhaltensnegaholismus, der geistige und der verbale Negaholismus, stellen verschiedene Arten und Weisen dar, wie wir uns selbst sabotieren. Selbstsabotage ist die Gesamtheit der bewußten oder unbewußten Gedanken oder Handlungen, die Sie sich selbst in den Weg stellen, damit Sie nicht das erreichen, was Sie wollen. Wenn ein Mensch in einer Weise handelt, die seinen Erfolg sabotiert oder seinen Wert mindert, ist sein Tun von der Sucht nach Negativität bestimmt.

Shirley, Vertreterin einer Versicherungsfirma, möchte gern einen verantwortungsvollen Posten übernehmen. Sie hat aber eine schlechte Angewohnheit, die gegen sie arbeitet: Sie tratscht, redet schlecht über Leute hinter deren Rücken und läßt sich fast immer in die Machenschaften der Gerüchteküche verwickeln. Inzwischen hat sie sich mit so vielen Menschen innerhalb der Firma angefeindet, daß niemand mehr gerne für sie arbeiten oder überhaupt mit ihr zusammensein will. Die anderen Mitarbeiter trauen ihr nicht und wollen nichts über sich preisgeben, was gegen sie verwendet werden könnte. Die Leute in der Firma sagen, sie würde sich immer in den eigenen Fuß schießen.

»Ich verstehe nicht, wieso sie mich nicht zur Beförderung vorschlagen, obwohl ich seit zehn Jahren bei der Firma bin und meine Arbeit besser mache als irgend jemand sonst in der Abteilung«, sagt Shirley verwundert. Sie sieht einfach nicht, was sie falsch macht, und so wiederholt sie ihre Fehler immer und immer wieder.

Oft lauert der unbewußte Saboteur auf genau den richtigen Augenblick, um Ihre Vorhaben zu untergraben. Am Tag einer Prüfung verschlafen, vergessen, die Telefonrechnung zu bezahlen, so daß das Telefon abgeschaltet wird, vor einem wichtigen Termin kein Benzin mehr im Tank haben, einen Tag zu spät an einen wichtigen Anruf denken, wichtige Unterlagen im Flugzeug vergessen, am Abend vor einer wichtigen Sitzung lange aufbleiben und am nächsten Tag unausgeschlafen oder verkatert dahängen – das alles sind einfache, subtile und heimtückische Methoden, mit denen Sie Ihren Erfolg regelmäßig selbst sabotieren.

Solche Verhaltensweisen sind meist tief verwurzelt, doch sie sind auch heilbar. Dieser Zustand ist so weit verbreitet, daß es kaum jemanden gibt, der in unserer Gesellschaft erzogen wurde und nicht irgendeine Form der Selbstsabotage praktiziert. Wenn Sie Negaholiker sind, dann können Sie sich als normal betrachten. Das ist die positive Nachricht. Doch vielleicht würden Sie auch gerne über das

Normale hinausgehen. Vielleicht möchten Sie sich darum bemühen, lieber außergewöhnlich, bemerkenswert, unvergeßlich zu sein. Jetzt haben Sie Gelegenheit, über den Negaholismus, der in Ihnen einprogrammiert ist, hinauszuwachsen.

Falls Sie also über das Normale und Durchschnittliche hinauswollen, lesen Sie weiter. Wahrscheinlich sind Sie erst einmal neugierig, wie Sie überhaupt so geworden sind.

Kapitel 2

Die Wurzeln in der Kindheit

Womit habe ich das verdient?

Ihr heutiger Zustand ist das unmittelbare Ergebnis der Art und Weise, wie Sie als Kind von Ihren Eltern behandelt und erzogen wurden. Ihre Selbsteinschätzung gründet sich auf frühe Kindheitserfahrungen, die Sie veranlaßten, bestimmte Schlüsse über sich zu ziehen, und aufgrund derer Sie dann Ansichten formulierten, die fortan Ihr ganzes Leben bestimmten.

Es ist ganz normal, die eigenen Eltern zu verteidigen, zu argumentieren, sie hätten ja ihr Bestes getan, und Verständnis aufzubringen für ihre Situation, den Druck, der auf ihnen lastete, und für ihre persönlichen Einschränkungen. Im übrigen entspricht das höchstwahrscheinlich alles der Wahrheit. Das Schwierigste am Verstehen des eigenen Negaholismus ist, mit der Tatsache fertigzuwerden, daß »sie«, Ihre Eltern, sicherlich den Grundstein für den Negativismus legten, den Sie, quasi als Erbe, weiter pflegen.

Ihre Eltern waren möglicherweise Vorbilder, mit denen Sie sich stets verglichen und an die Sie für Ihr Empfinden nie heranreichten. Sie haben vielleicht das Gefühl, daß Sie es nie zu dem brachten, was Ihre Eltern in Ihren Augen, in der Gemeinschaft oder in der Welt darstellten. Vielleicht wollten sie einfach nur Ihr Bestes, damit Sie Ihr ganzes Potential ausschöpfen. Das führte dann womöglich dazu, daß Sie selbst Ihr größter Kritiker wurden und sich unerbittlich zu immer größerer Leistung antrieben, um endlich die Zuwendung zu bekommen, nach der Sie sich immer sehnten.

Vielleicht brachten Ihnen Ihre Eltern aber auch viel Wärme und Liebe entgegen, und Sie entwickelten irgendwie Schuldgefühle, weil Sie so tolle Eltern hatten, während Ihre Freunde scheinbar in schwierigeren Familienverhältnissen aufwachsen mußten. Vielleicht gaben Ihnen die Eltern mit den allerbesten Absichten ihre eigenen einschränkenden Ansichten weiter. Ansichten, die in ihrer Jugend unter Umständen angemessen waren, mittlerweile jedoch ihre Gültigkeit verloren haben. Oder vielleicht waren Ihre Eltern manchmal nur gestreßt und reagierten ihren Frust an Ihnen ab. Für deren Wutausbrüche gaben Sie sich wiederum die Schuld und machten sich deswegen Vorwürfe.

Vielleicht waren eine oder beide Ihrer primären Bezugspersonen krank oder vom Alkohol abhängig. Möglicherweise fühlten Sie sich auch dafür verantwortlich.

Es scheint keine große Rolle zu spielen, ob Ihre Eltern großartig, durchschnittlich oder ganz mies waren: Am Ende läuft es auf dasselbe hinaus. Wenn Sie Negaholiker sind, dann haben Sie sich eine Reihe schutzgewährender Ansichten und Einstellungen zurechtgelegt, die alle die Grundhaltung »Du kannst nicht, du darfst nicht, du sollst nicht« verstärken. In stillen, kaum wahrnehmbaren Augenblikken innerer Entscheidung beschlossen Sie dann, sich nicht auf Ihr Gefühl zu verlassen, Sie seien so, wie Sie sind, in Ordnung.

Ich habe mit Negaholikern gearbeitet, die im Elternhaus extrem mißhandelt wurden, aber auch mit solchen, die scheinbar in den idyllischsten Verhältnissen aufgewachsen waren: Der Negaholismus kann sich auf jedem Nährboden ausbreiten, unterschiedlich ist nur das Ausmaß, in dem sich ein Mensch von den »Ich kann nicht«-Stimmen leiten läßt.

Doch woher kommen diese Stimmen? Wie prägen sie sich ein? Wann beginnen wir, sie als unsere eigenen zu betrachten? Warum tun wir das? Das sind gute Fragen, die es verdienen, mit der größten Sorgfalt überdacht und beantwortet zu werden – doch zunächst müssen wir uns der Frage der Loyalität zuwenden.

Loyalität über alles

Ihre Eltern brachten Sie auf die Welt. Sie schenkten Ihnen das Leben und ernährten Sie, so daß Sie zu dem wurden, was Sie heute sind. Sie spielten eine wesentliche Rolle bei der Herausbildung Ihrer Identität, Ihres Selbstbildes und Ihrer Einstellung gegenüber der Welt. Sie tragen die Verantwortung dafür, was aus Ihnen geworden ist. Wahrscheinlich taten sie ihr Bestes angesichts der Informationen und der Mittel, die ihnen zur Verfügung standen. Leider ist die Elternrolle eine, auf die wir ungenügend bzw. gar nicht vorbereitet werden. In den meisten Fällen wurden Sie von Ihren Eltern genauso erzogen, wie sie selbst erzogen worden waren. Das Vermächtnis wird von Generation zu Generation weitergereicht. Richtig oder falsch, wir vererben unsere psychischen »Eltern« in ähnlicher Weise, wie wir Familienfotos, Wäsche und Porzellan weitergeben. Bei Fotografien können Sie Ihre eigenen Beobachtungen anstellen und Ihre eigenen Schlüsse ziehen. Im Falle von psychischem Gepäck aber erben Sie meist ein verzerrtes Bild der Realität bzw. Sie basteln sich ein solches zusammen.

Das klingt dann etwa so: »Meine Eltern waren ganz toll. Sie knapsten und sparten an allen Ecken und Enden und nahmen Entbehrungen auf sich, damit wir eine Schulausbildung kriegten und ein Dach über dem Kopf hatten. Meine Mutter lebte nur für uns, für uns tat sie einfach alles.« Das mag ja alles zutreffen, doch möglicherweise ging der Schuß auch nach hinten los. Vielleicht hatten Sie Schuldgefühle, weil Ihre Eltern so vieles entbehren mußten, um für Sie zu sorgen. Vielleicht trieben Sie sich gnadenlos zu immer größeren Leistungen an, damit die Opfer, die Ihre Eltern auf sich nahmen, nicht vergebens waren. Vielleicht beobachteten Sie, wie sie sich selbst aufopferten und litten, und bildeten sich ein, Sie hätten ihren Schmerz verursacht. Wie auch immer, es ist schwer vorstellbar, daß Sie aus einer solchen Situation ohne die geringste Spur von Negaholismus davonkommen.

Es gehört zum Kind-Sein dazu, daß man eine Reihe von Ansichten erbt, die allen unseren Wahrnehmungen bezüglich unserer Familien zugrunde liegen. Die Eigenschaften, die ich meine, erscheinen uns so selbstverständlich, daß wir sie nicht einmal als Tendenzen wahrnehmen. Die grundlegenden Annahmen, die Sie daran hindern, den Ursprung Ihres Negaholismus zu erkennen, sind folgende:

Eine unbewußte Loyalität gegenüber Ihren Eltern

Egal, wie gut oder schlecht Sie in Ihrem Elternhaus behandelt wurden, wie glücklich oder traumatisch Ihre Kindheitserlebnisse waren: Die Ihnen angeborene Loyalität gegenüber Ihrer Familie stellt alles andere in den Schatten.

Karen kam in meine Beratung, um sich über ihre beruflichen Vorstellungen größere Klarheit zu verschaffen. Als wir ihre Vorlieben und Abneigungen, ihre Wünsche und Träume näher untersuchten, griff sie in ihren Darstellungen häufig auf Kindheitserlebnisse zurück, was ja ganz natürlich ist. Im Laufe des Gesprächs sickerten aber immer mehr Hinweise durch, die dem idealisierten Bild, das sie bisher von ihrer Familie gezeichnet hatte, widersprachen. Die Realität war das glatte Gegenteil ihre rosigen Darstellung. In Wahrheit waren beide Eltern Alkoholiker gewesen; sie war von ihrer Mutter und ihrer Schwester körperlich und geistig mißhandelt worden; und bei ihr zu Hause hatte es nie eine echte, aufrichtige Verständigung gegeben.

Selektiver Erinnerungsverlust

Als Folge Ihrer Loyalität gegenüber Ihrer Familie haben Sie möglicherweise Gefühle der Verletztheit, schmerzhafte Vorfälle und/oder traumatische Erinnerungen an die Vergangenheit abgeblockt. Ihr Überlebensmechanismus hat höchstwahrscheinlich jene Erlebnisse einfach geschickt ausgeblendet, die nicht in Ihr idealisiertes Bild paßten bzw. Ihrer Phantasie eines glücklichen Familienlebens widersprachen.

Wenn man mit Karen sprach, hätte man nie vermutet, daß irgend etwas bei ihr nicht in Ordnung war, da sie ihre Lebensgeschichte aus ihren Herzenswünschen und nicht aus den realen Ereignissen zusammengesetzt hatte. Karen erzählte keine Lügen; unbewußt und selektiv hatte sie in ihrem Gedächtnis nur jene Ereignisse gespeichert, die sie in glücklicher Erinnerung behielt.

Diese Bewältigungsstrategien griffen plötzlich nicht mehr, als Karen mit dem Rauchen aufhörte, einer Aktivität, die ihr geholfen hatte, die Einzelteile des Bildes zusammenzuhalten. Es war sehr schwer für Karen, damit fertigzuwerden, daß ihre unbewußte Loyalität ihrer Familie gegenüber die Sicht ihrer Lebenswirklichkeit vernebelt hatte.

Ihre Mutter war sehr stolz darauf gewesen, daß unerwartete Besucher zu jeder Tages- oder Nachtzeit kommen konnten, ohne zu merken, daß fünf Kinder im Hause waren. Die Kinder waren immer außer Sichtweite, mit irgendeiner stillen, sauberen Tätigkeit beschäftigt, und das Haus war tipptopp in Ordnung. Für ihre Mutter hatten Ruhe und Ordnung einen überragenden Stellenwert. Sie begriff jedoch nicht, daß ein so streng durchorganisiertes und rigides Zuhause nicht ohne Folgen für die Entwicklung der Kinder bleiben würde. Es stellte sich heraus, daß von den fünf Geschwistern in Karens Familie einer Selbstmord beging; ein anderer ist in einer psychiatrischen Anstalt, einer weigerte sich, das Elternhaus zu verlassen, und einer ist Alkoholiker. Karen heiratete ihrerseits auch einen Alkoholiker, ließ sich später scheiden und ist heute darum bemüht, so gut wie möglich mit ihrem Leben zurechtzukommen. Keines ihrer Geschwister hat Kinder, und wahrscheinlich wird keines je welche bekommen.

Im nachhinein wird die rosarote Brille aufgesetzt

Wenn man in solchen oder ähnlichen Verhältnissen aufwächst, setzt man gern eine rosarote Brille auf, um die Vergangenheit im bestmöglichen Licht zu sehen. Man erinnert sich in erster Linie an Vorfälle, welche die Eltern im Zweifelsfalle in einem guten Licht dastehen lassen; manchmal verdreht man die Tatsachen etwas, rechtfertigt und erklärt das Verhalten der Eltern, so daß die Vergangenheit in das Phantasiebild paßt, das man so geschickt zusammengestellt hat.

Äußerlich gesehen ist die 37jährige Karen eine zufriedene, motivierte, gutgelaunte, zum Spaß aufgelegte, kompetente, offene Frau, in deren Gegenwart ein jeder sich wohl fühlt. Wenn man sie erzählen hörte, hätte man meinen können, sie hätte die perfekte Kindheit gehabt. Sie beschrieb ihre Eltern und die vier Geschwister als liebevolle, zufriedene und wunderbare Menschen. Sie hatte glückliche Erinnerungen an Sommerurlaube und Angelabenteuer während ihrer Kindheit. Sie liebte ihre Familie und wollte stets deren Bestes. Karen hatte ein rosiges Bild ihres Lebens gemalt, nicht, weil sie die Vergangenheit neu schreiben wollte, sondern weil sie, um zu überleben, gelernt hatte, aus jeder Situation das Beste zu machen und ihre Seele lebendig zu halten, indem sie stets fröhlich und gut aufgelegt war. Kamen traurige Gefühle hoch, besonders im Bereich der zwischenmenschlichen Beziehungen, so setzte Karen immer ihr fröhliches Gesicht auf und sprang in die Bresche.

Ihre wirklichen Gefühle wurden oft verleugnet oder unterdrückt

Damit Sie überleben, funktionieren und sich in Ihre Familie und in die Gesellschaft integrieren konnten, mußten Sie jene Gefühle, die als unerwünscht erachtet wurden, verleugnen, unterdrücken und sublimieren. Wahrscheinlich wurden viele Gefühle als unerwünscht erachtet, und ganz folgerichtig suchten Sie den Weg des Verschleierns, um mit ihnen fertigzuwerden. Solchen Gefühlen wurde dann entweder von vornherein aus dem Weg gegangen, oder sie wurden verleugnet oder völlig unterdrückt.

Auf das Drängen ihres Arztes hin gab Karen schließlich das Rauchen auf. Erst danach wurde ihr klar, wie sehr sie vom Rauchen abhängig geworden war. Sie entdeckte, daß die tiefen Lungenzüge ihr geholfen hatten, viele alte, ungelöste Gefühle zuzudecken. Ohne diesen Mechanismus, mit dem sie ihre Gefühle betäubt hatte, begann sie, sich ängstlich, nervös und angespannt zu fühlen. Morgens hatte sie schon beim Aufwachen Angstgefühle, und oft fiel es ihr schwer, überhaupt aus dem Bett zu kommen. Sie wußte nicht, was mit ihr los war, und hatte Angst, daß etwas nicht stimmte. Immer öfter war sie reizbar und schlecht gelaunt. Mit der Zeit fühlte sie sich sogar desorientiert und hatte Schwierigkeiten, sich darüber klar zu werden, was sie mochte oder für sich wollte. Wenn Freunde, mit denen sie sich verabredete, sie fragten, was sie gerne machen würde oder wo sie gerne essen wollte, antwortete sie meist, »Ich weiß nicht. Was willst denn *du*?« Von ihren Gefühlen abgeschnitten, richtete sie sich nach den anderen. Sie versuchte, sich anzupassen, sich einzufügen, und ärgerte sich dann später, wenn sie sich bei irgendwelchen Unternehmungen nicht amüsierte.

Nach einigen Beratungssitzungen begann Karen, auf ihre eigenen Worte zu hören, der schmerzhaften Realität, die sie bisher verdrängt hatte, ins Auge zu sehen, und mit der Wahrheit fertigzuwerden, vor der sie bisher immer geflüchtet war. Durch ihren Willen, sich um ein gesundes und glückliches Leben zu bemühen, wurde es ihr möglich, der Wahrheit ins Gesicht zu sehen, die Vergangenheit anzunehmen und sich auf den Weg der Genesung zu begeben.

Die Grundannahmen, die Karen so lange aufrechterhalten hatte, ermöglichten es ihr, ihre Kindheit und ihre Pubertät zu überleben. Damit steht sie nicht alleine. Fast alle Menschen halten sich an solche Annahmen. Die Sache wird erst dadurch kompliziert, daß dieser aus solchen Annahmen bestehende »Schleier« nicht makellos ist, sondern viele Löcher aufweist. Durch diese Löcher können dann Realitätsanteile – unliebsame Tatsachen aus der Vergangenheit, die nicht ins idealisierte Bild passen – doch wieder ins Bewußtsein aufsteigen.

Wir alle finden Wege, die rosarote Brille aufzusetzen und auf diese Weise die unliebsamen Tatsachen verschwinden zu lassen. Es ist eine Möglichkeit, die uns zur Verfügung steht, mit schmerzhaften Realitäten fertigzuwerden. Unsere Bewältigungsmechanismen sind unterschiedlich, doch ihr Ziel ist am Ende immer das gleiche.

Der Ursprung des Negaholismus

Mit dem Ursprung des Negaholismus verhält es sich ähnlich wie mit dem Küken und dem Ei. Er hat keinen Anfang und kein Ende, sondern er wird von Generation zu Generation weitergegeben. Es handelt sich um ein Vermächtnis von Unbewußtheit und Verdrängung, die kaum je näher untersucht, sondern statt dessen von Eltern auf Kinder und Enkelkinder vererbt werden.

Die Wurzel des Übels

In einer Sitzung beschrieb Karen ihre Großeltern:
»Meine Großmutter war Holländerin, und ihr Denken war ganz und gar vom Leben in der ›Alten Welt‹ geprägt. Sie starb, bevor meine Mutter zwölf war, und mein Vater hatte als Vollwaise nur wenig Erfahrung mit Familienleben und Kindererziehung. Als mein Großvater an einem Herzinfarkt starb, war meine Mutter ganz allein auf der Welt. Meinen Vater sah sie als ihre letzte Chance, zu heiraten, Kinder zu kriegen und versorgt zu werden.

Im Zeichen einer eisernen Disziplin wurde meine Mutter als junges Mädchen sowohl körperlich als auch geistig mißhandelt. Es leuchtet ein, daß sie solche Mißhandlungen als normal ansah. Sie glaubte offenbar, sie könne uns Kinder mit Schlägen zu besseren Menschen erziehen. Ob es meiner Mutter gefiel, wie ihre Mutter mit ihr umgegangen war, spielte dabei keine Rolle: Sie glaubte, daß diese Züchtigungen Teil ihrer Aufgaben seien. Sie verband Mißhandlung mit elterlicher Verantwortung. Jetzt, wo ich es mir überlege, glaube ich, daß sie wahrscheinlich nie darüber nachgedacht hat, sondern einfach das weitergab, was ihr selbst angetan wurde. Das Elternhaus meiner Mutter war chaotisch und unordentlich, und so meinte sie, daß sie mit einem sauberen, ordentlichen und ruhigen Haushalt einen stabilen Rahmen schuf, der die bestmögliche Umgebung für ihre Kinder darstellen würde.

Mein Vater glaubte, er könne die Familie zusammenhalten, wenn er zu Hause wenigstens Frieden und Ruhe bewahrte. Wenn er die

Familie zusammenhalten konnte, blieben die Kinder vom Heim verschont, was ein Maßstab für seinen Erfolg als Vater war. Beide Eltern dachten, sie machen ihre Sache gut, da ihr Familienleben im Vergleich mit ihrer Kindheitssituation eine Verbesserung darstellte. Und das stimmte ja eigentlich auch«, sagte Karen ganz ehrlich.

Verlaß mich nicht!

Karens Eltern blieben zusammen, und zwar aus einem oder mehreren der folgenden Gründe:

- um zum ersten Mal überhaupt eine Befriedigung ihrer emotionalen Bedürfnisse zu erfahren
- um sich als ganz, vollständig und erfüllt zu erfahren
- um sich als wertvoll, kostbar und liebenswürdig zu erleben
- um der Welt zu beweisen, daß sie (von irgend jemandem) geliebt werden
- um der Einsamkeit zu entfliehen
- um das Verlassen-Sein zu vermeiden

Und was ist mit mir?

Vielleicht mußten Ihre Eltern genau wie die von Karen irgendwann einmal der Realität ins Auge sehen, daß ihre emotionalen Bedürfnisse wahrscheinlich niemals befriedigt würden. Gleichzeitig sollte aber der Partner ihre unerfüllten emotionalen Bedürfnisse befriedigen. Dadurch verstärkten sich die Angst, nicht gut genug zu sein, sowie der Druck, den Ansprüchen gerecht zu werden. Karens Eltern und vielleicht auch Ihre gerieten in eine Doppelfalle: das Unvermögen jedes einzelnen, das zu bekommen, was sie brauchten, während gleichzeitig die Erwartung an sie gestellt wurde, die emotionalen Bedürfnisse des Partners zu befriedigen. So setzten beide Elternteile das ihnen vermachte Erbe fort.

Die Flitterwochen sind vorbei

Irgendwann kam dann wahrscheinlich der Zeitpunkt, da ihre Eltern merkten, daß die Flitterwochen vorbei waren. Nach und nach änderten sich ihre Wahrnehmungen. Bestimmte Eigenheiten, Verhaltensweisen und Einstellungen, die vorher anziehend gewirkt hatten, fingen an zu stören. Das Nörgeln begann und hörte nicht mehr auf.

»Wenn sie nur ein paar Pfund abnehmen könnte. Dieses Gelächter ist so schrill. Seine Socken sind zu kurz, und ich kann es nicht ertragen, wie er Auto fährt. Er sieht zuviel fern. Sie macht sich dauernd Sorgen um das Geld«, dachten sich ihre Eltern vielleicht insgeheim.

Wie Prinzen zu Fröschen werden

Negaholiker sind Meister darin, einen vermeintlichen Prinzen bzw. eine Prinzessin in einen Frosch zu verwandeln. Falls Ihr Vater vielleicht im Grunde seines Herzens glaubte, daß er einen Frosch als Frau verdiente, dann macht er seine Prinzessin zu einer Fröschin, selbst dann, wenn sie ihm ihre Liebe erwies. Wenn sein Selbstbild es nicht zulassen konnte, daß eine Prinzessin ihn wirklich liebte, dann suchte er immer nach dem Frosch in ihr. Er spähte mit der Lupe nach dem unseligen Makel. Falls er ihn nicht auf Anhieb fand, sorgte er dafür, daß einer in Erscheinung trat, um zu beweisen, wie recht er hatte.

»Aha! Da ist es, ich wußte es die ganze Zeit. Warum sollte ich mit jemandem zusammensein wollen, der mich als Partner wählt?« Und wenn seine sich selbst erfüllende Prophezeihung »Ich bleibe am Ende ja sowieso mit einem Frosch zurück« lautete, dann konnte er dafür sorgen, daß seine Prophezeihung in Erfüllung ging, egal, ob seine Prinzessin eine wirkliche oder nur eine vermeintliche »Fröschin« war.

Auf der Suche nach dem unseligen Makel

Wenn jemand lang genug sucht, entdeckt er wahrscheinlich die »Ich kann nicht«-Stimmen des anderen. Deckt man genügend »Ich kann nicht«-Ansichten auf, entpuppt sich der andere in der Tat als ein ausgewachsener Frosch!

Stellen Sie sich Ihre Eltern vor, wie sie sich aufmachten, nach den Makeln des anderen zu suchen. Das Spiel besteht darin, die eigenen »Ich kann nicht«-Stimmen zu verbergen und die des Partners ans Licht zu bringen. Je mehr »Ich kann nicht«-Stimmen zutage treten, um so stärker wird das Bedürfnis, die des Partners bloßzulegen, damit man die eigenen aufwiegen kann. Es handelt sich aber um einen Teufelskreis, aus dem es kein Entrinnen gibt.

Hat der Partner keine »Ich kann nicht«-Stimmen, dann schneidet man selbst im Vergleich schlecht ab; doch kann sich der Partner auf der anderen Seite vor »Ich kann nicht«-Stimmen kaum noch retten, dann hat man sich einen Verlierer aufgehalst: einen riesigen Frosch.

Liebst du mich wirklich? Dann beweis es

Ihre Eltern verbrachten dann beide außerordentlich viel Zeit damit, die Beziehung zu testen, herauszufinden, ob der Partner ein Prinz oder eine Prinzessin, ein Frosch oder ein Vollidiot war, oder ob er ihn bzw. sie wirklich liebte. Unter Umständen taten sie alles ihnen Mögliche, um den Partner fortzujagen, um ihn dazu zu bringen, seine Zuneigung zurückzuziehen und sich selbst zu beweisen, daß er oder sie es nicht wert war, geliebt zu werden.

Viele geheime Unsicherheiten und verborgene Ängste äußerten sich ausgerechnet in dem Versuch, genau das wegzujagen, wonach sie ihr ganzes Leben lang gesucht hatten.

Wenn Sie es soweit bringen, mit vollem Recht behaupten zu können »Niemand liebt mich, und nie wird mich jemand lieben«, dann haben Sie erfolgreich Ihren heimlichen Verdacht, Ihre negative innere Stimme, Ihren Negaholismus bestätigt. Das ist eine Art von Elend, die man vor sich selbst rechtfertigen kann.

Um noch bei Ihren Eltern zu bleiben: Während eine Seite des einen Partners den anderen Partner fortjagt, will die andere Seite in einer verzweifelten Suche nach Liebe den Partner näher an sich heranziehen. Der »Ich kann«-Anteil hat einen Fuß auf dem Gaspedal des Lebens und sagt: »Ich kann das bekommen, was ich will. Ich kann die Beziehung haben, die ich schon immer haben wollte. Ich kann mit einem Menschen glücklich werden. Es ist möglich, daß ich meinen Seelenpartner gefunden habe. Ich verdiene es, mit dem Menschen meiner Träume glücklich zu werden.«

Während der »Ich kann«-Anteil darauf hofft, daß Märchen Wirklichkeit werden, steht der »Ich kann nicht«-Anteil mit einem Fuß auf der Bremse und sagt: »Diese Person ist doch sicher nicht ganz astrein. Nun, woran wird es hapern? Oberflächlich gesehen mag sie ja ganz in Ordnung sein, doch irgendwo muß der Wurm drinstekken. Sonst wäre es ja zu schön, um wahr zu sein. Laß deine Hoffnungen nicht aufflackern, du wirst doch nur wieder enttäuscht. Am Ende wird sie so sein wie alle anderen. Du träumst bloß wieder. Du kannst eben *nicht* das bekommen, was du willst.«

Ein weiterer Anteil steht mittendrin, im Leerlauf sozusagen, und hofft: »Wenn ich diesen Menschen dazu bringen kann, mich zu lieben, dann kann ich nicht ganz so unmöglich sein. Wenigstens will mich dann *irgend jemand.* Vielleicht bin ich doch noch liebenswert! Damit zeige ich ihnen (Eltern, Lehrern, verflossenen Liebhabern oder Partnern), daß man mich liebhaben kann und daß ich unsere (vergangene) Beziehung doch nicht kaputtgemacht habe. Und vielleicht, aber nur vielleicht, muß ich dann nicht noch einmal verlassen werden!«

Das Rätsel der Kindererziehung

Kinder zu erziehen ist eine der wichtigsten Rollen, die ein Mensch als Erwachsener in unserer Gesellschaft ausüben kann. Als Eltern verhalten wir uns im wesentlichen so, wie unsere Eltern sich uns gegenüber verhielten. »Sie taten ihr Bestes, und es scheint ja einigermaßen gut gelaufen zu sein, also mache ich es genauso« – so denken viele. Oder aber das glatte Gegenteil: »Sie machten alles von Grund auf falsch, und ich werde es genau umgekehrt angehen, denn sie haben mich richtig verkorkst!« So oder so handelt man jedoch reaktiv und nicht aus einer freien Entscheidung heraus.

Die sieben Kennzeichen einer dysfunktionalen Familie

Die intakte Familie bietet eine gesunde und Geborgenheit spendende Umgebung, in der die Familienmitglieder ermutigt werden, sich mit ihren individuellen und zwischenmenschlichen Fähigkeiten zu gesunden, schutzgewährenden und lebenstüchtigen Erwachsenen zu entwickeln.

Eine dysfunktionale Familie verfehlt in dieser Hinsicht ihren Zweck. Es gibt sieben Kennzeichen, die für dysfunktionale Familien charakteristisch sind und die ich im folgenden näher erläutere.

Die Zuwendung ist an Bedingungen geknüpft

In einem dysfunktionalen Elternhaus wird ein Maßstab festgelegt, vor dem jedes Familienmitglied zu bestehen hat. Der Maßstab kann für jedes Kind etwas anders ausfallen. Es kann um schulische Leistung, Anpassung, Gehorsam, Fügsamkeit gehen. Die Eltern geben dann ihre Zuwendung oder behalten sie zurück, je nachdem, ob das betreffende Kind ihren Ansprüchen genügt. Die Maßstäbe oder Verhaltensregeln der Eltern – »du solltest...«, »du müßtest...«, »du hast gefälligst zu...« – werden häufig unbewußt nach dem Vorbild ihrer eigenen Eltern formuliert und nennen die Bedingungen, an welche ihre Zuwendung geknüpft ist.

Bestimmte Themen werden nicht angesprochen

Bestimmte Themen wie z.B. Sex, Religion, Politik, Geld, Verwandte, Sucht, Krankheiten, Gefühle, zwischenmenschliche Beziehungen, Pläne, Aktivitäten oder der Zustand eines bestimmten Familienmitglieds werden willkürlich tabuisiert. Familienmitglieder bekommen entweder verbal oder nonverbal mitgeteilt: »Über solche Dinge sprechen wir einfach nicht.«

Grundlegende Familienprobleme werden nicht diskutiert, bewältigt oder gelöst

Probleme können die Familie als Ganzes betreffen; sie können jedoch auch im Zusammenhang mit zwei oder mehreren Familienmitgliedern und deren Umgang miteinander oder aber dem Nicht-Funktionieren eines einzelnen Mitglieds in bezug auf das restliche System auftreten. Es gibt Situationen, die nicht diskutiert oder die absichtlich vermieden werden, und die man beiseite schiebt, falls jemand sie doch anspricht. Solche Themen können z.B. die Krankheit oder die Probleme eines bestimmten Familienmitgliedes, die Absonderlichkeiten eines einzelnen oder aller Familienmitglieder, Rivalität unter Geschwistern, Inzest, Geldprobleme, psychische Beeinträchtigungen oder Lernstörungen sein.

Familiengeheimnisse werden gehütet und fortgeschleppt

Es gibt ein stillschweigendes Einvernehmen zwischen allen Familienmitgliedern, den Kodex des Schweigens bezüglich aller Familiengeheimnisse zu respektieren. Geheimnisse können Skandale in der Familie, Selbstmord, eheliche Gewalt, Trunksucht, Inzest, Geldprobleme, jede geheime Sucht oder Absonderlichkeiten eines Familienmitgliedes sein.

Gefühle werden verleugnet, vermieden, abgetan und unterdrückt

Gefühle werden als gefährlich eingeschätzt. Gefühle auszudrücken gilt als bedrohlich, d.h. als das Familiensystem zerrüttend. Solchem Gefühlsausdruck begegnet man in der Familie mit Geringschätzung, Ablehnung oder bestenfalls Duldung. Ein starkes Gefühl liefert oft den Antrieb zum Handeln. Die Unterdrückung von Gefühlen bewahrt die Situation in ihrem Status quo und schafft gleichzeitig eine Atmosphäre, die von Lügen durchsetzt ist.

Verleugnung ist für das Familiensystem ein »normaler« Zustand

Die Weigerung, die Wahrheit zuzugeben, schafft eine Atmosphäre, die von Widersprüchen, massiver Verwirrung und Zweifeln bezüglich der wirklichen Vorgänge geprägt ist. Die Verleugnung grundlegender Probleme führt zur Verleugnung nebensächlicherer Fragen und schließlich zur Unterdrückung aller mit dem Problem oder dem Thema zusammenhängenden Gefühle. Die Strategie zielt auf eine umfassende Vertuschung ab, und je mehr Gefühle unterdrückt werden, um so verzerrter, unehrlicher, unwirklicher und bizarrer wird die gesamte Situation. Außerdem werden die einzelnen Familienmitglieder dazu angehalten, ihre Wahrnehmungen, Gedanken und Wünsche zu verleugnen.

Erhaltung des Familiensystems durch gegenseitige Abhängigkeit

Jeder einzelne nimmt eine spezifische Rolle innerhalb der Familie ein, die dazu dient, das Gleichgewicht des Familiensystems aufrecht zu erhalten. Alle Mitglieder untermauern ihre gegenseitige Abhängigkeit und sind somit als Co-Abhängige zu bezeichnen. Der einzelne hat seine wahren Gefühle aufgegeben und lebt als Reflex auf die willkürlichen Bewegungen des Systems fort. Dieses geschlossene System gründet sich auf die Fortsetzung des Mythos, der Lügen und des künstlichen Szenarios, dem alle Beteiligten unterworfen sind.

Dysfunktionale Familien bringen Negaholiker hervor

Wenn Sie Negaholiker sind, dann stammen Sie höchstwahrscheinlich aus einer dysfunktionalen Familie, die von mindestens drei der sieben obengenannten Merkmale gekennzeichnet ist.

Die Zwanghaftigkeit des Negaholikers wird oft durch Streßsituationen ausgelöst. Die Bewältigung von Streß, einem Produkt des modernen Lebens, fällt Menschen, die in gestörten Familien groß geworden sind, besonders schwer.

Falls Sie aus einem dysfunktionalen Elternhaus stammen und Negaholiker sind, brauchen Sie nicht zu verzweifeln: Sie sind keineswegs eine Ausnahme, sondern entsprechen vielmehr der Regel. Der Mehrheit der Menschen in unserer Gesellschaft ergeht es genau wie Ihnen. Und im übrigen gibt es, wenn Sie sich Ihren Humor bewahren, einen Weg, den Sie einschlagen können, um zur vollen Gesundheit und zu einer erfüllteren Zukunft zu gelangen.

Kapitel 3

Streß und Suchtverhalten

Wodurch wird Streß erzeugt?

Streß ist eine Alltagserscheinung unserer Zeit. Deshalb wollen wir uns einige der Ursachen dafür näher anschauen:

- Verwirrung und Unklarheit bezüglich der Rollen, Erwartungen und Prioritäten, die mit unserer Sexualität zusammenhängen;
- Verwirrung, Konflikte und Über- bzw. Unterforderung bezüglich der Rollen, die man zu Hause oder bei der Arbeit ausfüllt;
- Überlastung und Überfüllung durch zu viele Reize, von der Waschmittelwerbung bis hin zu Sexualpartnern;
- Schnellebigkeit, hohe Anforderungen und Druck durch starken Wettbewerb;
- Übergriffe auf die Sinne aus allen Richtungen und daraus hervorgehende Überreizung;
- die mit dem Niedergang der Familie, der Kirche und der Gemeinschaft einhergehende Entfremdung;
- aus starker Mobilität, Vergänglichkeit und Unbeständigkeit hervorgehende Vereinzelung;
- weltweite finanzielle Unstetigkeiten und monetäre Unsicherheit;
- die ständige Bedrohung und Vernichtung allen Lebens, sei es durch einen Weltkrieg, sei es durch epidemisch um sich greifende Krankheiten, die schwer auf unserem Bewußtsein lasten;
- mangelnde Zeit, mangelnde Orientierung, um sich greifende Frustration und Eintönigkeit;

- körperlicher Schmerz oder körperliche Behinderung;
- emotionale Traumata in Verbindung mit Familienmitgliedern, Angehörigen oder Freunden;
- Veränderungen in der Lebensart, im finanziellen Status, im Familienstand, im Bildungsgrad, im Beruf oder am Arbeitsplatz, Vergrößerung oder Verkleinerung der Familieneinheit, Verlagerung des Arbeitsplatzes in die eigene Wohnung;
- Vorbelastung durch das Aufwachsen in einer dysfunktionalen Familie, z.B.: sich von den eigenen Gefühlen abgeschnitten fühlen, den Kontakt mit unseren eigentlichen Wünschen verlieren, Angst haben, etwas falsch zu machen, etwas zu riskieren, sich mitzuteilen, verlassen zu werden.

Wen wundert es da noch, wenn wir uns gestreßt fühlen? Was ist denn Streß überhaupt? Streß ist eine Belastung bzw. ein Einfluß, der den Organismus in einem solchen Ausmaß strapaziert, daß das harmonische Zusammenspiel seiner natürlichen Funktionen auseinanderbricht. Für den menschlichen Organismus bedeutet dies, daß der Mensch nicht mehr in der Lage ist, die körperliche, emotionale, psychische, zwischenmenschliche oder geistige Spannung zu bewältigen.

Wenn Sie sich selbst gegenüber verantwortungsvoll leben wollen, dann müssen Sie sich den verschiedenen Aspekten Ihres Selbst zuwenden. Sie sollten immer wieder eine Bestandsaufnahme machen, um sicherzugehen, daß sämtliche Persönlichkeitsanteile miteinander harmonieren und gut funktionieren.

Da jeder Mensch einzigartig ist, ist auch das Ausmaß an Streß, das jeder von uns bewältigen kann, unterschiedlich. Während der eine bei einem hohen Streßpegel richtiggehend aufblüht, bricht der andere beim bloßen Gedanken daran zusammen. Der Umgang mit Streß ist ein individuelles Anliegen. Das Schwierige dabei ist natürlich, daß die meisten von uns nie gelernt haben, mit Streß umzugehen, auf ihn aufmerksam zu werden, bevor er ausbricht, ihn einzudämmen, wenn er zum Problem geworden ist, und ihn in den Griff zu bekommen, wenn er außer Kontrolle geraten ist. Da wir Gewohnheitstiere sind, fühlen wir uns zu dem hingezogen, was wir kennen und was uns vertraut ist. Unsere Bewältigungsmechanismen laufen größtenteils ohne Nachdenken, Überprüfung oder bewußte Entscheidungen ab.

Das nachfolgende Schaubild ist eine schematische Darstellung des äußeren Gleichgewichts zwischen Input und Output, das für Ihr inneres Gleichgewicht erforderlich ist.

Solange Sie das Gleichgewicht zwischen Input und Output aufrechterhalten können, sind Sie nicht übermäßig gestreßt. Die meisten von uns haben nie die wichtigen Techniken des Umgangs mit sich selbst vermittelt bekommen, und so neigen wir dazu, unsere eigenen Bedürfnisse zu ignorieren, als ob wir Maschinen wären, die imstande sind, ewig weiterzulaufen. Wir vergessen, daß wir, falls wir uns nicht selbst um unser Wohlbefinden kümmern, in Streß geraten, uns mit der Zeit noch zwanghafter verhalten und versuchen, uns eine vorübergehende Erleichterung zu verschaffen, um mit unserem Alltag fertigzuwerden.

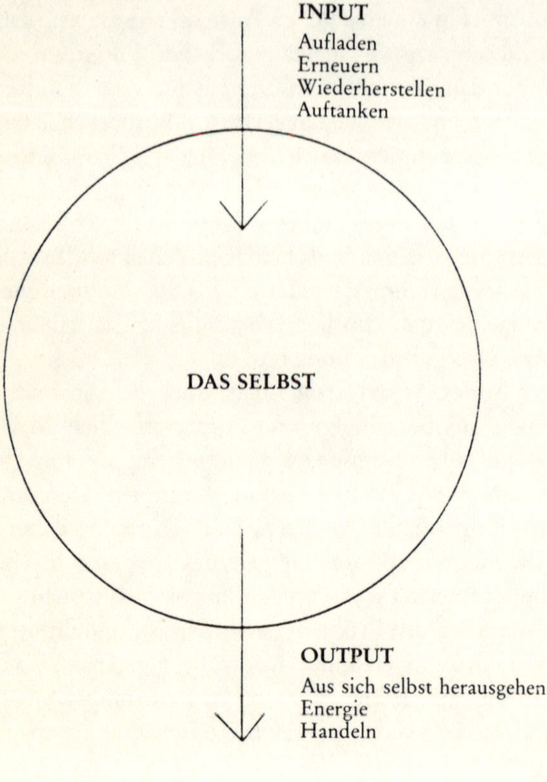

Vorübergehende Erleichterung

Solche Bewältigungsmechanismen bezeichne ich gern als »Stimmungsveränderer«. Darunter verstehe ich jede Substanz oder Aktivität, welche Ihre Stimmung sofort verändert. Beispiele für Stimmungsveränderer, die meine Klienten gelegentlich angewandt haben, sind: Schokolade essen, schwimmen gehen, spazierengehen, malen, ins Kissen schreien, Kaugummi essen, auf- und abhüpfen. Diese provisorischen Mittel dienen als Notbehelfe, mit deren Hilfe man das Problem kurzfristig zudecken kann. Sie hindern uns jedoch daran, dem eigentlichen Problem wirklich auf den Grund zu gehen.

Hinter solchem Verhalten steckt immer ein Gefühl. Das Gefühl ist zumeist unerwünscht, unannehmbar oder quälend. Der Stimmungsveränderer dient dazu, entweder dem Gefühl nachzugehen oder es zu verdrängen. Da Negaholiker oft aus einer Familie stammen, in der Gefühle verdrängt, verleugnet oder unterdrückt wurden, ist es als normales Verhalten anzusehen, wenn Sie Ihre Gefühle verschleiern oder sich von Gefühlen distanzieren, die verwirren, desorientieren oder ablenken. Die Vermeidung solcher Gefühle durch den Gebrauch eines Stimmungsveränderers ist für die heutige Zeit ein normaler Bewältigungsmechanismus. Gefährlich wird die Situation erst, wenn sie unsere negativen Verhaltensweisen fördert; wenn der Gebrauch von Stimmungsveränderern zu einer Sucht wird, die unsere Selbstgeißelung, unsere Anfälle von Negativität unterstützt. Mit anderen Worten, wenn Sie sich etwas gönnen, was Ihnen auf lange Sicht nicht guttut – wie etwa der übermäßige Genuß von Schokolade oder, noch viel mehr, von Rauschmitteln –, und dann das Verhalten wiederholen und als Munition für den nächsten Selbstangriff anwenden, dann haben Sie es mit einem Problem zu tun.

Immer dann, wenn der Gebrauch von Stimmungsveränderern Ihrer Kontrolle entgleitet, sind diese zur Sucht geworden. Sucht und Streß gehören inzwischen zu unserem Alltag. Sucht ist eine Möglichkeit der Streßbewältigung – ein heftiges Verlangen nach bestimmten Substanzen, Aktivitäten, Personen, Orten oder Handlungen, dem zwanghaft nachgegangen wird und dessen Befriedigung mit dem Verlust der Selbstbeherrschung einhergeht und trotz nachteiliger Konsequenzen fortgesetzt wird. Praktisch alles – jede Sache, jeder Mensch – kann zur Sucht werden.

Wie kommt es zur Sucht?

Eine Sucht entsteht oft aufgrund eines mangelhaften Selbstwertgefühls. Diese Unzulänglichkeit macht sich in einer Reihe von Einstellungen bemerkbar wie z.B.: Ich bin nicht intelligent genug, um die Aufgabe zu bewältigen, nicht tüchtig genug, um die Arbeit richtig durchzuführen, nicht attraktiv genug, um eine Beziehung zu haben, nicht sportlich genug, um an einem Wettbewerb teilzunehmen, ich bin es nicht wert, von einem wunderbaren Menschen geliebt zu werden, nicht sexy genug, nicht schlank genug, nicht gut genug, nicht mächtig genug. Diese Liste könnte unbegrenzt fortgesetzt werden. Das Gefühl, das eigentlich dahintersteckt, besagt, daß wir irgendeine Eigenschaft, die wir angeblich aufweisen müßten, nicht ausreichend verkörpern. Das ist der Ursprung des »Ich kann nicht«-Syndroms. Da das Gefühl der Unzulänglichkeit in den seltensten Fällen richtig erkannt und oft verdrängt wird, suchen wir nach Mitteln, mit denen wir die Leere ausfüllen können. Mit anderen Worten, wir gehen das Symptom an, nicht aber die wirkliche Ursache. Solche Mittel können alles und jedes sein, vom Radfahren über Rum bis hin zu Rauschgift.

Wenn Sie einer Sucht erliegen, geben Sie die Gewalt über sich aus der Hand und sind besessen von einer Sache, die außerhalb Ihres Selbst liegt. Sie glauben, daß »es« die Lösung Ihrer Probleme darstellt. Der Brennpunkt Ihrer Aufmerksamkeit verlagert sich zunehmend nach außen. »Es« wird mehr und mehr das Mittel, zu dem Sie greifen, um sich gut zu fühlen und den unmittelbar anstehenden Streß zu bewältigen.

Die Merkmale der Suchtpersönlichkeit

Es gibt bestimmte Eigenschaften, welche Menschen, die unter Streß leiden, aus dysfunktionalen Familien stammen oder einer Sucht erlegen sind, gemeinsam sind. Menschen, die stark unter Streß leiden, die versuchen, den Streß durch den Gebrauch von Stimmungsveränderern zu bewältigen, und die Suchttendenzen aufweisen, sind oft in dysfunktionalen Familien groß geworden. Die zehn Merkmale der Suchtpersönlichkeit sind:

1. Persönlichkeitstyp »A«: getrieben, ehrgeizig, wetteifernd, unerbittlich
2. Impulsiv: nach Sensationen suchend, abenteuerlustig, risikofreudig
3. Zwanghaft: übertrieben ordentlich, perfektionistisch, peinlich gewissenhaft in der Ausführung bestimmter Tätigkeiten
4. Aufbrausend, reizbar und jähzornig
5. Selbstbewußt, ungehemmt, energiegeladen und hyperaktiv
6. Mit starren Denkmustern, einer binären Lebensauffassung behaftet
7. Äußerst schmerzempfindlich und von einer gewissen körperlichen Ängstlichkeit gekennzeichnet
8. In starkem Maße dem Reiz des Neuen verfallen und mit der Tendenz behaftet, sich bedenkenlos Gefahren auszusetzen.
9. Sentimental und launisch bei ausgeprägter Neigung zu Stimmungsumschwüngen
10. Auf äußere Faktoren wie Reichtum, Macht, Besitz, Prestige, sozialen Status zur eigenen Selbstaufwertung angewiesen

Man muß nicht unbedingt sämtliche Merkmale aufweisen, um als Suchtpersönlichkeit zu gelten. Die oben genannten Eigenschaften werden jedoch bei von Suchtverhalten geprägten Menschen besonders häufig festgestellt.

Laut Anne Wilson Schaef, Autorin des Buches *When Society Becomes an Addict*, gibt es zwei Arten von Sucht: Sie unterscheidet zwischen der Sucht nach einer Substanz und der Sucht nach einem Prozeß. Wenn Menschen nach synthetischen Produkten, die in den

Körper aufgenommen werden, süchtig sind, werden sie als »Substanzsüchtige« bezeichnet. Solche Substanzen sind z.B. Alkohol, Rauschgift, Nikotin, Koffein, Zucker oder andere Lebensmittel, und ihr Gebrauch kann mit solchen Leiden wie Fettsucht, Anorexia nervosa und Bulimie einhergehen. Sie haben fast immer eine stimmungsverändernde Wirkung und führen zu einer wachsenden körperlichen Abhängigkeit. Menschen, die hingegen nach einem Prozeß, d.h. nach bestimmten Handlungen oder Interaktionen, süchtig sind, werden »Prozeßsüchtige« genannt. Der zwanghafte Umgang beispielsweise mit Geldverdienen, Glücksspiel, Sex, Beziehungen, Arbeit, Tagträumen, Grübeln, Fernsehen, Sport, Einkaufen und manchmal sogar mit Selbsthilfeprogrammen ist als Prozeßsucht anzusehen.

Schlüsselmerkmale des Suchtverhaltens

Ob Sie in Ihrem Negaholismus nach Coca-Cola, Cocktail-Partys oder Kokain süchtig sind: Es gibt bestimmte Wesensmerkmale, die jedem Suchtverhalten zugrunde liegen.

Sofortige Befriedigung. Jede Sucht führt eine sofortige Befriedigung herbei. Sie fühlen sich besser aufgrund der Einnahme der Substanz bzw. der Beschäftigung mit dem Prozeß, der bzw. dem man erlegen ist. Das Erlebnis des veränderten Zustands ist (zumindest vorübergehend) ein angenehmes.

Übertrieben vereinfachtes Denken. Sie glauben, daß »es« alles in Ordnung bringt. Sie halten »es« für ein Allheilmittel, das sowohl positive psychische, emotionale und körperliche Zustände herbeiführen als auch negative Zustände lindern kann.

Verzerrte Prioritäten. Ihre Prioritäten werden verzerrt, und, besessen von der Sucht, halten Sie dies für wichtiger als alles andere in Ihrem Leben.

Verdrehte Perspektive. Ihre Perspektive wird verdreht, entfernt sich von der Wirklichkeit. Sie sind nicht mehr in der Lage, die Realität richtig wahrzunehmen. Sie beginnen, Menschen und Situationen als Übertreibung dessen anzusehen, was sie normalerweise sind.

Entzugserscheinungen. Setzen Sie einmal den Konsum der Substanz bzw. den Prozeß aus, so erleben Sie sofort negative Reaktionen. Sie erleben unangenehme physiologische, psychologische und/oder emotionale Symptome. Den bloßen Gedanken daran, sich von Ihrer Sucht loszusagen, erleben Sie als traumatisch.

Überwältigende Abhängigkeit. Sie sind von Ihrer Sucht dermaßen abhängig, daß Sie sich unfähig fühlen, ohne sie zu funktionieren. Zwischen Ihnen und Ihrer Sucht entwickelt sich ein Abhängigkeitsverhältnis. Sie brauchen Ihren »Stoff«, um glücklich zu sein, und Ihr Wohlergehen hängt von dessen Verfügbarkeit ab.

Völlige Ohnmacht. Sie fühlen sich ohnmächtig, Ihren Zustand zu ändern. Sie haben Ihre Macht an eine Sache oder einen Menschen außerhalb Ihres Selbst abgegeben. Die Situation ist inzwischen stärker als Sie, und Sie sind unfähig, eine Veränderung herbeizuführen. Sie sind zum Sklaven Ihrer Sucht geworden.

Binäres Denken. Sie sind ein Opfer des binären Denkens. Sie sehen Situationen als weiß oder schwarz, entweder/oder, richtig oder falsch, gut oder schlecht, ja oder nein, wunderschön oder scheußlich. Sie erleben das Leben als Null-Summen-Spiel, bei dem das Pendel zwischen zwei Polen hin- und herschwingt und nie ein glückliches Mittelmaß erreicht.

Wachsender Mißbrauch. Sie brauchen immer mehr »Stoff«, um Ihren inneren Drang zu befriedigen. Sie haben eine natürliche Resistenz entwickelt und müssen immer größere Mengen einnehmen, um die gleiche Wirkung zu erzielen. Diese Stadien umfassen den ersten Gebrauch, die Fortsetzung des Gebrauchs, den Übergang von Gebrauch zu Mißbrauch, das Absetzen, die Beherrschung des Mißbrauchs, der Übergang zu einer anderen Sucht und, in Dreiviertel aller Fälle, den Rückfall in die Sucht.

Wir alle sind in unterschiedlichem Ausmaß irgendeiner Form von Sucht erlegen. Bis zu einem gewissen Grad könnte man jeden von uns als Süchtigen bezeichnen. Das liegt daran, daß wir in einer süchtigen Gesellschaft leben. Denken Sie kurz nach. Kennen Sie überhaupt jemanden, der nicht nach irgend etwas süchtig ist? Es braucht sich ja nicht um etwas Lebensbedrohliches zu handeln: Fällt Ihnen jemand ein, der nicht nach Zucker, Koffein, Zigaretten, Sport oder Grübelei süchtig wäre?

Wo Sie auch hinsehen, in unserer Gesellschaft werden solche Süchte gefördert, was wiederum die Grundprämisse der Unzulänglichkeit verstärkt. Es wird immer eine äußere Lösung versprochen, die alle unmittelbar anstehenden Probleme aus dem Weg räumt. Solche Probleme können z.B. Anspannung, Angst, Streß, Depression, Kopfschmerzen, Verstopfung, ein schlechtes Selbstbild, mangelnder Sex-Appeal, mangelnde Akzeptanz in der Gruppe, traumatische Liebesbeziehungen oder was auch immer sein, doch die Werbung, mit der wir tagtäglich bombardiert werden, legt uns nahe, daß eine Lösung greifbar ist – Sie können sie kaufen und sich dann besser fühlen, sich Erleichterung verschaffen, wenngleich nur vorübergehend. Suchtverhalten tritt dann ein, wenn man auf irgend etwas innerlich angewiesen ist und schließlich glaubt, das eigene Wohlergehen hänge von dessen endloser Fortsetzung ab.

Sucht ist per definitionem selbstzerstörerisch. Sie nagt am Selbstwertgefühl und führt allmählich zu Gesundheitsproblemen sowie zu Beeinträchtigungen im sozialen, beruflichen, körperlichen, emotionalen oder geistigen Funktionieren. Gewissermaßen ist jede Sucht ein Ausdruck von Negaholismus. Unsere Gesellschaft billigt Sucht.

Das soziale Umfeld unseres gesamten Tuns ist in einem solchen Ausmaß von Suchtverhalten und mit Sucht zusammenhängenden Denkweisen geprägt, daß wir uns dessen inzwischen kaum noch bewußt sind.

Warum wird man süchtig?

Im Laufe der Jahre haben sich eine Reihe von Theorien bezüglich des Ursprungs von Suchtverhalten herauskristallisiert. Die traditionellste geht davon aus, daß es dem Süchtigen an Willenskraft oder

Charakterfestigkeit mangelt und daß er deshalb sein Verhalten nicht zügeln kann. Die zweite Theorie stellt Sucht als eine Krankheit dar. Diese Theorie räumt das moralische Stigma, das bisher mit Suchtverhalten einherging, aus dem Weg. Sie entbindet den Süchtigen von der persönlichen Verantwortung für sein Leiden und ermöglicht es ihm, sich ohne Gefühle der Scham oder der Erniedrigung einer therapeutischen Behandlung zu unterziehen.

Der biologischen Theorie zufolge entwickelt sich Sucht aus einem genetischen, metabolischen oder biochemischen Ungleichgewicht heraus. Von dieser Warte aus gesehen hat jede Sucht einen physiologischen Ursprung. Und die letzte Theorie betrachtet das Suchtphänomen vom Standpunkt der Verhaltensforschung aus. Sucht wird als erlerntes Verhalten angesehen, als das Ergebnis vergangener Erfahrungen und gegenwärtiger Umstände. Diese Theorie geht davon aus, daß jeder sein Schicksal selbst bestimmt und daß jeder sein Verhalten in die Hand nehmen kann, sofern er lernt, es zu ändern.

Jede dieser Theorien hat ihre Gültigkeit. Keine trifft ausschließlich zu, sondern alle sind voneinander abhängig. Es gibt eine Fülle von Fallstudien, die jede einzelne dieser Theorien untermauern. Keine Theorie schließt die anderen aus.

Was hinter sämtlichen Theorien steckt und ihnen gemeinsam ist, sind die sogenannten Opiat-Peptide – Beta-Endorphine, Beta-Lipotropin und Enkephalin –, Stoffe, die im Körper auf natürliche Weise freigesetzt werden und ein natürliches Hochgefühl, eine Art Euphorie erzeugen. Ob dieses Gefühl nun auf natürlichem Wege oder durch chemische Mittel herbeigeführt wird, das Endergebnis ist dasselbe: Befreiung von Angstgefühlen, innerer Friede, Wohlbefinden und ein vorübergehendes Gefühl völliger Euphorie. *Dieses Gefühl macht süchtig.*

Jetzt kommen wir zum sonderbaren Aspekt des Ganzen: Wie läßt sich die Selbstverneinung zur Euphorie in Beziehung setzen? Bei Negaholikern werden jedesmal, wenn sie sich selbst kritisieren, verurteilen oder abwerten, die gleichen Opiat-Peptide freigesetzt wie beim Einnehmen von Rauschmitteln oder beim Joggen. Der Kick, den Sie erleben, wenn Sie sich selbst kasteien, ist ein belebendes *negatives* Gefühl. Negaholiker behaupten, sie wollten mit der

Selbstgeißelung aufhören, doch in Wirklichkeit fühlen sie sich dazu nicht in der Lage. Weshalb? Weil sie nach den Opiat-Peptiden süchtig sind, die ihnen dieses Hochgefühl vermitteln.

Schauen wir uns ein Beispiel an. Sie haben eine wichtige Verabredung und haben sich wieder einmal verspätet. Eine böse Stimme flüstert Ihnen ins Ohr: »Ich kann es nicht fassen! Du hast es wieder fertiggebracht, zu spät zu kommen! Du hättest dich früher auf den Weg machen müssen. Du wußtest genau, wann du losfahren solltest, und du hast es vermasselt. Wahrscheinlich macht sich dein Gesprächspartner davon, und dann dauert es Monate, bis du wieder einen Termin mit ihm bekommst. Er steht da herum und wartet auf dich, und du läßt auf dich warten. Wie kann man nur so rücksichtslos sein? Du hast einfach keinen Zeitbegriff. Immer bist du spät dran. Wahrscheinlich ist das ganze Geschäft im Eimer. Nach all der Arbeit, die du da reingesteckt hast, mußt du alles kaputtmachen, indem du dich auf diese dämliche Weise verspätest. Du Vollidiot!«

Nun wollen wir die Gefühle untersuchen, die Sie beim Lesen des vorausgegangenen Absatzes empfunden haben mögen.

- Kam Ihnen die Situation bekannt vor?
- Haben Sie schon einmal eine Stimme in Ihrem Kopf gehört, die wegen etwas, was Sie getan oder unterlassen haben, auf diese Weise mit Ihnen ins Gericht ging?
- Kommt so etwas bei bestimmten Situationen öfters vor?
- Wiederholte sich die ganze Prozedur mehr als dreimal bei einer bestimmten Situation?

Möglicherweise haben Sie sich mit den Gefühlen identifiziert, gewisse Ähnlichkeiten mit einigen Ihrer Verhaltensweisen herausgehört, doch halten Sie einen Augenblick inne und beobachten Sie Ihre Gefühle. Haben Sie überhaupt etwas gefühlt? Wenn ja, was? Stimmen Sie sich darauf ein und beobachten Sie.

Vielleicht haben Sie etwas in der Brustgegend gespürt – Spannung, Druck, einen Energiestoß, Herzklopfen.

Wie erging es Ihnen in Situationen, in denen Sie ähnliches fühlten?

- Fühlten Sie sich dabei wichtig?
- Wurde Ihnen viel Aufmerksamkeit (wenngleich negativer Art) zuteil?
- Waren Sie von Ihrer Situation, Ihrem Problem, Ihrem Drama ganz in Anspruch genommen?
- Fühlten Sie sich als Hauptdarsteller bzw. Hauptdarstellerin in Ihrem Film (bzw. in Ihrer Seifenoper)?
- Ging es Ihnen dabei schlecht, jedoch auf sonderbare Weise auch wieder gut, und zwar beides zugleich?

Die logische Schlußfolgerung wäre, sich nie wieder zu verspäten und so den Teufelskreis der Selbstkasteiung ein für allemal zu durchbrechen. Doch in Wirklichkeit haben Sie durch den lieblosen Umgang mit sich selbst erfolgreich alle Verhaltensweisen verstärkt, die Sie eigentlich abbauen wollten. Sie werden sich wahrscheinlich trotzdem weiterhin verspäten, vielleicht werden Sie es sogar zur Gewohnheit machen.

Sie haben sich eben dem Negaholismus hingegeben. Sie handelten in einer Weise, die Ihr Selbst sabotierte. Sie quälten sich erbarmungslos wegen einer Sache, die schließlich kein Kapitalverbrechen war. Sie gaben sich einem Suchtverhalten hin, indem Sie unfähig waren, Ihre Handlungen zu beherrschen; Sie waren in der Situation ohnmächtig; Ihre Prioritäten wurden verzerrt; Ihre Perspektive wurde verdreht; Sie hatten ein Gefühl der unmittelbaren Befriedigung und waren unfähig, das Verhalten nach Ihrem Wunsch einzustellen. Sie erlebten die Wirkung der Opiat-Peptide. Der Adrenalin-Rausch war in vollem Gange. Solches Verhalten ist selbstzerstörerisch, und Sie werden es fortsetzen, nicht weil Sie es wollen, sondern weil Sie nicht anders können. Sie sind süchtig!

Natürlich werden Sie jetzt sagen: »Alles schön und gut, aber die Selbstquälerei ist doch kein euphorischer Zustand. Wie erklären Sie den Zusammenhang?«

Rein physiologisch betrachtet, ist die Selbstquälerei natürlich kein euphorischer oder auch nur halbwegs angenehmer Zustand. Doch das Gefühl, das durch das Freisetzen von Opiat-Peptiden, wie z.B. Enkephalin, einem Hormon der Hirnanhangdrüse, das ins Blut ausgeschüttet wird, entsteht, ist wie der Rausch, den man aufgrund der

Wirkung der Endorphine beim Joggen erleben kann. Die intensive Beschäftigung mit sich selbst, das Gefühl des Sich-Verzehrens, die Selbstüberhebung und die große (wenngleich negativ ausgerichtete) Aufmerksamkeit, die man von außen bekommt, erzeugt einen Zustand, der sich wunderbar schrecklich, köstlich abstoßend, ekstatisch quälend ausnimmt.

Fühlen bedeutet, die eigene Lebendigkeit spüren, von Lebenskraft durchströmt sein. Solange Sie irgend etwas fühlen oder wahrnehmen, wissen Sie, daß Sie noch am Leben sind. So geraten Sie in eine paradoxe Situation: Ein Teil von Ihnen setzt alles dafür ein, nichts zu fühlen, da Gefühle als verboten abgestempelt wurden, während ein anderer Teil von Ihnen sich danach sehnt, irgend etwas, egal was, zu fühlen, damit Sie spüren, daß Sie am Leben sind.

Jedesmal, wenn der Negativ-Mechanismus einrastet, werden die Leere und die tiefsitzenden Gefühle von Unzulänglichkeit, Angst und Einsamkeit, von denen Ihr Selbstbild durchdrungen ist, bestätigt und bestärkt. Es sieht fast so aus, als sei die Grausamkeit sich selbst gegenüber eine angemessene Reaktion auf das mangelnde Selbstwertgefühl. Die Selbstkasteiung wird quasi als eine Art Buße für die »Missetat« angesehen, die der Betreffende durch die bloße Tatsache seiner Existenz begangen hat. Indem Sie mit sich selbst ins Gericht gehen, zwingen Sie sich, zu kuschen und sich in Zukunft besser zu benehmen. Der Schuß geht jedoch nach hinten los, da das alte Verhaltensmuster durch den Negativismus nur verstärkt wird.

Wenn Sie in einem dysfunktionalen Elternhaus aufgewachsen sind und von daher ein schwach ausgeprägtes Selbstwertgefühl haben, ziehen Sie negative Erlebnisse auf sich, die Ihr Selbstbild bestätigen und Ihnen die Munition liefern, mit der Sie sich selbst verletzen können. Jedesmal, wenn Sie sich so verhalten, lösen Sie wieder den Rausch der Opiat-Peptide aus, der Ihnen das Gefühl eines erhöhten Selbstwerts und größerer Aufmerksamkeit vermittelt. Je mehr Sie sich selbst negieren, desto mehr negative Aufmerksamkeit bekommen Sie und um so süchtiger werden Sie danach, sich schlecht zu fühlen, negativ zu denken und sich Ihrem Negaholismus hinzugeben.

Gefühle spielen eine entscheidende Rolle bei der Überwindung des Negaholismus. Im vierten Kapitel werden Sie sehen, weshalb Gefühle so wichtig sind, und wie Sie mit ihnen umgehen können.

Kapitel 4
Fühlen oder nicht fühlen

Fühlen oder nicht fühlen, das ist hier wirklich die Frage. Sie müssen sich selbst fragen: »Bin ich jetzt bereit, Gefühle zuzulassen?« Sie werden vielleicht entgegnen: »Natürlich habe ich Gefühle. Ich weine z.B. im Kino. Ich rege mich beim Autofahren auf. Ich fühle mit meinen Freunden mit. Ich liebe meine Katze.« Gewiß, bei solchem Verhalten geht es bis zu einem bestimmten Grad auch um Gefühle, doch eigentlich meine ich hier etwas anderes. Mir geht es um eine Art zu leben, bei der man darum bemüht ist, die eigenen Gefühle wahrzunehmen, mitzuteilen und auszudrücken. Das heißt im Klartext, das Leben mit völliger Aufrichtigkeit anzugehen. Das bedeutet keineswegs brutale Ehrlichkeit, sondern vielmehr Ihre eigene Realität anzuerkennen.

Barbaras Durchbruch

Barbara, eine meiner Klientinnen, hatte sich in einen Mann namens Jerry verliebt. Sie hatten viel Zeit miteinander verbracht, angefangen, Zukunftspläne zu schmieden, und viel Spaß zusammen gehabt. Eines Abends verabredete sich Jerry mit Barbaras Mitbewohnerin, ohne Barbara davon zu erzählen. Eins kam zum anderen, und die beiden verbrachten schließlich die Nacht zusammen. Barbara war am Boden zerstört. In unserer Sitzung beschrieb sie mir ihre Gefühle. Sie fühlte sich grenzenlos gedemütigt, verletzt, mißachtet. Sie hatte sich heftig in Jerry verknallt, und jetzt machte sie sich selbst endlose Vorwürfe, weil sie eine solche Zuneigung für ihn entwickelt hatte.

Sie war sehr aufgebracht und überdies war sie wütend auf sich, weil sie so aufgebracht war. Sie wollte die vielen Gefühle, die aufgekommen waren, nicht wahrhaben: von Verletztheit und Verlust bis hin zu Wut und Rachegelüsten, vom Gefühl, das Opfer zu sein, bis hin zur Apathie. Keines dieser Gefühle erschien ihr wünschenswert; sie stellten sie bloß und ließen sie für Kritik und weitere Verletzungen anfälliger werden. Barbara wollte ihre Gefühle abschneiden und wie ein Fels sein, stark und durch nichts zu erschüttern.

Sie dachte daran zu lügen und so zu tun, als ob ihr Jerry ohnehin nie so wichtig gewesen wäre. Sie wollte sich selbst einreden, daß er ihr nichts bedeutete, daß es sich lediglich um eine flüchtige Affäre handelte, und sie suchte nach dem Anteil ihres Selbst, der all das tatsächlich behaupten könnte. Sie meinte, sich durch Vortäuschen von Distanz und Emotionslosigkeit von der Situation distanzieren und sich vor ihr schützen zu können.

Ich bohrte. »Was willst du eigentlich, Barbara? Bist du bereit, deine Gefühle wahrzunehmen?«

Sie brachte sämtliche Argumente vor, weshalb es besser wäre, *nicht* zu fühlen. Sie erklärte, daß Jerry, als ihre Freunde ihn zur Rede stellten, gemeint hatte, das zwischen ihnen sei nichts Bedeutendes gewesen, und daß nur sie soviel hineinlesen wolle. Barbaras Freunde fragten sie wiederum, weshalb sie so aufgebracht war, wo doch die Sache laut Jerry nicht so bedeutend sei. Um vor ihren Freunden das Gesicht zu wahren und ihre Verlegenheit zu verbergen, dachte sie ernsthaft daran, ihre Gefühle abzuwürgen, ihre innere Wahrheit zu verleugnen und so zu tun, als ob nichts gewesen sei.

Ich erinnerte Barbara daran, daß sie die Wahl hatte, und ich fragte sie, was ihr langfristig am meisten geben würde. Sie brach zusammen und schluchzte: »Ich will doch keine Heulsuse sein. Wenn ich erst anfange, meine Gefühle rauszulassen, höre ich vielleicht gar nicht mehr auf zu weinen. Dann bin ich wirklich zu nichts mehr zu gebrauchen. Warum habe ich mich bloß in ihn verliebt, wenn ich ihm im Grunde geichgültig war? Was bin ich nur für ein Trottel?«

Ich fragte sie, ob sie nicht etwas nachsichtiger mit sich sein könnte. Sich in jemanden zu verlieben, ist nicht das schlimmste auf der Welt, selbst wenn die Liebe nicht erwidert wird. Ich fragte sie, ob sie es sich zugestehen könnte, sich in einen Mann verliebt zu haben, der ihr Gefühl nicht erwiderte, ob sie alle Gefühle zulassen könne, die jetzt im Augenblick ihre innere Wahrheit darstellten, und ob sie sich die Erlaubnis geben wolle, ein verletzbares, Liebe empfindendes menschliches Wesen zu sein. Sie dachte darüber nach und meinte schließlich, daß es wohl nicht einfach sein würde, daß sie es aber versuchen wollte.

Barbara mußte sich entscheiden, ob sie ihre innere Wahrheit, egal wie sie war, wirklich fühlen und anerkennen sollte, oder ob sie statt dessen das Gesicht wahren, ihre Gefühle abschneiden und stark, kalt und hart sein sollte. Bevor sie sich entschied, wägte sie sorgfältig das Für und Wider ab. Barbara entschied sich schließlich dafür, das Risiko des Menschlich-Seins einzugehen. Das war ein Wendepunkt in ihrem Leben. Sie traf eine bewußte Entscheidung, ihre innere Wahrheit zu fühlen und anzuerkennen, anstatt sich kühl und der Norm entsprechend zu verhalten. Das war für Barbara ein wichtiger Durchbruch.

Celias Entscheidung

Eine ähnliche Entscheidung mußte auch eine andere Klientin namens Celia treffen. Als ihre Mutter starb, mußte Celia sich um alles kümmern – die Vorbereitungen für die Beerdigung, die Verteilung der persönlichen Gegenstände, die Verwaltung des Vermögens. Sie mußte so vieles in so kurzer Zeit erledigen, daß sie sich nicht die Zeit nehmen wollte, zu fühlen. Sie dachte, ihre Zeit wäre besser genutzt, wenn sie zielgerichtet blieb. Sie meinte, funktionstüchtig und aufgabenorientiert sein zu müssen. Dabei hatte sie jedoch keine Gelegenheit, ihre Gefühle zu *verarbeiten,* indem sie sie zuließ, erlebte und wieder losließ. Statt dessen würgte sie ihre Gefühle von Trauer, Verlust, Verletztheit, Wut und Einsamkeit einfach ab und behielt sie alle in ihrem Innern.

Jahre später saß Celia in meinem Büro und wollte wissen, weshalb sie Schwierigkeiten hatte, Freude zu empfinden. Irgendwo auf ihrem Lebensweg hatte sie ihren Götterfunken verloren und konnte ihn nicht wiederfinden. Nun stand auch sie vor der Entscheidung. Wollte sie ihre Gefühle wieder zulassen, es sich selbst zugestehen, ein echtes menschliches Wesen mit legitimen Gefühlen zu sein, und ihr Recht beanspruchen, diese Gefühle zu durchleben und dann loszulassen? Oder wollte sie nur eine effiziente, funktionstüchtige Maschine sein?

Celia hatte schon so lange ihre Gefühle unterdrückt, daß ihr die Aufgabe, sie plötzlich zuzulassen, völlig überwältigend erschien. Sie befürchtete, sie müsse, bei ihrer Kindheit angefangen, jede Situation unter die Lupe nehmen und ihre jeweiligen Gefühle dazu noch einmal erleben. Ich klärte sie auf, daß es jetzt nicht darum ginge, ihren Job aufzugeben und diese Bewältigungsarbeit zu ihrer neuen Lebensaufgabe zu machen, sondern lediglich darum, sich dafür zu entscheiden, ihre Gefühle in jedem Augenblick, wie sie gerade auftauchten, wirklich zu erleben. Wesentlich erleichtert war sie jetzt bereit, fortan nach dem Motto »Augenblick für Augenblick« zu leben.

Ja nichts ins Wanken bringen

Es gibt viele Gründe, weshalb man die eigenen Gefühle nicht zulassen will. Unsere Gesellschaft mißbilligt das Ausdrücken von Gefühlen, und emotionale Menschen werden als schwach, unseriös oder zügellos betrachtet. Eine meiner Klientinnen meinte, wenn sie ihre Gefühle zeigte und sich mit ihnen auseinandersetzte, dann würde sie ihr ganzes Lebensgefüge ins Wanken bringen.

Ich fragte sie, was sie damit meinte, und sie sagte: »Es fällt mir viel leichter, mich mit dem einverstanden zu erklären, was gerade ringsherum gesagt oder getan wird, als meine eigene Wahrheit auszudrükken. Oft stehen meine Gefühle so sehr im Widerspruch zu dem, was um mich herum geschieht, daß ich überall ins Fettnäpfchen treten würde, wollte ich meine Gefühle offen zum Ausdruck bringen.«

Eine andere sagte mir: »Eigentlich traue ich meinen Gefühlen nicht, und wenn ich dieses komische Gefühl in der Magengrube verspüre, dann meine ich, ich sei verrückt oder etwas sei mit mir nicht in Ordnung.«

Andere meinen, Gefühle nähmen zuviel Zeit in Anspruch, wären zu unbequem, zu schmerzhaft, nicht der Mühe wert. Manche haben davor Angst, was die anderen wohl denken könnten, und andere versuchen noch, das Phantasiebild unserer perfekten Fernsehfamilien nachzuleben.

Gefühle sind keine Gedanken

Gefühle und Gedanken sind zwei Paar Stiefel. Gedanken sind definitionsgemäß rational, vernünftig und logisch. Gefühle hingegen sind weder rational noch vernünftig noch logisch. Will man sich einen Reim auf sie machen, kann man ebensogut versuchen, Milch von einem Ochsen zu bekommen. Gleichermaßen sind Gefühle weder gut noch schlecht; sie *sind* einfach. Wir verbringen so viel Zeit und Energie damit, herauszufinden, was unsere Gefühle bedeuten, ob sie richtig, logisch oder stimmig sind, während die Wahrheit natürlich die ist, daß sie oft eben *nicht* stimmig sind. Andauernd kommt es zu kindischen Mißverständnissen, und wir sind traurig, enttäuscht, verletzt oder verärgert. Darum geht es aber nicht. Es geht vielmehr darum, wie wir mit unseren Gefühlen umgehen bzw. nicht umgehen.

Erfinderische Beweisführung

Tim und Jay waren in derselben Firma beschäftigt. Tim war für den Verkauf, Jay für die Service-Abteilung zuständig. Zwischen den beiden Abteilungen gab es Probleme, und sie hatten sich in einer Art kalten Krieges zu zwei feindlichen Lagern polarisiert. Als Beraterin der Firma hatte ich die Aufgabe nachzuprüfen, ob ich die zerstrittenen Parteien irgendwie an einen Tisch bringen konnte, dann herauszufinden, worin die eigentlichen Streitpunkte bestanden, und dafür eine Lösung zu suchen.

Bei unserer Sitzung kamen einige interessante Tatsachen ans Licht. Wir begannen, in der Vergangenheit zu graben und nach dem Zeitpunkt zu suchen, von dem an die Beziehungen sich verschlechtert hatten. Dabei stießen wir auf einen Vorfall, der sich sechs Monate zuvor ereignet hatte.

Die Verkaufsabteilung hatte endlich einen Kunden an Land gezogen, um den sie sich seit fast zwei Jahren bemüht hatte. Nach der Weitergabe des Kundenkontos an die Service-Abteilung wurden einige Probleme schlecht gelöst, und der Kunde sprang wieder ab. Die Verkaufsabteilung bekam Wind davon. Tim war wütend und versuchte, mit Jay zu telefonieren. Jay war entweder gerade verreist, hockte in einer wichtigen Sitzung oder war mit anderen Notfällen beschäftigt. Für Tim hatte dieses Kundenkonto erste Priorität; für Jay leider nicht.

Tim schloß daraus, daß die Service-Abteilung sich weder um die Verkaufsabteilung noch um den Kunden scherte. Tim begann, beiläufige Bemerkungen über die Service-Abteilung fallenzulassen, die seine Mitarbeiter aufgriffen und weiterspannen und damit unwillkürlich Öl ins Feuer gossen. Der Bruch zwischen der Verkaufs- und der Service-Abteilung wurde immer ernster, bis schließlich jedermann von den Spannungen betroffen war.

Während unserer Sitzung brachte Tim seine Gefühle der Wut, der Verletztheit, der Frustration und der Ernüchterung rückhaltlos zum Ausdruck. Wir deckten den ursprünglichen Vorfall, der die ganze Streiterei ausgelöst hatte, auf und machten uns daran, den Schaden zu beheben, damit die beiden Abteilungen wieder konstruktiv zusammenarbeiten konnten.

Diese Situation ist keineswegs außergewöhnlich. Man reagiert ja ständig auf irgendwelche Geschehnisse: Maßnahmen werden ergriffen, Vorfälle ereignen sich, und Sie reagieren darauf. Es ist ganz normal zu reagieren. Würden Sie nicht reagieren, dann würde etwas mit Ihnen nicht stimmen. Sie reagieren, weil Sie ein empfindsames menschliches Wesen sind. Gefühle sind ein wesentlicher Aspekt des Menschseins. Kritisch ist lediglich, wie Sie mit Ihren Gefühlen umgehen. In dieser speziellen Situation wurden die Gefühle verdrängt statt verarbeitet. Wenn wir die Situation zwischen Tim und Jay aufgliedern, sieht sie etwa wie die Übersicht aus.

Ein bestimmtes Ereignis löst Gefühle aus, die nicht verarbeitet werden. Diese Gefühle verdichten sich zu einem festen Eindruck, daraus werden Schlüsse gezogen und Pauschalurteile gefällt. Am

BEWEISFÜHRUNG
situationsbedingt

Ein bestimmter Vorfall ereignet sich
(in einem Umfeld mit mangelhafter
Kommunikation)

↓

Schlüsse werden gezogen

↓

Pauschalurteile werden gebildet

↓

BEWEISFÜHRUNG:
in anderen Situationen nach Bestätigungen für
die eigene Überzeugung suchen

↓

Bruch/Trennung, die
an der Ausgangssituation
Beteiligten gehen auf Distanz

↓

Koalitionsbildung
Kolludieren
Kohäsion der Gruppen

↓

Territorialdenken
tiefes Mißtrauen

↓

DAS RESULTAT:
sich selbst erfüllende Prophezeihungen

Ende steht eine sich selbst erfüllende Prophezeihung, die sich ewig fortsetzt, falls ihr nicht entgegengewirkt wird. In der oben beschriebenen Situation ging das folgendermaßen:

- Das Geschäft, das Tim lange vorbereitet hatte, fiel ins Wasser. Seine Erwartungen blieben unerfüllt.
- Er war darüber wütend und enttäuscht, fühlte sich verletzt und ernüchtert.
- Er versuchte, mit Jay in Verbindung zu treten, doch ohne Erfolg.
- Er schätzte Jay als unzugänglich ein.
- Er zog den Schluß, daß Jay ihm gegenüber ebenso wie gegenüber der gesamten Verkaufsabteilung gleichgültig war und überhaupt gegenüber jeder Gelegenheit, für die Firma ein Geschäft zu machen – und daß die Mitarbeiter in der Service-Abteilung ohnehin nur daran interessiert waren, ihre Lohntüte zu füllen, daß sie also an weiter nichts als an ihr eigenes Geld dachten. Die gesamte Verkaufsabteilung begann, Tims Gefühle und Überzeugungen zu übernehmen und davon auszugehen, daß alle Mitarbeiter in der Service-Abteilung sich bloß auf die faule Haut legten.

Die allgemeine Einstellung der Verkaufsabteilung gegenüber der Service-Abteilung war mit Gefühlen des Grolls durchsetzt; den Service-Leuten wurde alles mögliche vorgeworfen, von Inkompetenz bis hin zum Desinteresse. Doch nur wenige Mitarbeiter in der Verkaufsabteilung hätten sagen können, woher diese Gefühle und diese Urteile stammten. Sie hätten bestenfalls geantwortet: »Das weiß doch jeder, daß die in der Service-Abteilung...«

Tim war bereit, in sich zu gehen, um sich über seine Gefühle Klarheit zu verschaffen. Die Situation war nicht ganz unproblematisch, denn viele Leute halten es für unangebracht, in einem geschäftlichen Rahmen über Gefühle zu sprechen. Um das Gift aus der Wunde zu holen, mußten wir direkt zum Kern der verletzten Gefühle vordringen und dort den Stachel herausziehen.

So entstehen also durch ein einfaches Mißverständnis zunächst Funkstille, dann gegnerische Koalitionen, verfeindete Lager und schließlich ein regelrechter kalter Krieg.

Barometer und Signale

Gefühle steuern Ihre Einstellungen, Ihre Stimmungen und Ihr Wohlbefinden. Sie sind der natürliche Ausdruck Ihrer inneren Verfassung. Gefühle sind ein Maßstab Ihrer Realität. Sie sind das Barometer, das uns mitteilt, ob jemand Freund oder Feind ist; ob etwas wünschenswert oder zurückzuweisen ist; ob man innehalten oder fortschreiten sollte. Gefühle sind von grundlegender Bedeutung für die physische, psychische und emotionale Gesundheit eines jeden Menschen.

Gefühle sind zweckdienlich

Gefühle sind die Grundlage für die Überwindung des Negaholiker-Syndroms. Sich über die eigenen Gefühle Klarheit zu verschaffen, sie anzuerkennen, auszudrücken und mitzuteilen ist von grundlegender Bedeutung für die Gesundheit eines jeden Organismus, jedes Menschen, jeder Familie oder Gemeinschaft. Die offene und ehrliche Auseinandersetzung mit den innersten Gefühlen ist eine Voraussetzung für die Gesundheit und das richtige Funktionieren eines jeden Wesens.

Gefühle sind dazu da, um Sie mit sich selbst und Ihrer Welt wieder in Einklang zu bringen. Über Gefühle treten Sie mit Ihrer grundlegenden Wahrheit in Verbindung, ganz ungeachtet dessen, ob sie »richtig« oder »falsch« ist. Gefühle führen Sie auch zu Ihrem innersten Selbst zurück. Indem Sie Ihre Gefühle zulassen und dann wieder freigeben, werden Sie selbst frei, um voll im Leben zu stehen. Ihre Gefühle geben Ihnen ein unmittelbares Feedback bezüglich Ihrer Beziehung zu sich selbst und zu anderen. Ihr Gefühl des Mit-sich-eins-Seins hat einen größeren Einfluß auf Ihr Glück und Ihre Erfüllung im Leben als alles andere; Gefühle sind es auch, die Ihnen wichtige Informationen über Ihre Verfassung und Ihr Wohlbefinden übermitteln.

Vor den Gefühlen weglaufen

Wenn Gefühle nicht verarbeitet werden, stauen sie sich auf und führen zu Blockierungen – sowohl innerlich als auch zwischenmenschlich. Das schneidet Sie wiederum von sich und Ihrer Umwelt ab. Der schnellste und sicherste Weg, sich von der Wirklichkeit zu entfernen, besteht darin, die realen Gefühle, die Sie mit Ihrem Wesenskern verbinden, zu umgehen, anzuzweifeln, abzutun oder zu unterdrücken. Denken Sie an Kapitel 1 zurück, in dem wir feststellten, daß die grundlegenden Gefühle eines Negaholikers Unzulänglichkeit, Angst und Einsamkeit sind. Werden diese Gefühle nie durchgearbeitet und freigelassen, besteht die einzige Abhilfe darin, mit allen verfügbaren Mitteln einem Gefühl des Wohlbefindens nachzujagen, selbst wenn das zu teilweise selbstzerstörerischen Aktivitäten führt. Mit anderen Worten, wenn Sie von Ihren Gefühlen abgeschnitten sind, Sie aber etwas fühlen *müssen*, um sich überhaupt noch am Leben zu wissen, dann werden Sie danach streben, *irgend etwas* zu fühlen. Die meisten Menschen würden etwas Angenehmes lieber fühlen als etwas Unangenehmes, doch wenn sie vor der Wahl ständen, hätten sie lieber *irgendein* Gefühl, selbst wenn es unangenehm ist, als gar keines.

Gefühle wie von der Stange

Manche Menschen ziehen sich Gefühle an, als wären es Kleidungsstücke. Sie probieren sie aus, um festzustellen, ob sie ihnen gefallen oder nicht. Wenn sie passen, werden sie unter Umständen in die »Gefühlsgarderobe« aufgenommen. Diese Menschen benutzen ihre analytische Fähigkeiten, um zu prüfen, inwieweit die Gefühle wünschenswert sind. Sie versuchen auch, ihre Gefühle in gute und schlechte einzuteilen. Sie stufen Glück, Freude, Vergnügen und Eintracht als »gute« Gefühle ein, die akzeptabel und wünschenswert sind. Wut, Traurigkeit, Verletztheit, Depression und Schmerz stempeln sie hingegen als »schlechte« oder unerwünschte Gefühle ab.

Dann versuchen sie, die einen zuzulassen und die anderen zu verbieten. Das ist schwierig, wenn nicht gar unmöglich.

Gefühle hängen alle miteinander zusammen. Wenn Sie Ihre Gefühle zulassen wollen, dann müssen Sie sie allesamt zulassen. Wenn Sie Ihre Gefühle unterdrücken, dann unterdrücken Sie *alle* Ihre Gefühle. Sie können nicht selektiv entscheiden: »Die Freude, die behalte ich, aber die Depression, die kommt mir nicht in die Tüte«, oder »Ich werde mich nie wieder einsam fühlen und verschaffe mir lieber soviel Vergnügen wie irgend möglich.« So läuft es einfach nicht. Gefühle sind alle miteinander zu einem großen Netz verwoben. Dieses Netz ist zwar so grobmaschig, daß Sie bei Unterdrückung Ihrer Wutgefühle z.B. Ihre Leidenschaft nicht gleich restlos unterdrücken werden, doch es ist wiederum engmaschig genug, daß Sie, wenn Sie Ihre Wut übermäßig zügeln, Ihrer Leidenschaft niemals werden freien Lauf lassen können. Hier geht es darum, zu fühlen oder nicht zu fühlen, entweder ganz oder so gut wie gar nicht.

Gefühle sind Kontrolleuchten

Alle Gefühle sind gleichermaßen berechtigt und notwendig. Sie sind wie die Öldruck-, die Benzin- oder die sonstigen Kontrollanzeiger auf dem Armaturenbrett eines Wagens – sie weisen auf das hin, was sich im Motor abspielt. Wenn das Benzin zur Neige geht, leuchtet eine Kontrollampe auf, um Ihnen mitzuteilen, daß es Zeit zum Tanken ist. Jetzt können Sie auf verschiedene Weise reagieren. Sie könne sich freuen, daß die Lampe funktioniert und Sie rechtzeitig über das Problem informiert werden, und die nötigen Maßnahmen ergreifen, damit Sie nicht irgendwo auf der Strecke liegenbleiben. Sie können sich aufregen, weil Sie keine Zeit zum Tanken haben oder weil Ihr Auto so viel Benzin verbraucht oder weil Sie erst kürzlich getankt haben und derjenige, der zwischendurch mit Ihrem Auto unterwegs war, ein Schmarotzer ist. Oder Sie können sich aufregen, weil der heutige Benzinpreis Ihnen Daumenschrauben anlegt; als Sie noch jung waren, war das Benzin viel billiger. Sie können sich aufregen, weil Ihnen die Vorstellung, daß Autos Benzin brauchen, um fahren zu können, einfach nicht paßt. Oder Sie können die Anzeigen auf Ihrem Armaturenbrett einfach ignorieren und sehen, was dann passiert.

Sag mir, was los ist/ bleib mir vom Leib

Manche Menschen freuen sich, wenn eine solche Kontrollanzeige ihnen mitteilt, was gerade abläuft, und ihnen so ermöglicht, die richtigen Maßnahmen zu ergreifen. Andere regen sich darüber auf, daß sie überhaupt Gefühle haben. Sie halten sie für ein unnötiges Ärgernis, eine Zeitverschwendung und ungehörig noch dazu. Sie erachten sie möglicherweise als unpassend und unbequem, als etwas, worauf sie bestens verzichten könnten. Wiederum andere vermeiden und verdrängen ihre Gefühle so lange, bis der Organismus irgendwann einmal zusammenbricht. Ähnlich wie ein Auto, dem das Benzin ausgeht, setzt der menschliche Organismus einfach aus – erleidet einen Nervenzusammenbruch, einen Herzinfarkt oder brennt auf sonstige Weise durch –, wenn die roten Kontrollampen durchweg ignoriert werden.

Fünf Schritte zum angemessenen Umgang mit Gefühlen

Was machen Sie also mit diesen Gefühlen? Wie gehen Sie mit ihnen um? Gefühle können Ihr ganzes Leben bestimmen, oder aber Sie können sie in den Griff bekommen und sie für Ihre Zwecke einsetzen. Gefühle können Sie terrorisieren, so daß Sie sie schließlich aus Notwehr ganz abstellen. Oder sie können dann aufflackern, wenn Sie es am allerwenigsten erwarten; dann sieht es so aus, als würden Sie unkontrolliert handeln. Sie müssen lernen, Ihre Gefühle zu identifizieren, sie richtig einzuordnen und auf gesunde und angemessene Art mit ihnen umzugehen. Je vertrauter Sie mit Ihren Gefühlen sind, um so einfacher ist es, mit ihnen fertig zu werden, wenn sie zum Vorschein kommen. Je mehr Sie sie ignorieren, desto mehr bestimmen und diktieren sie Ihr Leben.

1) Die Gefühle identifizieren

Nur selten hat man ein isoliertes Gefühl, das ganz allein im Raum steht, sondern meist treten Gefühle gleichsam als Wust miteinander verflochtener Stränge auf. Der Prozeß des Identifizierens bedeutet, daß man jeden Gefühlsfaden einzeln aus dem Knäuel herauspickt, festhält, anfühlt, ihn vorbehaltlos akzeptiert, wie er ist, und benennt. Es handelt sich um einen kontemplativen, nach innen gerichteten Prozeß, der Geduld und Ruhe erfordert. Es ist oft ratsam, jemanden dazuhaben, der hilft, die einzelnen Anteile herauszulesen, voneinander zu trennen und zu kennzeichnen. Gefühle identifizieren bedeutet auch, mit sich selbst in Verbindung zu treten und zu wissen, was mit einem gerade los ist.

2) Ihre Gefühle anerkennen

Nachdem Sie Ihre Gefühle identifiziert haben, kommt der Augenblick der Wahrheit. Zugeben, daß Ihre Gefühle Ihnen gehören, sie als Ihre Realität anerkennen, ohne sie rechtfertigen, erklären oder verstehen zu müssen, ist der nächste entscheidende Schritt.

3) Ihre Gefühle erleben, ausdrücken und freilassen

Oft meinen Menschen, daß es schon ausreichen würde, wenn sie die eigenen Gefühle geortet und anerkannt haben; dann könnten sie sich wieder dem Alltag zuwenden. Damit die Genesung aber wirklich effektiv vonstatten gehen kann, müssen die Gefühle auch freigelassen werden. Es ist, als ob man erwarten würde, daß eine Wunde abheilt, ohne daß man das Gift daraus entfernt hat. Das Gift muß heraus, bevor der Heilungsprozeß einsetzen kann. Auf Gefühle bezogen, sind das Gift all die Emotionen, die Sie in sich angestaut haben. Diese Gefühle müssen freigelassen werden, damit Sie auch den Schmerz, die Verletzung, das Trauma oder die Wut loswerden können.

Das ist nun aber kein Freibrief, Ihre Gefühle an jedem abzureagieren, der Sie gerade aus der Fassung bringt. Falls Sie das täten, könnte der Schuß sehr leicht nach hinten losgehen. Würden Sie z.B. Ihren Unmut an einem Verkehrspolizisten abreagieren, der Sie angehalten und Ihnen einen Strafzettel wegen zu schnellen Fahrens ausgestellt hat, dann würden Sie möglicherweise einen weiteren Strafzettel bekommen oder gar vor dem Kadi landen. Sie sollten aber besser dafür sorgen, daß Sie Ihre Glaubwürdigkeit nicht verlieren. Im Laufe der Jahre habe ich die Erfahrung gemacht, daß es sehr hilfreich sein kann, die Gefühle an einer Ersatzperson oder einem Ersatzobjekt auszulassen und abzureagieren. In der gleichen Weise kann ein Rollenspiel helfen, eine Situation nachzuempfinden und neue Lösungsmöglichkeiten zu entwickeln.

Der freie Zugang zu Ihren Gefühlen, aber auch die Fähigkeit, über Ort und Zeitpunkt ihres Abreagierens frei bestimmen zu können, ist ganz wesentlich für den angemessenen Umgang mit Gefühlen. Sie müssen wählen können, wo und wann Sie Ihre Gefühle herauslassen.

4) Mitteilen, was nötig ist

Viele Menschen verwechseln das Mitteilen mit dem Erleben, Ausdrücken und Freilassen von Gefühlen. Sie meinen, wenn sie sich mitgeteilt haben, haben sie das Gefühl sogleich »entschärft«. Das Mitteilen ist ein wichtiger Schritt, und es kann auf viele verschiedene Arten erfolgen – verbal, von Angesicht zu Angesicht, am Telefon oder schriftlich. Es ist wichtig, das Gefühl zu »entschärfen«, bevor Sie es demjenigen mitteilen, der es ausgelöst hat. Wenn Sie nicht zwischen diesen beiden Schritten unterscheiden, laufen Sie Gefahr, andere zu kränken, zu beleidigen oder zu befremden.

Es ist wichtig, daß man diese Unterscheidung zwischen Mitteilen einerseits und Erleben, Ausdrücken und Freilassen andererseits streng vollzieht. Das Mitteilen ist ein sehr wichtiger Schritt, doch es muß auf verantwortungsvolle Weise geschehen. Schließlich wollen Sie etwas damit erreichen und nicht einfach die Leute frappieren. Es ist vielleicht ein schönes Gefühl, Ihre Gefühle abzureagieren, besonders nachdem Sie sie jahrelang unter Verschluß gehalten haben; Sie müssen jedoch auch ein Augenmaß dafür haben, was dieses Abreagieren bewirkt. Oft steht die Gefühlsladung in keinem Verhältnis zur auslösenden Situation. Dazu kommt es, wenn sich in der Vergangenheit verdrängte Gefühle über längere Zeit aufgestaut haben. Wenn Sie sich nicht mit dem in Ihrer Mitteilung verborgenen emotionalen Aspekt auseinandersetzen, dann sind Sie wie eine geladene Pistole, die auf jeden Unschuldigen schießt, der aus Versehen den Abzug berührt.

Wenn Sie jede Mitteilung als zweiseitigen Prozeß ansehen, tragen Sie Sorge für beide Beteiligten. Sie sorgen für sich, weil Sie sich um Ihre Gefühle kümmern und sie anerkennen. Sie sorgen für den andere, weil Sie sich verantwortungsbewußt, respektvoll und angemessen mitgeteilt haben. Achten Sie unbedingt darauf, daß Sie bei Ihrer Mitteilung ansprechbar und rational bleiben, damit Ihre Botschaft aufgenommen und nicht zurückgewiesen wird.

5) Vollendung des Zyklus

In dieser Phase denken Sie über den Prozeß nach, in den Sie verwickelt waren, um herauszufinden, welche Lehren Sie für sich daraus ziehen können. Sie überlegen sich, was Sie beim nächsten Mal anders machen würden. Mit anderen Worten, Sie gehen nicht zur nächsten Situation über, ehe Sie sich nicht die Zeit genommen haben, zu überprüfen, wie Sie an dieser Situation wachsen können. Die gewohnheitsmäßige Wiederholung von Verhaltensmustern, die nicht überprüft oder losgelassen wurden, bedeutet Suchtverhalten. Letztendlich kann jedes intensive Gefühlserlebnis sowohl eine Heilung der Vergangenheit als auch eine Möglichkeit zukünftigen Wachstums bedeuten.

Vergessene Gefühle schüren den Negaholismus

Meist ist es der Verstand, der mit den alten Verhaltensmustern und dem Suchtverhalten verbunden ist, während die Gefühle gänzlich beiseite gelassen werden. Sie fühlen nicht, Sie denken nicht daran, daß Sie fühlen könnten, Sie nehmen Ihre Gefühle nicht instinktiv unter die Lupe, Ihr einziges, alles andere aufzehrende Bedürfnis ist, sich irgendeine Art von Erleichterung zu verschaffen.

Sie sind noch nicht in der Lage, das negative Verhalten abzustellen und nach gesünderen Alternativen zu suchen, wenn Ihre Gefühle eben erst wieder zum Leben erwacht sind. Ihre Gefühle sind Ihnen jetzt überhaupt erst wieder bewußt geworden; Sie sind noch nicht fähig, eine Veränderung herbeizuführen. Dieses Stadium erzeugt wahrscheinlich am meisten Angst und birgt das größte destruktive Potential, da Sie Ihr Bewußtsein erweitert, jedoch noch keine Verhaltensveränderung herbeigeführt haben. Diese Spaltung bringt Schuldgefühle, Gewissensbisse und Selbstanklagen mit sich. Wenngleich man sich in diesem Zustand bereits auf dem Weg zur Genesung befindet, fühlt man sich indes am weitesten davon entfernt. Als ob man nochmal richtig auf den Boden auftreffen müßte, bevor man mit seinem wahren Selbst wieder in Verbindung tritt. Eine der Blokkaden, die Sie daran hindert, von Ihren Gefühlen Besitz zu ergreifen, ist die Verlegenheit darüber, daß Sie ein solches Durcheinander von Gefühlen überhaupt haben.

Die Gefühle zu kennen, mit ihnen in Verbindung zu treten und mit ihnen umzugehen, damit sie zu Ihrem Vorteil arbeiten, ist von zentraler Bedeutung für die Genesung des Negaholikers. Wenn Sie von Ihren Gefühlen abgeschnitten sind und automatisch zu stimmungsverändernden Substanzen greifen, fördern Sie damit Ihren Negaholismus. Vergessen Sie nicht: Jedem Suchtverhalten liegt entweder die Suche nach oder die Vermeidung von einem Gefühl zugrunde. Jede Sucht ist darauf ausgerichtet, Gefühle zu lindern, zu vermeiden oder zu betäuben. Sich über Ihre Gefühle Klarheit zu verschaffen und sie zu überprüfen ist also ein wesentlicher Schritt im Genesungsprozeß.

Kapitel 5

Die inneren Stimmen

Hören Sie manchmal Stimmen? Ich will mit dieser Frage weder ergründen, ob bei Ihnen eine Schraube locker sitzt, noch will ich eine zeitgenössische heilige Johanna auf den Plan rufen. Sie sollen sich einfach nur fragen, ob Sie in Ihrem Kopf gelegentlich eine Art »Geflüster« hören – Stimmen eben, und zwar meist negative, die Ihnen Vorwürfe machen. Überlegen Sie, ob Sie sich nicht an einen inneren Dialog erinnern können, bei dem es darum ging, Sie – oder auch andere – herunterzuputzen und abzuurteilen. Falls ja, sind Sie damit nicht allein. Die Mehrzahl der Erwachsenen in unserer Gesellschaft wird von solchen inneren Stimmen geplagt.

Was sind diese Stimmen?

Die Stimmen nehmen manchmal die Form eines Monologs oder auch eines Dialogs an, doch meistens schnattern sie einfach wild durcheinander. Manche Menschen haben noch nicht gelernt, zwischen ihren Gedanken, ihrer Intuition, ihren inneren »Botschaften« und eben diesen »Stimmen« zu unterscheiden. Es gibt jedoch ganz ausgeprägte Unterschiede. Wenn Sie Ihrem Negaholismus ein Ende machen wollen, dann müssen Sie zwischen diesen verschiedenen Arten von Mitteilungen differenzieren lernen.

Gedanken sind Ideen oder Vorstellungen, die in der linken Gehirnhälfte entstehen und mit Überlegung, Reflexion, Erwägung, Nachdenken, rationalem Folgern und Spekulation zu tun haben. Gedanken folgen meist einer logischen Entwicklung.

Bei den inneren Stimmen handelt es sich um ein unkontrolliertes Geplapper im Kopf, das Daten aus Ihrer realen Lebenserfahrung in logisch, rational und vernünftig klingender Weise anführt. Meist reden diese Stimmen nicht *mit* Ihnen, sondern vielmehr *auf Sie ein*. Sie beraten, weisen und leiten Sie und bewahren Sie somit vor Gefahr.

Intuition ist nichtrationale Wahrnehmung ohne Einschaltung des Verstands, bei der Sie ohne bewußte Aufmerksamkeit etwas erfassen oder wissen.

Bei den inneren Botschaften handelt es sich um die direkte Bewußtwerdung von Informationen aus dem Unterbewußtsein. Diese Mitteilungen sind irrational und unlogisch, sie entziehen sich jeder Vernunft. Sie liefern wichtige Informationen und Ratschläge, die oft einer höheren Bewußtseinsebene entspringen.

Das Unvermögen, zwischen diesen verschiedenen Informationsquellen zu unterscheiden, bedeutet für viele Menschen ein erhebliches Hindernis für ihren Entscheidungsprozeß. In einem solchen Fall wissen sie oft nicht, auf welche Informationen sie nun hören sollen. Im Durcheinander der bewußten Gedanken, der Intuition, der Botschaften, der mentalen Stimmen und all der Ratschläge, die sie von Freunden und Angehörigen erhalten, ist es kein Wunder, daß sie irgendwann einmal die Orientierung verlieren. Die Orientierungslosigkeit bringt Gefühle der Verwirrung, Zweifel, Unsicherheit und Angst mit sich.

Oft sind die inneren Stimmen recht lautstark und übertönen die subtileren intuitiven Nachrichten oder Botschaften. Manche Menschen bezweifeln sogar, daß sie solche Nachrichten überhaupt erhalten, da die Stimmen des Verstandes wie ein Basso continuo zu allem einen ständigen inneren Kommentar abliefern. Die Stimmen wiederholen meist die Worte von Eltern, Lehrern und anderen Autoritätspersonen, die Ihnen bestimmte Botschaften übermittelten, um

- Sie zu mehr Leistung anzutreiben;
- Sie vor Verletzungen, Mißerfolgen oder Ablehnung zu bewahren;

- in Ihnen Reue oder Schuldgefühle hervorzurufen, damit Sie Ihre »Missetaten« bereuen und zu einem Menschen mit den richtigen Wertvorstellungen heranwachsen.

Dabei ist es sehr wichtig zu erkennen, daß die Stimmen es nicht böse meinen, sondern eher wohlmeinenden, fehlgeleiteten, tolpatschigen Helfern gleichen, die im falschen Augenblick auf denkbar unpassende Weise genau den verkehrten Rat geben. Wie in einer Filmklamotte richten sie mangels Geschicks und Durchblicks und trotz der allerbesten Absichten ein Chaos ohnegleichen an.

Die Stimmen in Ihrem Kopf können eine Reihe verschiedener Formen annehmen, doch meistens sind sie negativ. Sie neigen dazu zu kritisieren, zu verurteilen, zu bewerten, abzuwerten oder zu nörgeln und das Negative in den Vordergrund zu rücken.

Sagen wir zum Beispiel, Sie wollen sich auf ein neues Vorhaben stürzen, und diese innere Stimme flößt Ihnen ständig ein: »Du kannst nicht«, »du darfst nicht«, »du vermasselst es«, »du kennst dich nicht aus«. Aufgrund dieser inneren Mitteilungen könnten Sie es sich möglicherweise anders überlegen, anfangen zu zögern, sich von Ihrem Vorhaben abbringen lassen. Sind Sie diesem Vorhaben bereits eine Weile nachgegangen, könnte dessen Scheitern aufgrund Ihrer negativen Einstellung bereits vorprogrammiert sein. Wenn Sie sich nicht von diesen Stimmen fertigmachen lassen wollen, müssen Sie sie identifizieren und dann in den Griff bekommen.

Die inneren Stimmen identifizieren

Der Prozeß der Identifizierung Ihrer eigenen Stimmen ist zwar nicht besonders kompliziert, doch er umfaßt einige sehr spezifische und notwendige Schritte. Sie müssen bereit sein, jeden einzelnen Schritt mitzumachen und die Anweisungen genau zu befolgen, um das erwünschte Ziel zu erreichen. Meine Klienten wollen meist dahin kommen, die Stimmen beruhigen, neu programmieren und sie zu ihren Verbündeten machen zu können.

Wenn diese Ziele auch für Sie zutreffen, dann lesen Sie weiter. Um die Stimmen zu Ihren Verbündeten machen zu können, müssen Sie zuerst wissen, womit Sie es zu tun haben. Dazu müssen Sie die folgenden vier Schritte beachten:

1. Hören Sie den Stimmen in Ihrem Kopf zu und achten Sie genau darauf, was sie Ihnen mitteilen.
2. Schreiben Sie auf, was die Stimmen sagen.
3. Sprechen Sie es auf einen Kassettenrecorder oder ein Diktiergerät.
4. Machen Sie sich ein visuelles Bild der Stimmen. Schließen Sie die Augen und stellen Sie sich vor, wer oder was diese Worte ausspricht. Schöpfen Sie Ihre Phantasie voll aus und seien Sie kreativ bei der Ausmalung der Gestalt(en) in Ihrem Kopf.

Kinder können wunderbar ihre Phantasie einsetzen, um Bilder zu entwickeln. Sie sind sehr erfinderisch darin, mit allen möglichen Geschöpfen aus ihrer reinen Imagination in Kontakt zu treten. Wenn Sie sich in Ihre eigene Kindheit zurückversetzen, dann wissen Sie wahrscheinlich noch, daß Sie Ihre Phantasie auf ähnliche Weise einsetzten. Nun, das Kind von einst mit seiner lebhaften Phantasie schlummert noch in Ihnen, und es ist heute noch genauso phantasievoll, verspielt und kreativ wie damals. Im Laufe der Jahre haben Sie sehr effektiv gelernt, ein Erwachsener zu sein, und in mancherlei Hinsicht haben Sie möglicherweise Ihr inneres Kind in ein Versteck tief in Ihrem Innern verwiesen.

Sie haben die Wahl: erziehen, verhandeln oder vertreiben

Nachdem Sie die Existenz der inneren Stimmen zugegeben und ihnen eine Identität verliehen haben, können Sie sie entweder erziehen, mit ihnen verhandeln oder sie gnadenlos vertreiben. Es ist, als ob einmal an einem kalten Winterabend ein streunender Hund vor Ihrer Tür gestanden hätte und Sie es nicht übers Herz brachten, ihn wegzujagen. Jetzt aber, fünf Jahre später, ist der Hund immer noch bei Ihnen, und das Problem ist, daß Sie ihn nicht einmal besonders mögen. Oder stellen Sie sich vor, es sei vor längerer Zeit ein entfernter Verwandter gekommen, um bei Ihnen die Feiertage zu verbringen, und er sei einfach nie wieder nach Hause gefahren. Es geht nicht darum, ob Sie streunende Hunde bzw. entfernte Verwandte gut leiden können oder nicht; vielmehr geht es darum, ob Sie es sich ausgesucht haben, mit ihnen zusammenzuleben.

Es ist gut möglich, daß sich etliche solche heimatlose Hunde bzw. Verwandte in Ihrem Kopf breitgemacht haben, die im Grunde genommen ungeladene Gäste sind. Sie haben sie vielleicht toleriert, weil Sie nett sein und niemanden vor den Kopf stoßen wollten. Wahrscheinlich wollen Sie das Boot nicht ins Wanken bringen, den Status quo nicht erschüttern oder jemanden verärgern. Also beißen Sie die Zähne zusammen, Sie unterdrücken Ihre Gefühle und sind höflich, zuvorkommend und charmant zu jenen ungebetenen Gästen in Ihrem Kopf. Jetzt könnte es aber an der Zeit sein, einen größeren Hausputz zu veranstalten. Nicht, daß Sie jemanden unbedingt aus Ihrem gedanklichen Haus hinausschmeißen müssen. Wie ich bereits sagte, haben Sie drei Möglichkeiten zur Auswahl: erziehen, verhandeln oder vertreiben.

Falls es sich bei diesem Hausbewohner um einen streunenden Hund handelt, können Sie sich ja überlegen, ob Sie ihn erziehen wollen. Wenn er ein Verwandter von Ihnen ist, wollen Sie vielleicht mit ihm verhandeln, damit Sie eine Situation schaffen, aus der Sie beide als Gewinner hervorgehen. Falls das aber alles nicht hilft: Bevor Sie stillschweigend die unglückliche Situation hinnehmen, sollten Sie sich überlegen, ob Sie dem ungewollten Gast nicht lieber die Zwangsräumung ansagen. Sie müssen ganz nüchtern erwägen, was für Sie in Ihrem Leben am besten funktioniert.

Sie können sich aussuchen, wer sich in Ihrem Kopf aufhält und wie diese Gestalten mit Ihnen reden. Nur weil sie in Ihrem Kopf sind, heißt es noch lange nicht, daß sie eingeladen wurden oder erwünscht sind oder gar ständiges Wohnrecht genießen. Möglicherweise handelt es sich um ehemalige Untermieter, um irgendwelche Herumtreiber, Dahergelaufene, Bekannte oder Gespenster von früher, die Teil des festen Inventars geworden sind. Sie haben sich breitgemacht und sind einfach nicht mehr weggegangen. Es ist an der

Zeit, daß Sie einmal prüfen, wer sich in Ihrem inneren Bereich sonst noch alles eingenistet hat.

Vielleicht haben eine oder mehrere Ihrer Stimmen angefangen, den ganzen Laden zu schmeißen, während Sie tatenlos dabeistanden und zuguckten. Oder Sie fühlen sich gefangen, wie bei einem Vortrag, bei dem man nicht rausgehen darf. In Wirklichkeit dürfen Sie aber rausgehen. Es ist nämlich Ihr Kopf. Der Kopf, der Sie überallhin begleitet, an jedem Tag Ihres Lebens. Sie dürfen es sich aussuchen, ob dieser Kopf Sie vollplappert oder ob Sie derjenige sind, der darüber bestimmt, wer sich darin aufhält und wie man mit Ihnen redet. Sie dürfen nicht vergessen, wer das Sagen hat. Wessen Haus ist es denn schließlich?

Elena, die »Workaholikerin«

Eine meiner Klientinnen konnte ihre inneren Stimmen sehr gut artikulieren. Sie war sich der Stimmen bewußt, konnte sie relativ leicht visualisieren und war bereit, mit mir offen darüber zu sprechen. Ihre mentalen Bilder sowie ihre Beschreibungen der Rollen, die diese Gestalten annehmen, sind dermaßen eindringlich, daß ich es für fruchtbar halte, ihren Prozeß näher zu schildern.

Zuhören

Elena, eine besonders erfolgreiche »Workaholikerin«, war dabei, sich verrückt zu machen.

Sie erklärte: »Ich weiß, daß ich mir meine Situation selbst zu verdanken habe, doch ich bin in meinen eigenen Verhaltensmustern eingefangen. Mit anderen Worten, ich weiß sehr wohl, daß ich mir meine Probleme selbst schaffe, aber ich weiß nicht, was ich dagegen machen soll!«

Wir kamen auf die Einzelheiten zu sprechen, und sie erzählte mir, daß sie in der ganzen Woche etwa zwei freie Stunden für sich hatte. Ihre Leben war mit Unterrichten, Unterrichtsvorbereitungen, Klienten, Schreiben, Familie und Forschung absolut vollgestopft. Sie hatte kaum eine freie Minute und fühlte sich eingeengt. Ich fragte sie, ob sie die Form, womit ich den Umgang mit Zeit und Zeitplänen meinte, oder aber die Substanz ihrer inneren Muster angehen wollte, die immer wieder die gleichen Situationen herbeiführten. Sie meinte, wenn wir uns nur auf den besseren Umgang mit der Zeit beschränkten, würde sie unweigerlich wieder in die gleichen alten Verhaltensmuster zurückfallen und ihr Leben weiterhin hoffnungslos überlasten. Sie wollte lieber jenseits des Symptoms den eigentlichen Kern des Problems untersuchen.

Ich bat sie, mir zu erzählen, was die Stimmen ihr sagten. Sie sagte, es gebe eine Stimme, die sie ständig antreibe. Die Stimme war gnadenlos, was die Beurteilung ihrer Leistung anbelangte – so sehr, daß sie, Elena, sich immer gedrängt fühlte, ihre Existenz hier auf diesem Planeten zu rechtfertigen. Jeden Tag mußte sie genug leisten, um zu beweisen, daß sie ein Recht hatte, hier zu sein, und in der Tat ein wertvoller Mensch war. Das Problem war, daß es keinen Maßstab gab, an dem sie ihre Leistung hätte messen können. Sie konnte nie wissen, wann sie genug geleistet hatte, um die innere Stimme zufriedenzustellen. Es gab kein konkretes Ziel, das sie hätte erreichen können. Ich fragte sie, ob sie die Stimme benennen könnte. Sie nannte die Stimme Laurel. Ich bat sie, Laurel näher zu beschreiben.

Beschreiben

Sie sagte: »Laurel ist perfekt. Sie macht immer alles richtig. Ihre Haare sind in einem ordentlichen Knoten zusammengebunden; sie trägt hohe Kragen, und ihre Röcke sind länger als normal. Sie schminkt sich wenig, trägt kaum Schmuck und hat eine Hornbrille auf der Nase. Sie ist tugendhaft und besser als alle anderen. Laurel heißt Laurel, weil sie immer und überall die Lorbeerkränze gewinnt. Laurel schafft mehr als alle anderen Menschen der Welt, und darauf ist sie stolz. Sie duldet keine Faulheit, Unentschiedenheit oder Ausreden. Sie ist unbarmherzig im Umgang mit sich selbst. Sie schmeißt den Laden mit eiserner Hand und hält immer ihre Abgabetermine ein.«

Ich fragte Elena, wie sie sich mit Laurel am Ruder fühlte.

»Gepeitscht, geschlagen, getrieben und innerlich verzweifelt.«

Dann sagte ich: »Ist Laurel die einzige Stimme, deren Sie sich bewußt sind?«

»Nein, es gibt auch eine spielerische Stimme, die immer zu Spaß aufgelegt ist.«

Ich wollte mehr über diese Stimme hören.

Sie sagte: »Diese Stimme will tanzen, baden gehen, den ganzen Morgen Kaffee trinken, faulenzen und spielen. Sie ist frech gekleidet und zieht sich gerne nach Lust und Laune um. Manchmal trägt sie Shorts und ein knappes Hemdchen, manchmal ein hautenges rotes Kleid mit Fransen; manchmal hüpft sie aber auch in einem Negligé herum. Diese Stimme ist gern frivol, gibt gern Geld aus, geht gern bummeln und amüsiert sich.«

»Ist das alles?«

»Nein! Diese Stimme mag es auch, sich sexy anzuziehen und mit Männern zu flirten. Diese Stimme will lachen und singen und endlose Liebesnächte verbringen, ohne auch nur einen Gedanken an morgen zu verschwenden. Diese Stimme könnte mich echt in Schwierigkeiten bringen. Sowohl Laurel als auch ich haben Angst vor dieser Stimme.«

Ich fragte sie, wie sie diese Stimme nennen könnte.

Ohne zu zögern, antwortete sie: »Rosie!«

»Wie verstehen sich Laurel und Rosie?«

Elena sagte: »Laurel muß Rosie in Schach halten. Rosie bringt Laurel in Verlegenheit. Laurel hat viel Zeit investiert, um einen Ruf aufzubauen, Glaubwürdigkeit zu erlangen und sich einen Namen zu machen. Wenn Rosie plötzlich aus ihrem Verschlag hervorbrechen würde, könnte sie Laurels ganzes Werk zunichte machen. So ist Laurel gezwungen, Rosie ruhigzustellen und sie außer Sichtweite zu halten.«

Ich fragte, ob das die beiden einzigen Stimmen waren, die sie bemerkt hatte.

»Nein, in mir wohnt auch eine traurige, rührselige, mitleiderregende, hilflose, deprimierte, einsame Frau. Sie trägt ein ausgeblichenes Hauskleid und Strumpfhosen, die riesige Laufmaschen haben und um ihre Knöchel Falten werfen. Ihre Haare sind aschgrau und bräuchten dringend Pflege. Ihre Fingernägel sind abgekaut und ungepflegt, und ihr Blick ist nach unten gerichtet. Ihre Brüste hängen bis zur Taille herab, und ihr Bauch streckt sich ihnen entgegen. Sie ist abgestumpft, hat keinerlei Motivation, irgend etwas zu sein oder zu tun. Sie wurde von den Zurückweisungen, den Verlusten, den unerfüllten Träumen und dem tiefen Schmerz des Scheiterns einfach zu Boden gedrückt.«

Wieder fragte ich sie nach dem Namen der Stimme.

»Helen«, antwortete sie.

Ich fragte, wie Helen mit Laurel und Rosie auskam.

»Warten Sie!« sagte Elena. »Es gibt noch eine!«

Ich bat sie, mir auch diese Stimme zu beschreiben.

Sie sagte: »Es gibt einen Schlägertypen, der für Laurel arbeitet. Er ist dafür verantwortlich, das Kriegsrecht auszurufen, wenn Rosie das Ruder in die Hand genommen hat und versucht, ihr Unwesen zu treiben. Dieser Mann verfügt über ein Waffenarsenal, das alles zerstören kann.«

Ich fragte, wie er hieß.

»Mehetibel,« antwortete sie ganz ernst. »Das läuft so: Etwa 85 bis 90 Prozent der Zeit schafft Laurel alles blendend. Aber irgendwann schleicht sich Rosie in den Vordergrund und übernimmt die Führung. Laurel regt sich sehr auf, aber sie ist unfähig, Rosie aufzuhalten, wenn sie sich einmal aus dem Verschlag befreit hat. Dann ruft Laurel Mehetibel und gibt ihm die Anweisung aufzuräumen. Mehetibel verwüstet alles auf der Bildfläche, inklusive Laurel, und dann bleibt nur noch Helen zurück. Hoffnungslose, unnütze, geschlagene Helen. Helen, die nicht den Willen hat, auch nur das Geringste zu unternehmen, steht ganz allein da. Nachdem Helen Gelegenheit hatte, eine Weile im Vordergrund zu stehen, wird Laurel allmählich ins Leben zurückgerufen und fängt wieder an, den Laden zu schmeißen. Dieses Szenario wiederholt sich immer und immer wieder. Ich halte es nicht mehr aus, und im übrigen will ich es auch nicht mehr aushalten.«

Ich fragte sie, was sie statt dessen wollte.

Sie sagte, daß diese Szene sich wohl immer wieder abspielen würde, wenn es ihr nicht gelänge, Laurel und Rosie in sich zu integrieren.

Ich fragte sie, was sie mit Mehetibel und Helen machen wollte.

»Sobald Laurel und Rosie integriert sind, will ich, daß sie verschwinden.«

So machten wir uns daran, die inneren Stimmen von Laurel und Rosie zu integrieren.

Woher kommen die Stimmen?

Die Stimmen, die auf zwei grundlegende Quellen zurückzuführen sind, stellen verschiedene Aspekte von Elenas Persönlichkeit dar. Wichtige Menschen ihrer Kindheit prägten Elena ihre Persönlichkeit und ihre Worte in einem solchen Ausmaß auf, daß durch ihren Einfluß eine Identität entstand, die Teil ihrer Persönlichkeit wurde. Es handelt sich nicht etwa um eine eigenständige Nebenpersönlichkeit, sondern um einen Persönlichkeitsanteil, der sich als innere Stimme selbständig gemacht hat.

Immer wenn ein innerer Dialog zwischen verschiedenen Gestalten stattfindet, ist eine innere Spaltung festzustellen. Wenn Sie mit sich eins sind, ist kein Gespräch nötig. Erst wenn Sie mit sich uneins sind, wird eine solche Interaktion erforderlich. Meist entsteht die Spaltung aufgrund eines Konflikts. Die Diskussion oder Auseinandersetzung wird wegen der noch nicht in Einklang gebrachten Unstimmigkeiten innerhalb Ihrer Persönlichkeit geführt. Wenn das Selbst uneinig ist, drückt diese Disharmonie eine mangelnde Integration der Einflüsse wichtiger Vorbilder aus, die Sie während Ihrer Kindheit prägten. Der innere Dialog zwischen den verschiedenen Figuren übertönt die leisen inneren Botschaften, die aus dem eigenen Innern hochsteigen. Um diese Mitteilungen wahrnehmen zu können, müssen Sie die verschiedenen Persönlichkeitsanteile integrieren, damit die Stimmen Ruhe geben und Sie wieder auf Ihre inneren Botschaften hören können.

Der Prozeß der Integration erfolgt durch Reden, Visualisieren, Dramatisieren, Ritualisieren und Nacherleben ungelöster Konflikte aus der Vergangenheit.

Visualisieren heißt, mit dem inneren Auge das zu sehen, was Sie Wirklichkeit werden lassen wollen. Es bedeutet, Ihre Phantasie und Ihre Kreativität aufzurufen, um das Bild, das Sie in die Tat umsetzen wollen, zu entwickeln. Sie schließen Ihre Augen und stellen sich die ideale Situation vor, die Sie sich wünschen, um Ihr Gehirn neu zu programmieren; Sie sehen das Bild vor Augen, nehmen die Gefühle wahr, hören die damit verbundenen Worte. Wenn Sie möglichst viele Ihrer Sinne einbeziehen, können Sie Ihrer Vorstellung Konturen,

Tiefe und Echtheit verleihen. So kann die Vorstellung ein Eigenleben entfalten, und die Beteiligung der Sinne kann die Lücke zwischen Phantasie und Wirklichkeit schließen.

Mit den inneren Stimmen umgehen

Solange die Spaltung zwischen verschiedenen inneren Gestalten vorhanden ist, sind Sie mit sich uneins. Es wütet ein innerer Kampf, dessen Schauplatz sich in Ihrem Kopf befindet.

Verhandeln

Die Spaltung muß überwunden werden, damit die verschiedenen Gestalten miteinander in Einklang gelangen, anstatt sich gegenseitig zu bekämpfen. Dieser Prozeß heißt »Integration«. Die Integration der inneren Figuren ist dem Prozeß der Vermittlung zwischen Menschen nicht unähnlich. Die Gestalten werden als getrennte Wesen behandelt. Jede einzelne hat ihr eigenes Programm, ihre eigenen Wertvorstellungen, ihren eigenen Stil.

Wenn Sie sich dafür entscheiden, alle Ihre Gestalten beizubehalten, müssen Sie ihnen beibringen, wie sie harmonisch miteinander leben können. Sie müssen mit ihnen verhandeln. Die Figuren müssen zu einem Team werden, das auf Ihrer Seite steht und Ihnen hilft, zu bekommen, was Sie sich wünschen. Das heißt, daß Sie sich zum Trainer des Teams machen und das Spiel in Ihrem Sinne lenken, so daß die inneren Stimmen als Einheit zusammenwirken. Es hat nichts zu sagen, daß die Spieler unterschiedlich sind; schließlich weisen gute Mannschaften immer eine große Vielfalt auf. Es kommt darauf an, daß die Stimmen ihre Differenzen überwinden und für Ihr Wohl zusammenarbeiten. Sie müssen aktiv für einen umfassenden Einklang der verschiedenen Stimmen sorgen und nicht bloß tatenlos dabeistehen und sich als Opfer der Figuren fühlen, die im Moment den Ton angeben.

Sich mit den Stimmen vertraut zu machen ist ein heilsamer Prozeß. Es ist eine Reise in Ihr Inneres, um Ihre inneren Mitspieler, Ihre innere Besetzung kennenzulernen. Vielleicht haben Sie eine innere Stimme, oder zwei, oder mehrere. Es spielt keine Rolle, wie viele verschiedene Stimmen Sie in sich entdecken; wichtig ist nur, daß Sie feststellen, wer sich in Ihrer Vorstellungswelt aufhält und was diese Person(en) Ihnen für Mitteilungen machen. Erst dann können Sie sich entscheiden, wie Sie mit ihnen umgehen wollen.

Solange Sie keine bewußte Entscheidung treffen bezüglich der Figuren, die sich in Ihrem Kopf aufhalten dürfen, bzw. diese Figuren nicht erziehen, mit ihnen verhandeln oder ihnen das Haus verbieten, werden Sie sich wie ein Opfer der Stimmen fühlen, die sich in Ihrem Innern breitgemacht haben. Die inneren Stimmen können wirkliche Personen aus Ihrer Vergangenheit verkörpern oder sie können sich aus verschiedenen Personen zusammensetzen. Ihre inneren Stimmen können sogar die Form anderer Wesen, Tiere oder Ungeheuer annehmen, die Ihre Phantasie heraufbeschworen hat. So war es zumindest bei Jenna.

Jenna und das Ungeheuer

Eine Klientin namens Jenna kam eines Tages, in Tränen aufgelöst, zu mir in die Beratung und sagte: »Ich bin so hart mit mir selbst, und ich kann einfach nicht damit aufhören!«

Ich fragte sie, was denn los sei.

»Ich mache nie etwas richtig; egal, wie sehr ich mich auch anstrenge, ich kriege es einfach nie richtig hin!«

Wir gingen ähnlich vor wie bei Elena. Ich bat sie, mir die Stimme zu beschreiben, und sie erzählte mir die brutalen, beleidigenden und destruktiven Kommentare, die diese Stimme abgab. Dann bat ich um die Beschreibung der Gestalt, die diese Bemerkungen machte.

Sie sagte: »Er ist fast drei Meter groß und von Kopf bis Fuß behaart. Er trägt eine dicke Keule, und jedesmal, wenn ich etwas sage oder tue, was ihm nicht paßt, haut er mir eins drauf. Er hat schon so oft zugehauen, daß ich mich ganz grün und blau geschlagen fühle. Ich glaube, daß es sogar meine Körperhaltung beeinflußt. Ich fange an, gebückt zu gehen.«

»Wie heißt diese Gestalt?«

Sie antwortete: »Thor.«

Ich fragte sie, was sie mit Thor machen wollte.

»Ich will ihn zähmen. Er ist stark und kräftig, und deshalb möchte ich nicht ganz auf ihn verzichten, aber ich will ihn auf meiner Seite haben. Ich muß ihm ein bißchen Benimm beibringen und ihm klarmachen, wie er mit mir zu reden hat.« Nach kurzem Nachdenken fügte sie noch hinzu: »Ich muß diese verdammte Keule aus der Welt schaffen!«

Wir machten uns daran, Thor zu zähmen.

Thor war von Natur aus weder gut noch schlecht, er war einfach etwas außer Kontrolle geraten – etwa so, als wenn eine junge Dogge in der ganzen Wohnung freien Lauf hätte. Der Hund ist noch nicht stubenrein, und er ist dabei, sämtliche Teppiche zu versauen und etliche Möbelstücke umzuschmeißen. In Ihrer Wohnung herrscht das Chaos, weil Sie die Kontrolle aus der Hand gegeben haben und das Tier, das sein Unwesen treibt, andere Prioritäten hat. Ihre Wohnung ist in diesem Fall Ihr Inneres. Wenn es irgendeine Gestalt gibt, die sich Ihrer »Wohnung« bemächtigt hat und jetzt rücksichtslos Ihr Hab und Gut zertrampelt, ist es höchste Zeit, die Zügel wieder an sich zu reißen.

Die Lösung besteht nicht unbedingt darin, Thor das Haus zu verbieten, wenngleich das natürlich eine Möglichkeit wäre. Die richtige Strategie ist abzuwägen, ob Thor Ihnen eine Hilfe sein kann und es sich lohnt, ihn zu erziehen, um ihn schließlich als Verbündeten an Bord zu nehmen. In unserem Fall wollte Jenna Thor nicht aufgeben. Sie war der Meinung, daß er gute Möglichkeiten in sich barg. Sie entschied sich dafür, ihn zu erziehen – die Bestie zu zähmen.

Um bei unserem Beispiel zu bleiben: Wäre Thor wirklich eine junge Dogge, dann hätten Sie beides – einen tollen Hund und eine schöne Wohnung.

Um Ihre inneren Stimmen effektiv zu lenken, müssen Sie im Umgang mit ihnen Ihr rationales Urteil vorübergehend zurückstellen. Wie wir bei Jenna gesehen haben, handelt es sich bei den Stimmen nicht immer um Menschen aus Ihrer Vergangenheit; unter Umständen können sie eine Reihe von Persönlichkeiten darstellen, die Ihre Phantasie zu einem neuen Ganzen zusammengeflochten hat. In bestimmten Fällen handelt es sich bei den inneren Stimmen gar nicht um Menschen, sondern um Tiere, wie z. B. im Falle von Sylvia.

Sylvia und die Hunde

Eines Tages kam eine neue Klientin, Sylvia, zu mir in die Beratung. Sie konnte sich vieler beruflicher Erfolge rühmen, und dennoch fühlte sie sich im Moment ziemlich ausgelaugt und wollte ihre Situation verändern. Sie beklagte sich darüber, daß sie sich, obwohl sie sechs Bücher geschrieben hatte, eine eigene Fernsehsendung moderierte und in mehreren Ländern zu Hause war, manchmal völlig ohnmächtig fühlte. Wir machten uns sogleich auf die Reise, ihren inneren Stimmen zu begegnen und uns mit ihnen vertraut zu machen.

Ich fragte sie, wann sie sich so fühlte, und sie erzählte von Situationen, in denen sie völlig unsicher war und verzweifelt nach Anerkennung suchte.

»Was sagen Ihnen die Stimmen?«

»Sie sagen: Hab' mich doch gern, ich will auch mitspielen, laß mich bitte mitkommen.«

Ich fragte sie nach einer Beschreibung der Gestalt, von der diese Stimme kam.

»Es ist ein kleiner, nasser Cockerspaniel mit heraushängender Zunge und wedelndem Schwanz, der mit seinen weichen Pfoten an mir hochspringt.«

»Wie heißt er denn?«

»Cocker«, antwortete sie verächtlich.

Als ich sie fragte, warum sie so wütend klang, sagte sie: »Ich hasse Cockerspaniels, sie brauchen soviel Aufmerksamkeit.«

Ich fragte sie, wann Cocker in Erscheinung trat.

»Immer dann, wenn ich mich verwirrt, verunsichert, unzulänglich oder einsam fühle und Aufmerksamkeit und Anerkennung brauche.« Sie fügte hinzu: »Ich hasse die Vorstellung, daß ich wie ein Cockerspaniel sein könnte!«

Ich fragte sie, ob es noch eine andere Stimme gebe oder ob diese die einzige sei.

Sie antworte: »Nein, es gibt bestimmt mehr als nur eine. Da ist auch eine starke, wissende, selbstbewußte, fähige Stimme, die Stimme, mit deren Hilfe ich alles, was ich wirklich wollte, erlangt habe.«

Ich fragte sie, wie die zu dieser Stimme gehörende Gestalt aussah, und erfuhr, daß sie »makellos, stark und glänzend« war – »ein Gewinner, eine richtige Potenz, an der man nicht vorbeikommt.«

Ich wollte etwas über die Größe und Form dieser Gestalt hören; Sylvia berichtete ohne jeglichen Zweifel, daß diese Stimme zu einem Dobermannpinscher gehörte. Er hieß, erwartungsgemäß, Dobie.

Aus welchem Grund auch immer, Sylvias innere Stimmen hatten alle die Gestalt von Hunden. Sie hatte einen regelrechten Hundezwinger im Kopf. Sie mußte sich entscheiden, ob sie jeden einzelnen Hund behalten oder aber einige gehen lassen wollte. Nachdem sie sich ausgesucht hatte, welche Hunde sie behalten wollte, mußte sie sich überlegen, welche Rolle ein jeder in ihrem Leben spielen sollte. Sie mußte jedem eine spezifische Funktion zuweisen, ihm seinen Text beibringen und dafür sorgen, daß er ihn zur rechten Zeit aufsagte. Es ist ja ganz in Ordnung, einen Hundezwinger im Kopf zu haben, solange *Sie* die Führung in der Hand behalten und die Hunde *Ihrem* Willen gehorchen. Passen Sie auf, daß Sie die Führung Ihres Lebens nicht den Hunden übergeben!

Falls Sie es aber doch gemacht haben sollten, ist noch lange nicht alles verloren. Sie müssen die Situation nur wieder in den Griff bekommen.

Innere Besetzung und inneres Drehbuch

Wenn wir schon davon sprechen, daß man dafür sorgen muß, die inneren Stimmen ihren Text zum richtigen Zeitpunkt sprechen zu lassen, sollten wir auch eine andere Strategie für den Umgang mit den inneren Stimmen erwähnen. Damit meine ich die innere Besetzung und das innere Drehbuch. Ich weiß nicht, ob Sie jemals das Gefühl hatten, Ihr Leben sei wie ein Film. Sonja erging es jedenfalls so. Sie überlegte sich oft, ob nicht irgendwo die »Versteckte Kamera« lauerte und alles, was ihr widerfuhr, zum Ergötzen künftiger Generationen aufzeichnete. Dann hielt sie inne und fragte sich: »Welche Rolle spiele eigentlich *ich* dabei?« Manchmal kam es ihr vor, als ob sie die weibliche Hauptrolle in einer Komödie zugeteilt bekommen hätte. Manchmal betrachtete sie sich jedoch und gewann den Eindruck, daß sie die Jungfer in Nöten oder vielleicht die tragische Heldin spielte. Den einen Tag war sie die geschäftige Karrierefrau; am nächsten war sie plötzlich eine Femme fatale. Am schlimmsten war es, wenn sie sich als Statistin in ihrem eigenen Film erlebte. Es kam ihr vor, als ob sie zu Thematik, Handlung und Regie jede Verbindung verloren hätte. Es war, als ob sich die ganze Handlung um sie herum abspielte und ihre eigene Rolle überflüssig war.

Sie sind letztlich der Regisseur, Autor, Produzent und Hauptdarsteller Ihres eigenen Films. Das vergessen Sie vielleicht manchmal!

Fragen Sie sich: »Wer tritt da eigentlich in meinem Film auf? Welche Rolle spiele ich überhaupt?« Sind Sie die jugendliche Naive, der Charakterdarsteller mittleren Alters, die Nebenfigur oder der Hauptdarsteller bzw. die Hauptdarstellerin? Sind Sie der Bösewicht, der Held, die Jungfrau in Nöten oder aber der Statist, der Komparse? Verändern sich Ihre Rollen? Wenn ja, wie oft? Mögen Sie die Rollen, die Sie spielen? Wenn nicht, würden Sie sie gerne umbesetzen? Wenn ja, was wären die idealen Rollen, die Sie gerne spielen würden?

Um irgendwelche Veränderungen in der Art und Weise, wie Sie mit sich umgehen, herbeizuführen, müssen Sie erst mit den Personen fertigwerden, die in Ihrem Kopf herumspuken. Als Produzent, Drehbuchautor, Bühnenbildner, Regisseur und Hauptdarsteller in Ihrem Film sind Sie der einzige, der in Ihrem Leben die Marschroute bestimmt. Und außerdem, was noch viel wichtiger ist: Sie dürfen bestimmen, was der Hauptdarsteller oder die Hauptdarstellerin für eine Person ist. Erst wenn Sie sich darüber im klaren sind, wer sich in Ihrem Innern befindet, können Sie das Drehbuch schreiben oder die Besetzung festlegen. Sie müssen die inneren Dialoge auseinanderklamüsern, um feststellen zu können, wer überhaupt spricht und was gesagt wird. Sobald Sie wissen, was Sache ist, können Sie sich entscheiden,

- ob Sie diese Personen in Ihrem Film überhaupt haben wollen,
- ob sie eine Sprechrolle bekommen sollen,
- was sie für einen Text sprechen sollen,
- wie sie ihn zu sagen haben.

Verleugnete Anteile des Selbst

Diese inneren Stimmen sind wie verleugnete Anteile des Selbst, die um Aufmerksamkeit ringen. Oft handelt es sich um die Anteile, die Sie vernachlässigt, aufgegeben, ignoriert oder zu Idolen erklärt haben. Die Inszenierung eines Dramas in Ihrem Leben ist oft ein verzweifelter Versuch, wenigstens von anderen beachtet zu werden, wenn Sie sich selbst völlig aus den Augen verloren haben. Jedenfalls sind diese Anteile von Ihrem Wesenskern abgetrennt und müssen integriert werden.

Neila hatte z.B. einen verleugneten Persönlichkeitsanteil namens Sheila. Sheila repräsentierte ihre schüchterne, ängstliche, zurückgezogene Seite, die sich so verhielt, als wäre sie regelrecht aufgefressen, oder zumindest als Kind schwer mißhandelt worden. Neila, die wirkliche Person, konnte sich kaum an ihre Kindheit erinnern und reagierte immer ungeduldig und kritisch, wenn Sheila zum Vorschein kam. Sheila wollte in den Arm genommen und getröstet werden. Sie suchte verzweifelt nach Liebe. Sie war so scheu und unsicher, daß sie ihre eigenen Wünsche gar nicht kannte, und sie konnte sie noch viel weniger verbalisieren, um sie vielleicht dann doch erfüllt zu bekommen. Ihr Verhalten war weinerlich und klammernd, was Neila absolut verrückt machte. Durch unsere Gespräche entdeckte Neila diesen verleugneten Aspekt ihres Selbst und fand einen Weg, Sheila eine Rolle in ihrem Leben zu geben, so daß sie aufhörte, widerwärtig zu sein, und statt dessen liebenswürdig wurde.

Neila ging nämlich dazu über, Sheila einfühlsam zuzuhören, und so zu versuchen, ihre Ängste und Unsicherheiten zu begreifen. Neila sagte Sheila dann, daß ihre Gefühle in Ordnung waren, wie sie auch immer aussahen, und daß sie sie trotzdem liebhatte. Wenn Sheila mitteilte, daß sie gerne in den Arm genommen werden wollte, nahm sich

Neila die Zeit, still zu sitzen und sich zu wiegen, und sagte dabei: »Du bist mir wichtig, deine Gefühle machen mir etwas aus.« Dann gab Neila Sheila auch einen Text zum Sprechen: »Du bist mir auch wichtig. Ich habe einfach nur Angst und fühle mich unsicher. Verlaß mich bitte nicht, sondern hab mich lieb. Hilf mir, stark zu werden; ich bin bereit zu lernen, ich bin eben nur etwas ängstlich. Hab bitte Geduld mit mir.« Auf diese Weise kann Ihr Wesenskern mit einem Ihrer verleugneten Persönlichkeitsanteile den Dialog aufnehmen und beginnen, mit ihm zusammenzuarbeiten. Die Schritte sehen folgendermaßen aus:

- herausfinden, um wen es sich bei diesem abgespalteten Persönlichkeitsanteil handelt;
- mit diesem Persönlichkeitsanteil einen Dialog aufnehmen;
- beiden Seiten helfen, als Team zusammenzuarbeiten;
- den verschiedenen Anteilen helfen, sich friedlich zu vereinen;
- damit anfangen, sämtliche Anteile Ihres Selbst liebzuhaben.

Der Negaholiker fühlt sich entweder bewußt oder unbewußt als Opfer seiner inneren Stimmen. Sie müssen den Mechanismus verstehen, durch den die Stimmen aufkommen, und herausfinden, wodurch die Stimmen geschürt werden und was Sie tun müssen, um sie in den Griff zu bekommen, damit Sie über Ihr Leben frei bestimmen können.

Da es sich beim Negaholismus um eine regelrechte Sucht handelt, brauchen Sie ein tägliches Programm, das Sie aktiv befolgen, um der Selbstverneinung entgegenzuwirken, die diese Stimmen unter Umständen seit vielen Jahren betreiben. Keine Sucht verschwindet allein durch Bewußtwerdung. Vergessen Sie nie, daß Sie an einer Sucht leiden! Sie sind süchtig nach Selbstverneinung und Selbstsabotage! Wenn Sie es sich selbst nicht eingestehen, daß Sie Negaholiker sind, dann spielen Sie lediglich mit den in diesem Buch entwickelten Gedanken. Im nächsten Kapitel werde ich darstellen, in welchen täglichen Situationen es zu Anfällen von Selbstquälerei kommt und welchen inneren Mechanismus Sie in Zukunft durchbrechen müssen, um der Sucht nach Negativität Herr zu werden.

Kapitel 6

Seien Sie auf der Hut!

Natürlich bringt die große Mehrzahl der Menschen nicht jede wache Minute damit zu, sich selbst herunterzuputzen; doch oft schleicht sich gerade dann, wenn man es am allerwenigsten erwartet, so ein Anfall von Negativität heran und überfällt einen hinterrücks, und ehe man sich's versieht, sitzt wieder der Negaholiker am Steuer. Wenn Sie in einer dysfunktionalen Familie aufgewachsen sind, denken Sie wahrscheinlich automatisch in Kategorien wie Problem/Lösung, Schmerz/Mittel, nicht O.K./ändere es. Sie glauben, daß man ein Allheilmittel finden kann, das sofort wieder alles repariert. Sie haben wahrscheinlich sehr wenig Vertrauen darauf, daß die Dinge sich jemals ändern oder gar bessern könnten. Ihnen fehlt es schnell an Geduld.

Deshalb müssen Sie die Anatomie der Selbstquälerei verstehen lernen – dahinterkommen, wie Negativität funktioniert und was sie auslöst, damit Sie die Warnsignale rechtzeitig bemerken können.

Die Anatomie der Selbstquälerei

Selbstquälerei kann durch einen Vorfall, einen Gedanken, ein Gefühl oder durch das Zusammenwirken aller drei Impulse ausgelöst werden. Ein solcher Vorfall kann jede Situation sein, in der Sie an die Erwartungen, die Sie an sich selbst stellen, nicht heranreichen. Wenn Sie von sich verlangen, daß Sie alles perfekt machen, dann steht der Weg für einen Anfall von Negativität offen, sobald Ihre Leistung

Ihrer Vorstellung von Perfektion nicht entspricht. Sie stürzen z.B. während einer Radtour vom Fahrrad und machen sich Vorwürfe, weil Sie sich verletzt haben. Sie gehen auf ein Fest, langweilen sich zu Tode und machen sich hinterher Vorwürfe, weil Sie nicht zu Hause geblieben sind. Sie gehen einkaufen, vergessen etwas und machen sich Vorwürfe, weil Sie nicht an alles gedacht haben. Sie legen sich in die Sonne und machen sich Vorwürfe, weil Sie sich einen Sonnenbrand geholt haben. Sie nörgeln an sich herum, weil Sie bestimmte Anrufe nicht erledigen, einen Brief nicht schreiben, den Geburtstag eines Freundes vergessen, etwas im Backofen anbrennen lassen. Es gibt unzählige Gelegenheiten, unbarmherzig mit sich selbst zu sein. All diese Gelegenheiten, hart mit sich ins Gericht zu gehen, sind situationsbedingt.

Einige Gedanken, die diesen Selbstgeißelungsmechanismus auslösen könnten, sind z.B.: »Dieses oder jenes hätte ich nie tun sollen«, oder »Hätte ich nur das-und-das getan«, oder »Das habe ich ja echt vermasselt, als ich mich so und so verhalten habe.« Wenn Sie solche Gedanken hegen, blicken Sie mit Reue auf die Vergangenheit (vielleicht auch nur auf einen vergangenen Augenblick) zurück und heben die Ereignisse hervor, die nicht so ausgegangen sind, wie Sie es sich gewünscht hätten. Nicht genug damit, daß die Ereignisse anders ausgegangen sind, als Sie es sich gewünscht hätten, sondern jetzt tragen Sie auch noch die Schuld dafür. Diese Gedanken schlagen meist nach einem bestimmten Vorfall auf uns ein. Manchmal schleppen Sie die selbstbestrafenden Gedanken noch Jahre nach dem auslösenden Ereignis mit sich herum. Etwa Gedanken wie: »Ich hätte sie nie heiraten sollen«, oder »Ich hätte nie diese Aktien verkaufen sollen«, oder »Ich hätte nie diesen Job aufgeben sollen.« Es gibt kaum etwas, worauf Sie nicht mit Reue und Bedauern zurückblicken könnten, und Sie finden immer genügend Beweismittel, um sich eins überzubraten. Sie können auch kreativ werden und in die Zukunft blicken, und sich dabei jetzt schon ausmalen, wie katastrophal irgend etwas enden wird: »Du wirst dieses Einstellungsgespräch wahrscheinlich verhauen«, oder »Diese Beziehung wird bestimmt scheitern, genau wie alle anderen auch«, oder »Du weißt doch, was du für ein Trampel bist, du wirst doch nie Ski fahren können, versuch es am besten gar nicht erst!«

Die Grausamkeit gegenüber sich selbst kann aber auch von einem Gefühl ausgehen. Sie wachen z.B. mit einem niedrigen Energiepegel, einer leichten Mißstimmung, einer kleinen Depression auf. Vielleicht fühlen Sie sich einfach nur körperlich matt und machen sich noch zusätzlich fertig, weil Sie sich etwas daneben fühlen. Sie sind vielleicht niedergeschlagen wegen einer Auseinandersetzung mit einem Freund, einem Verkäufer oder einem anderen Autofahrer. Oder Sie haben sich mit Tanzen und Trinken die Nacht um die Ohren geschlagen, wachen am nächsten Tag völlig verkatert auf und schelten sich selbst dafür, daß Sie am Abend vorher ausgegangen sind.

Oder Sie überfressen sich beim Mittagessen und gehen deswegen hart mit sich ins Gericht. Eine Freundin sagt Ihnen, Sie hätten ihre Gefühle verletzt, und Sie ergreifen die Gelegenheit, diese verletzten Gefühle gegen sich selbst anzuwenden. Nachdem Ihr Anlageberater bei der Bank Ihnen mitteilt, daß Sie den Kredit, den Sie beantragt haben, nicht bekommen, nörgeln Sie an sich herum, weil Sie nicht reich sind, weil Sie Ihr Geld verplempern oder weil Sie kein Vermögen geerbt haben. Nachdem Sie, ohne zu schauen, aus einer Seitenstraße herausgeprescht sind und beinahe in ein entgegenkommendes Auto hineingefahren wären, haben Sie Gelegenheit, sich selbst zusammenzustauchen, weil Sie mit den Gedanken woanders waren. Oder Sie fühlen sich ängstlich wegen einer bevorstehenden Prüfung und machen sich ununterbrochen Vorwürfe, weil Sie nicht früher mit dem Lernen begonnen oder sich intensiver darauf vorbereitet haben.

Neben all dem, was Sie gerade fühlen oder zu fühlen vermeiden, gibt es noch den mit dieser Manie verbundenen Kick. Die Intensität, die Sie dann erleben, ist die körperlich spürbare, chemische Reaktion darauf, daß Sie sich im Geiste auspeitschen. Die Negativität fühlt sich zwar nicht gut an, der Kick aber schon.

Als nächstes wollen Sie sich wahrscheinlich besser fühlen, da Sie ja sich selbst auf ausgesprochen aggressive Weise Schmerz zugefügt haben. Der Wunsch, sich besser zu fühlen, kann verschiedene Formen annehmen: die Suche nach dem Vergnügen, das Vermeiden von Schmerz, den Wunsch, sich zu betäuben, sich stimulieren zu lassen, sich in Euphorie zu versetzen. Der normale Mensch unternimmt etwas, um diesen Zustand des Unwohlseins zu überwinden. Hierbei kann es sich um eine bewußte oder unbewußte Entscheidung handeln. Die Handlung mag spontan oder vorher überlegt sein; doch in der Regel geht sie aus dem Wunsch hervor, den augenblicklichen Zustand zu verändern. In der Praxis sieht das dann so aus, daß Sie beschließen, sich in eine Aktivität zu stürzen, sich einem Verhalten oder einer Stimmung hinzugeben oder irgendeine Substanz einzunehmen, die Ihre Stimmung verändert. Also machen Sie einen Spaziergang, sehen fern, rauchen eine Zigarette, trinken ein Glas Wein, essen etwas Süßes oder nehmen irgendeine Droge, vom Aspirin bis hin zum Marihuana, vom Valium bis hin zum Kokain. Ihre Stimmung ist verändert, Sie fühlen sich anders, und vielleicht sogar besser, zumindest vorübergehend. Ob Sie sich nun betäubt oder zufrieden, ruhig oder high oder euphorisch fühlen – das Wesentliche ist, daß Ihre Stimmung bzw. Ihr Zustand jetzt anders ist als vorher. Eine Zeitlang ist die Welt in Ordnung.

Irgendwann läßt die Wirkung der stimmungsverändernden Substanz jedoch nach, und wahrscheinlich kehren nun ähnliche Gefühle zurück wie diejenigen, die Sie zur Einnahme der Substanz trieben. Dann können Sie sich selbst dafür kritisieren, daß Sie Ihre Stimmung auf diese schmähliche Weise verändert haben. In dieser Phase ist man »down«. Indem Sie sich wegen Ihrer gegenwärtigen Verfassung ausschimpfen, stürzen Sie wahrscheinlich weiter abwärts in eine immer tiefer werdende Depression. Jetzt gelangen Sie vielleicht an den Punkt, wo Sie wieder zu einer Substanz greifen, um Ihre Stimmung zu verändern. Es mag die gleiche oder eine andere Substanz sein, doch da Sie sich jetzt noch schlechter fühlen als vorher, brauchen Sie nun etwas, was Ihren Zustand bedeutend verändert.

Es handelt sich um einen Teufelskreis. Sie beschimpfen sich dafür, wie Sie sind, was Sie gemacht haben oder was Sie machen könnten. Sie fühlen sich schlecht, Sie wollen dieses Gefühl loswerden. Sie unternehmen etwas, um das Gefühl zu ändern, und machen sich dann deswegen Vorwürfe. Jedesmal, wenn Sie sich selbst attackieren, erleben Sie einen Kick: Sie fühlen sich paradoxerweise deswegen gut, weil Sie sich so schlecht fühlen. Sie sitzen in der Falle, und Sie gewinnen nur, wenn Sie verlieren.

Da es sich beim Negaholismus um einen subtilen und heimtückischen Prozeß handelt, ist es ganz entscheidend, daß Sie die subtilen und heimtückischen Wege, auf denen er sich in Ihr Leben hineinschleicht, durchschauen. Sie müssen auf der Hut sein, damit er Sie nicht dann erwischt, wenn Sie es am allerwenigsten erwarten. Sie müssen vor dem Negaholismus in all seinen vielfältigen Variationen auf der Hut sein, damit Sie keine bösen Überraschungen erleben.

Der Überfall aus dem Hinterhalt

Sie laufen heiter und vergnügt durch die Stadt, kümmern sich um Ihre Angelegenheiten und erfrauen sich am schönsten Wetter, und *bum!* – hinterrücks überkommt es Sie. Völlig unerwartet, ohne jegliche Vorwarnung werden Sie von einem Anfall von Negativität überfallen. Vielleicht werden Sie mit zurückgehaltener Munition aus der Vergangenheit beschossen, vielleicht sind es nur momentane Gefühle der Unsicherheit, die Sie angreifen; jedenfalls handelt es sich um einen regelrechten Überfall aus dem Off.

Vielleicht erinnern Sie sich an die Filmreihe *Der rosarote Panther* mit Peter Sellers in der Hauptrolle, und zwar an die Szenen, in denen ein asiatischer Dienstbote namens Kato dem Inspektor Clouseau in seiner Wohnung auflauerte. Jedesmal, wenn der Inspektor zur Tür hereinkam, wurde er von Kato, dem karatebesessenen Dienstboten, überfallen. Bei bestimmten Menschen lauern negative Gedanken, mit Kato vergleichbar, in einem Hinterhalt und warten nur auf den richtigen Zeitpunkt, um sie zu überrumpeln. Für solche Überfalle sind Sie vielleicht frühmorgens, vor dem Aufstehen, am ehesten anfällig. Die Sonne scheint, die Vögel zwitschern, und auf Ihren Kopf prasseln die Bomben herab, bevor Sie überhaupt richtig wach sind.

Ich glaube, mir geht's zu gut

Diese Variante ist noch heimtückischer. Nehmen wir z.B. an, Ihr Leben beginnt, einen richtig guten Lauf zu nehmen. Sie haben gerade Ihren Traumjob ergattert und eine Gehaltserhöhung noch dazu – Sie können es kaum fassen, ein Traum ist Wirklichkeit geworden. Außerdem hat eine gute Freundin eben angerufen, um Ihnen mitzuteilen, daß sie für längere Zeit verreist, und ob es Ihnen etwas ausmachen würde, solange in ihrer wunderschönen Wohung zu wohnen und darauf aufzupassen. Und, als ob das nicht schon genug wäre, haben Sie jetzt endlich eine Verabredung mit der bestimmten Person, für die Sie sich schon seit über einem Jahr interessieren. Sie freuen sich über Ihr Leben, Ihre Freunde, über alles, was gerade läuft. Fangen Sie jetzt an, sich darüber Sorgen zu machen, was alles schiefgehen könnte? Beginnen Sie, an Ihrer Wirklichkeit zu zweifeln, und das Gefühl zu entwickeln, die Dinge liefen einfach ein bißchen zu gut? Werden Sie argwöhnisch, warten Sie auf den nächsten Dämpfer? Stellen Sie die Gültigkeit der gegenwärtigen Entwicklung in Frage? Fragen Sie sich, wessen Leben Sie nun eigentlich führen, da es mit dem Ihren keine Ähnlichkeit mehr aufweist? Ertappen Sie sich dabei, daß Sie jetzt Sprüche klopfen wie: »Warte nur ab, demnächst wirst du bestimmt nach Sibirien versetzt«, oder »Die Wohnung wird sicher ausgeraubt, während du darauf aufpaßt«? Beginnen Sie, kleine Dummheiten anzustellen, um Ihren Erfolg zu untergraben? Fällt es Ihnen schwer zu akzeptieren, daß Sie wirklich ein glückliches, erfülltes Leben haben können mit allem, was Sie sich je gewünscht haben? Haben Sie eine vorgefertigte Meinung darüber, wie schön Ihr Leben werden könnte?

Ich armer Tropf!

Sie wissen einfach nicht, was mit Ihnen los ist. Sie sind nicht krank, und alles scheint bestens zu laufen. Sie können sich eigentlich nicht beklagen, aber irgendwie sind Sie nicht in Form. Sie fühlen sich ein bißchen flau und wissen nicht, ob Sie lieber zum Arzt, zum Psychiater, zum Friseur oder einfach nur ins Schwimmbad gehen sollen.

Dieses flaue Gefühl ist oft nur der Anfang. Seien Sie davor auf der Hut! Bevor Sie beginnen, sich psychologisch zu analysieren und sich dann heruntermachen, weil Sie nicht so sind, wie Sie sein sollen (nämlich perfekt!), versuchen Sie doch erstmal etwas anderes. Geben Sie sich doch einmal die Erlaubnis, genauso zu sein, wie Sie sind. Sagen Sie sich vor, daß es ganz in Ordnung ist, nicht blendend oder sprühend oder ganz obenauf zu sein. Ziehen Sie es in Erwägung, sich einmal einfach so sein zu lassen, wie Sie sind, ohne an sich herumdoktern, -manipulieren oder -analysieren zu müssen. Möglicherweise erwartet Sie eine Überraschung.

Der Angstanfall

Sally hat sich gerade entschieden, Brad zu heiraten. Sie ist aufgeregt und glücklich, sie freut sich auf die vielen schönen Momente, die sie gemeinsam verbringen werden, malt sich aus, wie sie zusammen, Hand in Hand, durch Blumenwiesen laufen. Sie sieht sich vor dem Kamin sitzen, mit leiser, romantischer Musik im Hintergrund und dem Duft frischgebackenen Brotes aus der Küche. Nachdem sie aus ihrem Wachtraum zurückgekehrt ist, geht sie zum Briefkasten, um die Post zu holen, und sieht einen an Brad gerichteten Brief vom Gerichtsvollzieher. Sie gerät sofort in Panik.

Sofort fängt sie an, die allerschlimmsten Möglichkeiten durchzuspielen. Was ist, wenn er in schweren finanziellen Nöten steckt? Was ist, wenn er sich in einem falschen Licht dargestellt hat und gar nicht der ist, für den er sich ausgegeben hat? Was ist, wenn er ein Schmarotzer ist? Was ist, wenn er mich nur meines Geldes wegen heiraten will? Was ist, wenn er nur jetzt während unserer Verlobung so ein Engel ist und sich später, wenn wir verheiratet sind, als Monster entpuppt? Was ist, wenn er in Wirklichkeit einer dieser widerwärtigen Kerle ist, die den ganzen Tag herumhocken und Bier saufen, nie mithelfen und ständig bedient werden wollen, und ich sitze dann in der Falle? O Gott, was ist, wenn das der schlimmste Fehler meines Lebens wird? Was soll ich bloß machen?

So etwas nennt sich »Angstanfall«, und er kann einen immer dann überkommen, wenn ein bestehender Zweifel die geringste Unterstützung erfährt.

Die »Ja, aber...«-Krankheit

Emily freute sich sehr auf ihre kommende Reise nach Europa. Sie malte sich aus, was ihr für tolle Erlebnisse bevorstanden, und konnte ihren Abflug kaum noch erwarten. Während einer Unterhaltung mit ihrer Schwiegermutter Dorothea fing sie aber an, sich Sorgen zu machen. Dorothea sprach von einem Geiseldrama und darüber, wie gefährlich überhaupt die ganze Situation in Europa sei. Sie erzählte Emily, daß jeden Moment der Krieg ausbrechen könnte.

Emily geriet in Panik; kaum hatte sie beschlossen, die Reise zu unternehmen, wurde sie infolge des Zuredens von Dorothea von der »Ja, aber...«-Krankheit gepackt.

»Ja, aber...« wir werden vielleicht als Geiseln genommen!

»Ja, aber...« wir sehen unsere Familie vielleicht nie wieder!

»Ja, aber...« wir werden vielleicht umgebracht!

Die »Ja, aber...«-Krankheit hatte zugeschlagen und Emilys ganze zauberhafte Vorstellung davon, wie sie, Cappuccino schlürfend und frische Croissants verspeisend, sich auf einer südlichen Piazza sonnte, zerschmettert. Ihre Stimmung freudiger Erwartung stürzte schlagartig in den Abgrund.

Bei der »Ja, aber...«-Krankheit ist es, als hätte man kleine, Pac-Man-ähnliche Geschöpfe im Kopf, die sämtliche positiven Ideen und Vorstellungen gierig auffressen. Gleichzeitig krallen sich diese kleinen Biester auch an der schlimmstmöglichen Situation fest, die sich ereignen könnte, und blähen sie über alle Maße auf. Wenn Sie sich für etwas entscheiden, erleben Sie zuerst den Rausch der Aufregung, dann das Verträumte der darauffolgenden Phantasievorstellung, dann aber eine alarmierende Dosis Realität. Wenn Sie davon ergriffen werden, dann ist bei Ihnen die »Ja, aber...«-Krankheit bereits voll ausgebrochen.

Ich kann mit niemandem darüber reden, es ist mir zu peinlich

»Ich will niemanden sehen. Mit geht es so schlecht, und niemand soll es wissen. Wenn ich mich bloß in irgendein Loch verkriechen und sterben könnte,« sagte Lily, im Sessel zusammengesackt. Sie hielt sich selbst für die schlechteste Gesellschaft, so daß sie sich niemandem zumuten wollte. Lily hatte gerade einen schlimmen Tag und fühlte sich völlig niedergeschlagen. Sie haßte ihren Job, ihren Chef und die Tatsache, daß sie pendeln mußte. Sie spürte gar nicht, wie sehr sie vom negativen Denken beherrscht war. Sie merkte nicht, daß die »Negativlinge« in ihrem Kopf ihr regelrecht die Sicht versperrten. Sie war so deprimiert über ihr eigenes Leben, daß sie kaum irgendeine Freude hereinließ; psychisch gesehen ging sie in Sack und Asche. Es war sogar schon so schlimm um sie bestellt, daß sie keinen menschlichen Kontakt wollte. Ihr war es zu peinlich, die Hand danach auszustrecken. Sie schämte sich, sich in dieser Verfassung bei irgend jemandem blicken zu lassen.

Wirf mir einen Rettungsring zu, ich gehe unter!

Vor einem solchen Zustand müssen Sie besonders auf der Hut sein. Wenn Sie dabei sind unterzugehen, müssen Sie nach Hilfe rufen. Dann kann jemand, der sich auf trockenem Fuße befindet, Ihnen einen Rettungsring zuwerfen und Sie an Land ziehen. Wenn Sie nicht rufen, weiß vielleicht niemand, daß Sie in Nöten sind, und aufgrund Ihres Schweigens werden Sie womöglich übersehen. Für Ihre Gesundung ist es unerläßlich, daß Sie ein Familienmitglied, einen Freund oder einen Therapeuten um Hilfe bitten. Vergessen Sie Ihren Stolz und strecken Sie Ihre Hand nach Hilfe aus, ganz gleich, wie schlecht Sie sich fühlen. Gute Freunde sind nicht nur da, wenn es Ihnen gut geht; sie sind auch für Sie da, wenn Sie in schlechter Verfassung bzw. krank sind und sie brauchen.

Im nächsten Kapitel erfahren Sie einiges über verschiedene Techniken und Werkzeuge, die sich bei der Bekämpfung negativer Gedanken als wirksam erwiesen haben. Damit können Sie Ihren eigenen persönlichen Werkzeugkasten zusammenstellen, mit lauter Mitteln, die Sie erfolgreich im Kampf gegen die Negativität einsetzen können.

Kapitel 7

Mittel gegen die Selbstquälerei

Die Überwindung der Selbstquälerei ist ein langwieriger Prozeß, der Ihre tägliche Aufmerksamkeit erfordert, wahrscheinlich für den Rest Ihres Lebens. Dabei geht es darum, jeden Tag für sich zu nehmen; nur so begibt man sich auf den Weg zur psychischen Gesundheit, zum emotionalen Wohlergehen und zu einem glücklichen, stabilen, produktiven Leben. Es gibt verschiedene Techniken und Werkzeuge, die Sie jeden Tag aktiv anwenden müssen, um diesen Prozeß in Gang zu setzen. Jedes Werkzeug ist darauf ausgelegt, Ihnen dabei zu helfen, eine grundlegend positiv ausgerichtete Beziehung zu Ihrem Selbst aufzunehmen, auszubauen oder weiter zu stärken. Alle in diesem Buch beschriebenen Werkzeuge funktionieren wirklich. Seit über fünfzehn Jahren leisten sie für Tausende von Menschen in den Vereinigten Staaten gute Dienste. Doch damit sie ihren Zweck erfüllen, müssen Sie sie auch wirklich anwenden. Legen Sie Ihre Vorurteile beiseite; stempeln Sie die hier beschriebenen Methoden nicht als simpel ab. Diese Mittel sind einfach, leicht, fast zu elementar, als daß man sich vorstellen könnte, daß sie wirklich funktionieren. Und doch funktionieren sie, probieren Sie sie doch einfach einmal aus und stellen Sie es selbst fest. Schließlich ist die Selbstquälerei in ihren Methoden auch nicht besonders subtil, oder?

Worauf es wirklich ankommt, sind Ihre Einstellung und Ihr Wille, aus alten Verhaltensmustern auszubrechen und sie zu überwinden. Belassen Sie es nicht bei der bloßen Theorie; praktizieren Sie die Techniken, probieren Sie sie aus, als wären es Kleidungsstücke. Wenn Ihnen die Paßform gefällt, ziehen Sie sie öfters an. Passen sie nicht zu Ihnen, dann legen Sie sie ab. Seien Sie experimentierfreudig!

Der Glaube an sich selbst

Sie müssen unbedingt daran glauben, daß Sie Ihre psychische Abhängigkeit von negativen Denkweisen überwinden können und werden. Sie müssen sich selbst die Erlaubnis erteilen, »unvollkommen« zu sein, und begreifen, daß Sie auch gelegentlich Rückschläge erleben werden. Bei solchen Rückschlägen müssen Sie andere um Unterstützung bitten und bedenken, daß Sie gegen ein Verhalten angehen, das sich vor langer Zeit bei Ihnen einschlich, sich im Verlauf vieler Jahre verstärkte und schließlich zur Gewohnheit wurde. Eingefahrene Gewohnheiten können Sie nicht über Nacht ändern, und es wäre auch unfair, dies von sich zu erwarten.

Die »Anerkennungsliste«

Jeden Abend, bevor Sie ins Bett gehen, sollten Sie auf einem Zettel mindestens zehn Dinge notieren, die Sie an dem Tag vollbracht haben und für die Sie sich loben können. Machen Sie es sich wirklich deutlich, daß Sie sich über Ihre Leistungen freuen.

- Notieren Sie sämtliche »großen« Leistungen, dann die mittelgroßen, und vergessen Sie auch die kleinen nicht. Wenn Sie finden, daß Sie an einem bestimmten Tag nicht viel fertiggebracht haben, stellen Sie das bißchen, was Sie dennoch geschafft haben, in den Vordergrund, und übersehen Sie dabei auch die kleinen Dinge nicht.
- Konzentrieren Sie sich auf Ihre tatsächlichen Leistungen und nicht auf das, was Sie nicht geschafft haben. Selbst wenn Sie sehr wenig gemacht haben, suchen Sie nach den kleinen Dingen. Möglicherweise müssen Sie mit solchen Aktivitäten beginnen wie Duschen, Zähne putzen, Haare kämmen, rasieren...
- Suchen Sie irgendeine Leistung, und sei sie noch so klein, für die Sie sich lobend anerkennen können. Und fangen Sie wirklich sofort damit an.

Bilanz ziehen: positiv/negativ

Eine solche Bilanz ist eine nahe Verwandte der oben erwähnten »Anerkennungsliste«. Diese Aufstellung hilft, eine bessere Perspektive zu gewinnen. Das Erstellen einer Liste von Dingen, über die Sie sich freuen können, und einer Liste von Dingen, über die Sie sich Sorgen machen können, hilft, den richtigen Ausgleich zu finden. Wenn Sie Gefahr laufen, aus dem Gleichgewicht zu geraten, kann es Ihnen oft helfen, sich daran zu erinnern, daß es auch ein paar Lichtblicke gibt. Wenn Sie dabei sind, sich auf das Negative zu fixieren, ziehen Sie Bilanz und versuchen Sie, Ihre Gesamtsituation etwas klarer zu sehen.

Morgendliche Streicheleinheiten

Wenn Sie morgens im Badezimmer sind:

- Sehen Sie dreißig Sekunden lang in den Spiegel. Beobachten Sie sich nicht. Kritisieren Sie sich nicht. Untersuchen Sie nicht Ihre Haut, Ihre Haare, Ihre Augenbrauen, Ihre Zähne.
- Fühlen Sie sich einfach in Frieden mit sich selbst, indem Sie sich selbst in die Augen blicken.
- Fühlen Sie alles, was an Gefühlen hochkommt.
- Beobachten Sie, um was für Gefühle es sich handelt.
- Nach Ablauf der dreißig Sekunden sagen Sie sich diese oder ähnliche Worte: »Hallo Liebes!« (Sie können natürlich auch ein anderes Kosewort verwenden, doch es ist wichtig, daß Sie Ihrer Zuneigung und Ihrem Wohlwollen sich selbst gegenüber Ausdruck verleihen.) »Mach dir keine Sorgen. Du kannst mit mir rechnen. Wir beide halten zusammen.« Sie können jeden Satz einzeln oder alle Sätze an einem Stück sagen. Selbst wenn Sie nur »Hallo Liebes!« sagen, ist das schon ein guter Anfang. Nach und nach können Sie andere Aussagen hinzufügen, mit denen Sie sich wohl fühlen. Worauf es ankommt ist, daß Sie sich die dreißig Sekunden Zeit nehmen, um mit sich in Verbindung zu treten. Machen Sie es

morgens, wenn Sie aufstehen, und abends als letztes, bevor Sie ins Bett gehen. Falls Sie vergeßlich sind, hängen Sie einen kleinen Zettel an den Badezimmerspiegel.

Streßbewältigung im Alltag

Probleme im Umgang mit Streß haben mit einer Störung des Selbstbilds zu tun. Ausgeglichen sein bedeutet, die Situation im Griff haben, sich der Herausforderung gewachsen fühlen, sich kompetent fühlen, die anstehenden Aufgaben zu bewältigen. Wenn Sie sich ausgeglichen fühlen, wissen Sie, daß Sie über die nötigen Fertigkeiten, Fähigkeiten und über genügend Motivation verfügen, um das Erforderliche zu tun. Wenn Sie dieses Gefühl des Selbstvertrauens und der Kompetenz haben, bestärkt das Ihr Selbstbild bzw. Ihr Selbstwertgefühl.

Fühlen Sie sich hingegen unfähig oder nicht ausreichend gewappnet, mit den unmittelbar anstehenden Herausforderungen fertigzuwerden, dann fühlen Sie sich allgemein weniger selbstbewußt und kompetent. Ihr Selbstwertgefühl ist angeschlagen. Wenn Sie sich unfähig oder unzulänglich fühlen, belastet es Sie psychisch und physisch.

Streß = aus dem Gleichgewicht geraten sein = psychisches und physisches Trauma; Sie sind nicht mehr Herr der Lage, fühlen sich nicht mehr den anstehenden Aufgaben oder Herausforderungen gewachsen.

Die Entwicklung, die Förderung und die Verstärkung des Selbstwertgefühls sind wichtige Aspekte der Streßbewältigung und absolut unvereinbar mit Zuständen, die in hohem Maße vom Streß geprägt sind. Der Streß überfällt Sie immer dann, wenn Sie ihn am allerwenigsten erwarten. Sie sind so vertieft in das, womit Sie sich gerade beschäftigen, daß Sie sich selbst, Ihre Bedürfnisse und Ihr eigenes Wohlergehen völlig aus den Augen verlieren. Wenn dieser Zustand eintritt, sind Sie vom Streß wie in Beschlag genommen. Plötzlich ist er überall, und Sie haben ihn nicht einmal kommen sehen.

Es bedarf einiger Aufmerksamkeit sowie eines bewußten Umgangs mit dem Streß, um ihn rechtzeitig zu erwischen, bevor er Sie erwischt. Damit Sie ihn in den Griff bekommen, ist es wichtig, daß Sie sich mit Ihren Streßindikatoren vertraut machen – das sind sozusagen Ihre »Gefahrensignale«, mit deren Hilfe Sie eine Krise abwenden können. Es gibt drei Punkte, von denen aus man das Ausmaß von Streß kontrollieren kann. Der erste und erstrebenswerteste ist, daß man ihn präventiv erfaßt und ihm vorbeugt, bevor er sich ausbreiten kann. Wenn Sie sich schon vom Streß haben erwischen lassen, besteht zweitens die Möglichkeit, ihn in der betreffenden Situation abzubauen. Auf diese Weise können Sie dem Schlimmsten vorbeugen. Sind Sie jedoch von den verheerenden Folgen des Stresses erfaßt worden, bleibt Ihnen nichts anderes übrig, als mit ihnen umzugehen. Sie können Ihren Arzt oder einen Spezialisten für Streßbewältigung aufsuchen oder aber einfach nur stimmungsverändernde Substanzen einnehmen.

Es ist wichtig, die Frühwarnsignale zu erkennen, die darauf hinweisen, daß der Streß sich gerade heranschleicht. Lernen Sie die Signale – Ihre Kontrolleuchten – kennen, bevor der Streß ausgelöst wird. Welche Zeichen deuten darauf hin, daß Sie durch Streß belastet sind? Ziehen Sie Ihre Schulterblätter an, kauen Sie an den Fingernägeln, bekommen Sie Kopfschmerzen, rauchen Sie mehr als sonst, kriegen Sie Sodbrennen, tut Ihnen vor lauter Anspannung der Kiefer weh? Bringen Sie schlaflose Nächte zu, oder sind Veränderungen in Ihren Eßgewohnheiten festzustellen – essen Sie zuviel, nur noch sporadisch oder überhaupt nicht mehr? Sichere Anzeichen für Streß sind Veränderungen in den Schlaf-, Eß- oder Sexualgewohnheiten. Andere Zeichen sind Reizbarkeit, Angstzustände oder Wutausbrüche.

In der Übersicht finden Sie einige Tips im Hinblick auf den Streß: wie man ihn feststellt, wie man mit ihm umgeht und was man tun kann, wenn er zum Problem geworden ist. Prüfen Sie einmal diese Liste und identifizieren Sie Ihre eigenen Frühwarnsignale.

Nackenschmerzen
Kopfschmerzen
trockene Kehle
Kurzatmigkeit
Kreuzschmerzen

mit Füßen, Fingern oder Bleistiften trommeln
angespannte Schultern oder Brust
Zusammenbeißen der Kiefer
Herzklopfen

Schwindelgefühle
Atem anhalten
Reizbarkeit, Wutausbrüche
Müdigkeit
übermäßiger Gebrauch von Anregungs- bzw. Beruhigungsmitteln oder Fluchtmechanismen
kalte oder klamme Hände
Veränderungen im Appetit
flaches Atmen
Schlaflosigkeit

Wenn Sie Streß frühzeitig erkennen, können Sie ihn im Keim erstikken. Welches sind Ihre Streßsymptome?

Testen Sie sich selbst, um dem Streß auf die Schliche zu kommen

- Was fühle ich gerade?
- Was will ich?
- Was brauche ich, um wieder das Gefühl zu bekommen, ich habe mein Leben selbst in der Hand?
- Was muß ich jetzt tun, um gut für mich zu sorgen?

Falls der Streß Sie hinterrücks überfällt und Sie nicht mehr losläßt, könnten Sie sich überlegen, ob Sie eine der folgenden streßlindernden Techniken versuchen wollen:

- meditieren
- innehalten und tief ein- und ausatmen
- autogenes Training
- Entspannungsübungen (anspannen, lockern)
- Kassetten anhören
- Energie freilassen
- die eigene Meinung äußern
- die eigenen Gefühle mitteilen
- die eigenen Wünsche kundtun

Nachdem Sie den Streß abgebaut haben, bietet sich Ihnen die Gelegenheit, Ihren ganzen Lebensstil neu zu überdenken:

- Wann erlebe ich den größten Streß?
- In welchen Situationen spüre ich Streß am intensivsten?
- Mit wem?
- Und wo?

Überlegen Sie sich, was Sie in Zukunft tun können, um Streß zu vermeiden. Fragen Sie sich: »Bin ich bereit, jene Lebenssituationen in die Hand zu nehmen, die in mir Streß verursachen? Bin ich bereit, meine Einstellung zu ändern? Will ich die Art und Weise ändern, wie ich auf den Auslöser anspreche? Bin ich bereit, an einem Thema, das ständig wiederkehrt und immer stärker in Erscheinung tritt, zu arbeiten? Zu welchen Veränderungen bin ich *fähig/bereit*?«

Wenn Sie *nicht* fähig oder bereit sind, an Ihrem Lebensstil etwas zu ändern, dann müssen Sie mit den Warnsignalen fertigwerden oder mit den Mitteln und Techniken, wie man mit dem Streß umgehen kann, arbeiten.

Wenn der Streß Sie fest in seinen Klauen hat, wird auch Ihr Selbstwertgefühl angegriffen. Weshalb?

- Sie sind eine bloße Schachfigur, Ihren Lebensumständen hilflos ausgesetzt;
- nach außen hin haben Sie wenig oder keine Kontrolle über Ihre Situation;
- Sie fühlen sich machtlos, Ihre Wünsche zu verwirklichen;
- Sie verhalten sich nur noch restriktiv – als Spielball des Lebens.

Die Selbstachtung entwickelt und verstärkt sich unter folgenden Bedingungen:

- wenn Sie ganz klar wissen, was Sie wollen;
- wenn Sie aus eigenem Antrieb Ihre Wünsche in die Tat umsetzen;
- wenn Sie, von Ihren eigenen inneren Beweggründen, Wünschen, Absichten ausgehend, in Aktion treten;
- wenn Sie Hindernisse überwinden, sich Herausforderungen stellen und das scheinbar Unmögliche Wirklichkeit werden lassen;
- wenn Sie den Maßstäben und Erwartungen, die Sie für sich selbst festgesetzt haben, entsprechen.

Generell ist ein gewisses Maß an Streß für das Funktionieren des Organismus erforderlich, doch ein Zuviel an Streß belastet den Organismus und setzt seine Funktionstüchtigkeit herab. Wenn Sie zuviel Streß erleben, leiden Sie, ob seelisch, psychisch oder körperlich. Wenn Sie genug gelitten haben, wünschen Sie sich eine Linderung. Linderung kommt oft in Gestalt einer stimmungsverändernden Substanz. Vielleicht denken Sie sich: »Ich will mich einfach nur besser fühlen«, oder »Ich will nur, daß der Schmerz nachläßt«, oder »Ich brauche nur einen...« Streß ist der Schlüssel zum Suchtverhalten. Beim Auftreten von Streß werden die Neurotransmitter in Ihrem Gehirn aktiviert. Werden zuviele Neurotransmitter aktiviert, so fühlen Sie sich überreizt und bis an Ihre Grenzen belastet. Das motiviert Sie wiederum dazu, Substanzen einzunehmen bzw. sich Aktivitäten hinzugeben, die den Streß lindern und/oder die Gefühle verändern.

Stimmungsverändernde Substanzen

Wenn Sie sich dabei ertappen, daß Sie im Laufe einer Woche mehr als dreimal die gleiche Substanz einnehmen, fragen Sie sich, ob Sie radikal, mit einem Schlag damit aufhören könnten. Wenn die Antwort ja lautet, stellten Sie sich auf die Probe und nehmen Sie die Substanz zwei Wochen lang nicht ein. Wenn Sie nach Ablauf der zwei Wochen wieder damit anfangen wollen, machen Sie es ruhig, doch testen Sie sich immer wieder auf diese Weise, um mit sich ehrlich zu bleiben. Lautet die Antwort nein, dann sehen Sie sich nach Hilfe von außen um. Wenn es Ihrer Kontrolle entgleitet, wann Sie mit irgendeiner Aktivität anfangen bzw. aufhören oder in welchem Ausmaß Sie sie betreiben, sind Sie von ihr abhängig. Wenn Sie feststellen, daß Sie abhängig geworden sind:

1. Gestehen Sie es als erstes sich selbst ein.
2. Fragen Sie sich, was Sie dagegen unternehmen wollen.
3. Holen Sie sich die Unterstützung eines Freundes bzw. einer Selbsthilfegruppe oder suchen Sie professionelle Hilfe.

Die Wirklichkeit umformulieren, um sie ins rechte Licht zu rücken

Eine Art, wie der Negaholiker seine Sucht auslebt, besteht darin, daß er sich nur auf das Negative konzentriert. Denken Sie an die Geschichte vom Glas, das mit einer bestimmten Menge Wasser gefüllt ist. Je nachdem, wie Sie es betrachten, ist das Glas entweder halb leer oder halb voll.

Die Kunst, die Wirklichkeit umzuformulieren, ist eine Fertigkeit, die man erlernen kann. Dazu nehmen Sie einfach die gegenwärtige Situation, in der Sie sich wie ein unschuldiges Opfer fühlen, und schreiben sie um; jetzt sind Sie der Autor des Szenarios. Sie stellen sich in den Mittelpunkt der Handlung und machen sich zum Protagonisten. Sie tilgen jede Spur von Opfer, Sündenbock oder Märtyrer aus Ihrer Geschichte. Dann erklären Sie, daß bestimmte Ereignisse vorgefallen sind, weil Sie es so wollten, fast als hätten Sie es willentlich heraufbeschworen. Erfinden Sie schließlich Gründe, die das Aufnehmen dieser Szene in Ihren Film rechtfertigen.

Sie entwickeln die Fähigkeit, Situationen, Ereignisse und Umstände in Ihrem Leben so wahrzunehmen, als wären sie mit Absicht so angelegt worden. Sie untersuchen jeden Vorfall auf den darin verborgenen Gewinn.

Eine Klientin namens Lisa beklagte sich einmal: »Ich habe sieben Jahre meines Lebens vergeudet. Ich bin siebenmal umgezogen. Ich habe meinen Job siebenmal gewechselt. Ich bin aus meiner Ehe ausgebrochen. Ich konnte mich für nichts entscheiden. Ich war unstet und unfähig, irgendeine Verpflichtung einzugehen. Ich war verwirrt und zerstreut und verzettelte mich maßlos.«

Ich hakte ein: »Wie fühlen Sie sich, wenn Sie mir in dieser Art von Ihrer Vergangenheit berichten?«

Sie sagte: »Einfach schrecklich. Ich komme mir ganz nutzlos vor und habe eine absolut miese Meinung von mir selbst.«

Ich bat sie, zu erwägen, ob sie ihre Perspektive nicht geringfügig verlagern könnte. Sie wollte wissen, was ich damit meinte.

Ich sagte: »Sagen Sie sich z.B. folgendes: Ich machte jeden Augenblick genau das, was ich wollte. Nachdem ich die Lektionen gelernt hatte, die es dort für mich zu lernen gab, zog ich weiter zur nächsten Lernsituation. Ich erlebte enorm viel; ich experimentierte und bekam soviel vom Leben mit, daß ich mich vital und lebendig fühlte. Ich blieb nie in einer Situation stecken; ich sagte einfach die Wahrheit und ging weiter. Vor allen Dingen blieb ich mir selbst treu.«

Dann fragte ich Lisa, ob diese Fassung stimme.

»Ja, doch, aber so habe ich es nie gesehen!« sagte sie.

Ich machte den Vorschlag, sie solle aufhören, an allem, was sie in der Vergangenheit gemacht hatte, herumzumäkeln und nach der Gültigkeit ihrer Handlungen zu suchen. Dann fragte ich sie, wie sie sich fühlte, nachdem ich ihre Geschichte auf diese Weise umformuliert hatte.

»Ich fühle mich ganz toll! Jetzt bin ich nicht mehr die Verkorkste, sondern plötzlich die Schlaue, die immer die richtigen Entscheidungen getroffen hat.«

Das Argument, das ich am häufigsten in bezug auf das Umformulieren der Wirklichkeit höre, lautet: »Aber das bedeutet doch nur Rationalisieren und Wegerklären. Was nützt das schon? Damit macht man sich doch nur etwas vor. Wenn man etwas wirklich vermasselt hat, muß man lernen, damit zu leben. Man sollte daraus doch keine fromme Platitüde machen.«

Meine Antwort auf diesen Einwand ist einfach: Geben Sie unverhohlen jeden Fehler, Schnitzer oder Patzer zu, den Sie, ob absichtlich oder aus Versehen, verschuldet haben; übernehmen Sie die Verantwortung dafür; ziehen Sie daraus die Lehre, die für Sie darin enthalten ist, dann lassen Sie sie wieder frei und gehen Sie weiter Ihrer Wege. In allen anderen Fällen, in denen Sie auf Ihren »Fehlern« herumreiten, formulieren Sie den Vorfall um und betrachten Sie ihn als genau in den übergeordneten Plan passend. Schließlich sind Sie immer noch hier; wahrscheinlich war der Schaden nicht ganz so groß wie befürchtet, die anderen haben auch überlebt, vielleicht hatte alles letztendlich doch seinen Sinn.

Eine Klientin namens Liz verlor unerwartet ihren Vater. Sie und ihre Geschwister gingen zur Beerdigung und erfuhren danach, daß er sie alle enterbt hatte. Liz war niedergeschmettert. Nicht nur mußte sie mit ihrer Trauer, ihrem Schmerz und dem Verlust fertigwerden, sondern jetzt kamen zu diesen Gefühlen auch noch Verwirrung, Wut und Enttäuschung hinzu. Zwei Jahre lang zerbrach sie sich den Kopf bei dem Versuch zu begreifen, weshalb ihr Vater so gehandelt hatte. Was wollte er damit bezwecken? Schließlich sah sie, daß sie in ihrem Leben richtiggehend festsaß und nicht weiterkam. Auch in ihren Beziehungen zu Männern ging es nicht voran, weil sie ihnen einfach nicht traute. Sie begriff, daß sie zwei Möglichkeiten hatte: entweder sich weiterhin das Hirn zu zermartern wegen irgendeiner Tat, mit der sie möglicherweise ihren Vater befremdet hatte, oder den ganzen Vorfall umzuformulieren und ihn als richtig, angemessen und gerechtfertigt anzusehen. Daran arbeitete sie lange Zeit und stellte schließlich irgendwann einmal fest, daß es ihr in Wirklichkeit sehr viel Stärke gab, das Geld ihres Vaters nicht geerbt zu haben. So hatte sie weder dieses Polster, auf das sie sich verlassen konnte, noch zählte sie auf die Ressourcen eines anderen, um sich das vom Leben zu holen, was sie wollte. Sie beschloß, die Enterbung als Glücksfall für ihr Selbstvertrauen und ihre Fähigkeit, Dinge zu verwirklichen, anzusehen.

Ihre Kindheit neu schreiben

Doch zurück zu Lisa: Für sie war die nächste Übung, sich jede Situation in ihrem Leben vorzunehmen, bei der sie sich auf das Negative, auf die »halb leer«-Sichtweise versteift hatte, und sie so umzuformulieren, daß sie sie von der »halb voll«-Perspektive betrachten konnte. Das galt für Ehen, Scheidungen, Enterbungen, Unterschlagungen, gescheiterte Beziehungen usw.

Lisa wandte ein, ob sie damit nicht bloß ihre damaligen Handlungen rechtfertigte und letztendlich die wahren Ereignisse der Vergangenheit mit einer Zuckerglasur überzöge.

Ich antwortete, indem ich sie fragte, ob es denn weniger gerechtfertigt sei, das Glas als halb voll anzusehen.

Als sie meine Frage mit nein beantwortete, wagte ich den Vorstoß, daß jede Situation zwei Seiten hat und man zwischen den beiden Perspektiven wählen kann. Im Grunde ist es egal, für welche Perspektive man sich entscheidet, denn beide sind wahr. Worauf es ankommt ist, wie man sich selbst sieht.

Dann räumte ich sogar noch die Möglichkeit ein (erklärte ihr jedoch zugleich, daß ich keineswegs dafür eintrat), daß sie diese Übung ausführen könne in bezug auf eine Handlung, die illegal, unmoralisch oder unethisch ist bzw. gegen die goldene Sittenregel verstößt. Für bestimmte Handlungen sollten wir schon Schuldgefühle und Scham empfinden – in erster Linie Handlungen, die andere oder die Gesellschaft verletzen. Dabei möchte ich nicht behaupten, daß diese Schuld oder Scham von Dauer sein sollte oder daß Vergebung und Absolution von Missetaten nicht äußerst erstrebenswert sind, will man ein gesundes Leben führen. Im Gegensatz zu Hester Prynne, der Hauptfigur des im neunzehnten Jahrhundert entstandenen amerikanischen Romans »Der scharlachrote Buchstabe« von Nathaniel Hawthorne, die wegen Ehebruchs verurteilt wurde, müssen Sie nicht für den Rest Ihres Lebens ein rotes »A« auf der Brust tragen.

Diese Übung, Situationen aus Ihrem Leben neu zu formulieren, ist für den Umgang mit jenen Entscheidungen in Ihrem Leben nützlich, die Sie im nachhinein als »schlecht« oder »falsch« verurteilt, sich zum Vorwurf gemacht und als Beweismittel benutzt haben, um sich selbst als unfähig, unwürdig, verrufen oder schlecht anzuprangern. Wie ein Psychologe und sehr guter Freund von mir, Jamie Weinstein, es ausdrückt: »Es ist nie zu spät, eine glückliche Kindheit zu haben!«

Der eigentliche Wert dieser Übung des »Umformulierens« besteht darin, daß sich dadurch Ihre Perspektive von der »halb-leer«- zur »halb-voll«-Sichtweise verlagert. Dann können Sie sich selbst freimachen von den Schuldgefühlen, der Reue und der Selbstbestrafung dafür, sich falsch entschieden oder »es« falsch gemacht zu haben, und sich als den »Star« würdigen, der Sie in Wirklichkeit bereits sind. Diese Vorstellung war für Lisa so schwer zu begreifen, daß sie heftig dagegen wetterte und das Argument vertrat, das liefe allem zuwider, was sie je über Menschenführung gelernt hätte. Sie meinte, wenn sie sich nicht selbst in die Hand nähme, nachdem sie etwas »falsch« gemacht hatte, und das Problem so anginge, daß sie aus ihren Fehlern lernte, dann würde sie höchstwahrscheinlich irgendwann wieder genauso handeln. Mir wurde jetzt klar, daß wir dieser Sache unbedingt auf den Grund gehen mußten, sonst würde sie diese Vorstellung nie akzeptieren. Ich begann mit einem Mini-Lehrgang über die Kunst, sich selbst und andere zu motivieren. Von den vielen verschiedenen Möglichkeiten will ich im folgenden zwei näher erläutern.

Menschenführung durch Angst

Die erste Möglichkeit, sich oder andere zu motivieren, ist die »Knüppel«-Methode. Bei diesem Verfahren versucht man, sich selbst oder andere durch Gewalt, Einschüchterung und Bedrohung zur erwünschten Leistung zu zwingen.

Hinter diesem Führungsstil steckt meist ein verborgener Machtkampf, der in erzwungener Gefügigkeit endet. Das Objekt leistet den Wünschen des »Führers« Folge, und zwar aus Angst vor den Konsequenzen, d.h. meist irgendeiner Form von Bestrafung. Diese Art, Menschen zu motivieren, heißt auch Menschenführung durch Deprivation oder durch Angst vor den Konsequenzen.

Phrasen, die man mit diesem Führungsstil verbinden kann, sind z.B.: »Wenn du nicht ..., dann werde ich ...«, »Mach lieber ..., sonst mache ich ...«, oder »Wenn du auf das Fest gehen willst, dann sieh zu, daß du...« Die Ergebnisse dieses Verfahrens sind meist nur kurzfristig wirksam. Man bringt den anderen zwar dazu, den eigenen Wünschen nachzukommen, doch er macht nur mit, um unliebsame Konsequenzen zu vermeiden, und nicht, weil er es wirklich selbst will.

Menschenführung durch Beteiligung

Bei diesem Verfahren wendet man die »Bestätigungstheorie« an. Zuerst findet man heraus, was Menschen wollen: ihre Präferenzen. Dann ermöglicht man ihnen, ihren Wünschen in einem Ambiente nachzugehen, das ihnen im richtigen Augenblick relevante und sinnvolle Rückmeldungen liefert. Jedesmal, wenn jemand sich so verhält, wie man es wünscht, läßt man ihm bzw. ihr positive und spürbare Bestätigung zukommen, so daß das Verhalten wiederholt wird. Bestätigung bzw. positive Rückmeldung heißt, sich selbst oder anderen zu sagen: »Bravo, mach weiter so. Dieses Verhalten ist erwünscht. Davon wollen wir noch mehr sehen!«

Der Umgang mit sich selbst

Jetzt wollen wir konkret werden und unsere Aufmerksamkeit Ihrer Beziehung zu sich selbst zuwenden. Sie können sich selbst mit Drohungen und Grausamkeiten »steuern« (was Ihnen nicht unbekannt sein dürfte). In diesem Fall haben Sie wahrscheinlich eine bestimmte Grundeinstellung sich selbst gegenüber: Sie sind faul und wollen nicht arbeiten, Sie müssen beschwatzt, genötigt oder gezwungen werden, damit Sie überhaupt etwas zustandebringen. Diese Perspektive veranlaßt Sie, sich wie ein kritischer Elternteil zu verhalten, der ein unartiges Kind immer wieder zurechtweisen muß – eines, das ständig versucht, sich aus seinen Aufgaben im Haushalt herauszuwinden oder das sich ständig aufspielt. Das ist ein Fulltime-Job.

Motivieren, zurechtweisen, sich beklagen, böse sein, schlimme Vorhersagen treffen und letztendlich recht haben in bezug auf diese Nervensäge nimmt viel Zeit und Energie in Anspruch. Im Grunde praktizieren Sie auch hier die »Bekräftigungstheorie«, doch in umgekehrter Richtung. Sie bekräftigen Ihr eigenes negatives Verhalten. Sie richten den Scheinwerfer auf die negativen Aspekte und rufen somit noch mehr desselben Verhaltens hervor. Es ist, als ob Sie Ihr eigenes Zauberlicht hätten, und alles, was Sie damit anstrahlen, wird größer als das Leben selbst.

Motivation durch freie Wahl

Es gibt auch einen ganz anderen Ansatz der selbstgeleiteten Motivation. Er heißt Motivation durch freie Wahl. Diese Art des Umgangs mit sich selbst erfordert große Aufmerksamkeit. Sie bedeutet, sich die Vision von dem, was Sie in Ihrem Leben haben wollen, stets vor Augen zu halten. Sie leiten sich selbst durch Bekräftigung des Positiven, nicht durch Vermeidung des Negativen. Diese Methode ist sanft, liebevoll und fürsorglich. Sie behandelt jeden Ihrer Schritte mit Nachsicht und Ermutigung. Sie gehen auf so positive Weise mit sich um, daß Leute gerne in Ihrer Nähe sind, weil es so angenehm ist.

1. Prüfen Sie Ihre Gefühle und sortieren Sie die Unzahl verschiedenartiger Empfindungen.
2. Stellen Sie fest, was Sie wirklich wollen. Dabei sollten Sie sich nicht so sehr nach Ihrem Ego, Ihren Gelüsten oder Ihren inneren Stimmen richten, sondern nach Ihrem wirklichen Wesenskern.
3. Gestatten Sie sich, sich von Ihren geheimen Wünschen, Hoffnungen und Träumen inspirieren zu lassen.
4. Betrachten Sie all diese Bestrebungen als im Bereich des Möglichen angesiedelt; vertrauen Sie darauf, daß Sie tatsächlich das bekommen können, was Sie sich wirklich wünschen.
5. Unterstützen Sie sich selbst ständig und unablässig durch Anerkennung, Lob usw.
6. Bestätigen Sie jeden Schritt in die Richtung, in die Sie sich bemühen.
7. Halten Sie die Inspiration lebendig und nah an Ihrem Herzen.
8. Bleiben Sie dabei, glauben Sie weiterhin an sich und Ihren Traum, egal was kommt.
9. Stellen Sie Ihre eigene Hilfsmannschaft von Fans zusammen, die Sie aufbauen, wenn Sie sich entmutigt fühlen.
10. Feiern Sie, wenn Sie das erwünschte Ergebnis erreicht haben.

Der »Schlag-Anzeiger«

Um Ihnen zu verdeutlichen, wie dieses Phänomen funktioniert, will ich von einer Fernsehsendung erzählen, die in den fünfziger Jahren in Amerika sehr beliebt war und *Queen for a Day* – »Königin für einen Tag« – hieß. In jeder Folge dieser Sendung, die vor einem Live-Publikum aufgezeichnet wurde, wurden drei Frauen vorgestellt, von denen jede eine rührselige Geschichte zu erzählen hatte, eine verzweifelter und herzzerreißender als die andere. Nach dem Anhören dieser Geschichten entschied das Publikum dann, welche der drei Frauen »Königin für einen Tag« sein sollte. Die Zuschauer im Studio zeigten durch Applaus, welche Frau ihrer Meinung nach die größte Not aufwies. Der Applaus wurde auf einem »Applaus-Anzeiger« aufgezeichnet, der den ganzen Fernsehbildschirm ausfüllte.

Diese Geschichte ist deshalb für uns relevant, weil Sie Ihren eigenen Applaus-Anzeiger im Kopf haben. Darin ist sowohl etwas Positives als auch etwas Negatives zu sehen. Das Gute ist, daß Sie ein inneres Meßgerät haben, das ganz automatisch Beachtung oder Aufmerksamkeit von außen registriert. Das Schlechte ist, daß das Gerät nicht zwischen positiver und negativer Beachtung differenzieren kann. Es handelt sich also um ein fehlerhaftes Meßgerät, das nicht zwischen Applaus und Buhrufen, zwischen Bravos und faulen Eiern unterscheiden kann. Es spricht einfach auf Geräusche an, und zwar je lauter, desto besser. Der Applaus-Anzeiger kann zum »Schlag-Anzeiger« werden, der nur noch die Schläge mißt, die Sie sich selbst austeilen. Sehen wir uns ein paar konkrete Beispiele aus dem Alltag an:

Beispiel 1: Sie haben Ihr Bett gemacht. Anzeige auf dem Applaus-Schlag-Anzeiger: null. Ihr innerer Komentar geht etwa so: »Na und? Dein Bett sollst du ja *immer* machen. Keine Punkte!«

Beispiel 2: Sie haben gerade eine Aktion beendet, bei der Sie 25 Briefe verschicken mußten. Anzeige auf dem Applaus-Schlag-Anzeiger: null. Ihr innerer Kommentar: »Es ist ja auch Zeit! Diese Aktion hätte schon vor zwei Wochen fertig sein sollen. Jetzt hast du es jedenfalls hinter dir.«

Beispiel 3: Sie haben ein Forschungsprojekt fertiggestellt, das Ihnen schon lange bevorstand. Anzeige auf dem Applaus-Schlag-Anzeiger: null. Ihr innerer Kommentar: »Jetzt kannst du endlich den Bericht schreiben, den du schon so lange vor dir herschiebst – und vergiß nicht die anderen zehn Projekte, die auf dich warten, wenn du mit diesem fertig bist!«

Möglicherweise sind null Punkte zu wenig, und Sie sind positiver, als ich vermutet habe. Vielleicht hätten Sie sich 10 oder 25 oder sogar 37 Punkte für jede der obengenannten Leistungen gegeben. Wenn Sie sich für irgendeine Leistung 50 oder mehr Punkte gegeben hätten, dann wären Sie ziemlich gut drauf. Jetzt wollen wir aber sehen, was passiert, wenn wir die Stimuli geringfügig ändern:

Beispiel 1: In Ihrem Schlafzimmer ist das Chaos ausgebrochen – das Bett ist nicht gemacht, die Kleider sind überall durch das ganze Zimmer verstreut, auf der Kommode liegen stapelweise Zeitschriften herum. Anzeige auf dem Applaus-Schlag-Anzeiger: 23. Ihr innerer Kommentar: »Schau dir bloß diesen Saustall an! Du bist ein richtiger Drecksack! Du kannst hier nichts finden, ein Sauladen ist das hier!«

Beispiel 2: Sie haben zwei der Briefe für die Briefaktion fertig gekriegt, und seither ist ein Monat vergangen. Anzeige auf dem Applaus-Schlag-Anzeiger: 45. Ihr innerer Kommentar: »Ich kann es einfach nicht fassen, daß du es nicht einmal schaffst, 25 läppische Briefe loszuschicken. Was ist schon dabei? Wieso machst du soviel Aufhebens darum? Es ist einfach lächerlich! Es ist unmöglich mit dir!«

Beispiel 3: Bei dem Forschungsprojekt, das Sie fertigstellen müssen, sind Sie drei Monate im Verzug, und es ist kein Ende in Sicht. Der Abgabetermin ist schon längst vorbei, und jeden Tag fragt Sie Ihr Chef, was nun mit dem Projekt ist. Sie fühlen sich unruhig, schuldbewußt, ängstlich, besorgt und in verzweifelter Panik, ob Sie es jemals schaffen. Außerdem haben Sie keinen Aktionsplan, nach dem Sie vorgehen wollen, um das Projekt fertigzustellen. Anzeige auf dem Applaus-Schlag-Anzeiger: 75. Ihr innerer Kommentar: »Du hättest nie zusagen sollen, dieses Projekt auszuführen. Du weißt genau, daß du Forschung auf den Tod nicht leiden kannst. Du wußtest schon von vornherein, daß du es nicht packen würdest. Wieso hast du einem Projekt zugesagt, von dem du wußtest, daß du es nie wirklich ausführst? Wie dumm kann man nur sein? Du sagst zu allem ja, worum man dich bittet, nur um nett zu sein und damit alle dich mögen. Jetzt sitzt du in der Falle, und es gibt keinen Ausweg. Jeder wird merken, daß du keine Ahnung hast. Du wirst wie ein Idiot dastehen. Alle werden dich hassen, weil du sie im Stich läßt. Du bist das schwache Glied in der Kette. Wie peinlich! Wirst du es jemals lernen? Gott, bist du blöd!«

Fügen wir als Glücksbringer noch ein Beispiel hinzu:

Beispiel 4: Sagen wir, Sie hätten Ihre Autoschlüssel im Auto eingeschlossen. Anzeige auf dem Applaus-Schlag-Anzeiger: 100. Ihr innerer Kommentar: *»Du Idiot! So einen Trottel habe ich in meinem Leben noch nie gesehen! Wo warst du nur mit den Gedanken? Und das auch noch bei laufendem Motor!«*

Merken Sie, wie Sie mit sich umgehen? Wenn Sie Verhaltensweisen an den Tag legen, die erwünscht sind, reagieren Sie ganz lässig, nehmen es als selbstverständlich hin, gehen davon aus, daß ein solches Verhalten ja von Ihnen erwartet wird. Wird ein bestimmtes Verhalten erwartet, tun Sie so, als ob keinerlei Bestätigung oder Bekräftigung erforderlich sei.

Verhalten Sie sich in einer Weise, die unerwünscht ist, dann werden Sie zum strengen Zuchtmeister, der Sie kritisiert, verurteilt, abwertet und heruntermacht. Ihr Applaus-Schlag-Anzeiger sendet ein Signal zum Gehirn, das besagt: »Verhalte dich weiter so, denn die Anzeige ist hoch.« Vergessen Sie nicht: Zwischen positiver und negativer Aufmerksamkeit, d.h. zwischen Applaus und Peitschenhieben, wird gar nicht unterschieden. Dieses Meßgerät spricht lediglich auf Geräusche an. Jedes vernehmbare Geräusch registriert es als Aufmerksamkeit. Bei jeder solchen Anzeige wird dem Gehirn folgende Botschaft vermittelt: »Das war jetzt gut, mach weiter so.«

Sie haben sich in eine schöne Zwickmühle gebracht. Hier gewinnen Sie wieder nur, wenn Sie verlieren. Wann bekommen Sie überhaupt eine positive Rückmeldung? Höchst selten, wenn überhaupt; wahrscheinlich jedoch nie. Die Devise lautet: Nur weiter antreiben und Druck ausüben, bloß kein Zuckerbrot austeilen, sonst wird man übermütig und macht bei der Arbeit schlapp. Gibt man Ihnen den kleinen Finger, nehmen Sie die ganze Hand.

Um den Prozeß umzukehren, müssen Sie eine Verhaltensweise annehmen, die Ihnen in höchstem Maße ungewohnt sein wird. Sie müssen um die Dinge, die Sie zustande gebracht haben, viel Aufhebens machen, egal wie unwichtig sie erscheinen mögen. Gleichzeitig müssen Sie die Anerkennung von Verhaltensweisen, die unerwünscht sind, abbauen. Mit anderen Worten, Sie schenken Ihren Pleiten keine große Beachtung. Sie nehmen sie zur Kenntnis, doch Sie stellen sie nicht ins Rampenlicht oder posaunen sie über einen Lausprecher aus. Beachten heißt beobachten, und nicht mehr.

»Hmmmmmmmmmm«

Das geht dann etwa so: »Hmmmmmmmmmmmmmmm, ist es nicht interessant, daß ich mich im Moment offensichtlich dagegen sperre, meine Korrespondenz zu erledigen? Warum mache ich das wohl? Was kann ich aus diesem Verhalten über mich lernen? Was kann ich tun, um die Situation zu korrigieren? Was benötige ich, um diese Aufgabe zu bewältigen? Gibt es irgendetwas, was ich langfristig tun sollte, um dieser Situation in Zukunft vorzubeugen?« oder »Hmmmmmmmmmm, ich stelle fest, daß ich mit meinem Projekt nicht weiterkomme, und jetzt ist der Abgabetermin schon verstrichen. Hier geht doch bestimmt etwas vor sich, woraus ich etwas lernen kann. Anstatt mich über die Situation oder mich selbst aufzuregen, würde ich wohl lieber etwas lernen, was mir in ähnlichen Situationen in der Zukunft helfen würde. Diese hier schaue ich mir jetzt genau an. Ursprünglich wollte ich das Projekt ja machen. Im Laufe der Zeit übernahmen aber andere, wichtigere Anliegen den Vorrang. Ich glaube, ich muß in meinem Kalender feste Zeiten einplanen, damit ich es jetzt erledige. Zweitens fühle ich mich von der Fülle des Materials, das ich lesen und in mich aufnehmen muß, um dieses Projekt durchzuführen, erschlagen. Ich glaube, ich muß es in kleinere Happen einteilen und die Happen dann in meinen Zeitplan einbauen. Diese beiden Schritte nehme ich mir jetzt sofort vor.«

Ob Sie den Applaus-Schlag-Anzeiger zu Ihrem Vorteil einsetzen oder ob er völlig verrückt spielt, hat damit zu tun, wie Sie mit Ihren Ressourcen umgehen und sie für sich arbeiten lassen. Aus Ihrem

Verhalten lernen ist etwas ganz anderes als sich deswegen fertigmachen, weil Sie das, wozu Sie sich verpflichtet haben, nicht erledigt haben. Sie müssen zusehen, daß Sie Ihre Bestätigung für solche Verhaltensweisen bekommen, die Sie in der Richtung weiterbringen, in die Sie gehen wollen. Solche Verhaltensweisen, die Sie in die falsche Richtung führen, sollten Sie erst einmal beobachten, dann eine Strategie dafür entwerfen und aus ihnen lernen.

Selbstvertrauen

Es ist eben die Frage: Wie fühlen Sie sich in bezug auf sich selbst? Wahrscheinlich nicht gerade wie das As, das Sie in Wirklichkeit sind. Vielleicht fühlen Sie sich schuldig, traurig, reumütig, wie ein Versager, sogar ohne Hoffnung. Worauf es letztendlich hinausläuft, wenn Sie so mit sich umgehen, ist, daß Sie einen Keil zwischen sich und Ihr innerstes Selbst treiben; d.h. anstatt mit sich »eins« zu sein, sind Sie mit sich »ent-zwei«. Sie können leicht feststellen, ob Sie mit sich »ent-zwei« sind, wenn in Ihrem Kopf ständig ein innerer Dialog abläuft. Sind Sie mit sich »eins«, herrscht eine innere Ruhe.

Jedesmal, wenn Sie lieblos mit sich umgehen, kratzen Sie am Vertrauen, das Sie sich selbst gegenüber empfinden. Ihr innerstes Selbst ähnelt immer mehr einem geschlagenen Kind, das Angst hat, sich für irgend etwas zu entscheiden, weil es, egal was es wählt, eins aufs Dach kriegt. Um Selbstvertrauen entwickeln zu können, müssen Sie aufhören, sich selbst niederzumachen. Fertig, aus.

Es geht einfach nicht, daß Sie sich im Geiste fertigmachen und gleichzeitig Vertrauen in sich haben. Diese beiden Gegensätze sind absolut unvereinbar.

Selbstvertrauen ist der Grundstein für Selbstbewußtsein und Entscheidungsfindung. Wenn Sie sich selbst nicht vertrauen, können Sie unmöglich voll und ganz hinter dem stehen, was Sie denken, fühlen oder wollen. Deshalb bringen Sie einen Großteil Ihres Lebens in einer Haltung der Unentschlossenheit zu und sind auf Hinweise, Rat und Rückmeldung von anderen Menschen angewiesen, ganz ungeachtet dessen, ob Sie sich letztendlich danach verhalten oder nicht.

Auch nachdem Sie solche Ratschläge erhalten haben, sind Sie sich niemals sicher, ob Sie sich wirklich daran halten sollten, da Sie ja niemals feststellen können, ob sie richtig oder falsch sind. Nach langer, manchmal Wochen, Monate oder sogar Jahre andauernder Unschlüssigkeit treffen Sie endlich eine Entscheidung, doch Sie wissen nie mit hundertprozentiger Sicherheit, ob Sie sich auch richtig entschieden haben. Danach warten Sie erst einmal ab, welchen Verlauf die Sache nimmt. Und unweigerlich stellen Sie irgendwann fest – wie konnte es anders sein? –, daß Sie sich schon wieder falsch entschieden haben! »Wie konntest du nur?« Und so geht es immer weiter.

Der Prozeß der Selbstbestätigung ist eine Möglichkeit, Ihre positive Seite zu bekräftigen. Anstatt die Dinge als gegeben hinzunehmen und sich gelangweilt und blasiert zu verhalten, feiern Sie die kleinen Erfolge des Lebens und machen viel Aufhebens darum. Sie verhalten sich auf diese möglicherweise albern oder aufgesetzt wirkende Weise aus folgenden Gründen:

- um sich zu bestätigten, daß Sie sich selbst vertrauen können;
- um sich zu zeigen, daß Sie hinter den Entscheidungen, die Sie getroffen haben, auch stehen;
- um sich die Zuversicht für die nächste Entscheidung zu vermitteln;
- um Ihren inneren Sinn für Recht und Unrecht zu entwickeln und zu stärken.

Wenn das Vertrauen zerbrochen ist

Vertrauen ist zerbrechlich. Es kann aufgebaut oder aber gebrochen werden. Vertrauen heißt, daran glauben, daß etwas stimmt, jemandes Wort glauben. Wenn Sie mit sich abmachen, daß Sie irgend etwas erledigen, und Ihr Wort nicht halten, bauen Sie Ihr Vertrauen in sich selbst ein Stück weit ab. Jedesmal, wenn Sie ein Versprechen, das Sie sich gemacht haben, brechen, kratzen Sie weiter an Ihrem Selbstvertrauen. Nehmen wir z.B. an, Sie nehmen sich mit den allerbesten Absichten vor, jeden Morgen früh aufzustehen und einen Waldlauf zu machen. Am ersten Morgen fühlen Sie sich jedoch beim Aufwachen unausgeschlafen und sagen sich: »Heute bin ich einfach zu müde. Ich mache den Waldlauf später.« Später laufen Sie dann aber auch nicht, sondern sagen: »Ich lege morgen früh los.« Am nächsten Morgen denken Sie: »Im Moment habe ich zuviel zu tun. Ich warte bis zum Wochenende.« Und so weiter und so fort. Beim vierten Mal hören Sie vielleicht im Geiste: »Klar machst du den Waldlauf, genau wie das letzte Mal, und das Mal davor. Du weißt doch genau, daß du wieder im Bett bleibst. Wem willst du hier etwas vormachen?« Wenn Sie sich verpflichten, etwas zu tun, und Ihre Abmachung nicht einhalten, untergraben Sie Ihr Selbstvertrauen. Sie liefern sich selbst einen weiteren Grund, davon auszugehen, daß Ihr Wort nicht viel zählt. Da Sie Ihr Wort ja tatsächlich oft gebrochen haben, haben Sie das nächste Mal, wenn Sie sich ein solches Versprechen machen, keine Erfolgsliste, die Sie dieser Flut negativer Urteile entgegenhalten könnten. Schließlich stimmen sie ja. Was können Sie da noch sagen?

Es gibt jedoch einen Ausweg aus diesem Schlamassel. Ihr Selbstvertrauen kann nicht über Nacht wieder aufgebaut werden; schließlich wurde es auch nicht über Nacht ausgehöhlt. Wie schon beim Untergraben des Vertrauens muß bei dessen Wiederherstellung schrittweise vorgegangen werden. Jedesmal, wenn Sie mit sich etwas ausmachen, müssen Sie sehr sorgfältig prüfen, ob Sie Ihr Versprechen halten können. Fangen Sie mit kleinen Versprechen an, von denen Sie sicher sind, daß Sie sie einhalten können. Nehmen Sie sich vor, Ihre Zähne zu putzen, und tun Sie es dann auch. Nehmen Sie sich vor, eine bestimmte Person anzurufen, und tun Sie es dann auch. Fangen Sie mit winzig kleinen Schritten an, und bauen Sie langsam auf. Konzentrieren Sie sich auf den Prozeß, Ihr Selbstvertrauen wiederherzustellen, anstatt darauf, ein bestimmtes Ergebnis zu erzielen.

Eine meiner Klientinnen, Mary, brach ständig die Abmachungen, die sie mit sich getroffen hatte. Sie nahm sich z.B. vor, für den Rest ihres Lebens keinen Zucker mehr zu essen. Wenn sie aber wieder einmal zum Essen eingeladen war und es einen leckeren Nachtisch gab, warf sie prompt sämtliche guten Vorsätze über den Haufen. Hinterher ging sie jedoch gnadenlos mit sich ins Gericht. Ich wies darauf hin, daß das Scheitern ihres Vorhabens vorprogrammiert war. Ich sagte ihr, sie täte vielleicht besser daran, sich zunächst einmal für kürzere Zeitabschnitte und nicht gleich für immer und ewig zu verpflichten. Sie könnte sich z.B. vornehmen, einen Abend lang auf Zucker zu verzichten, und am nächsten Tag überprüfen, ob sie sich weiterhin dazu verpflichten wollte. »Für den Rest des Lebens« war für Mary ein unvorstellbarer Zeitraum, und so sagte sie sich: »Ach, so ein kleiner Nachtisch stört doch niemanden. Wenn ich diese Verpflichtung für den Rest meines Lebens einhalten will, dann spielt dieser eine Abend doch keine Rolle.« Sie sabotierte sich selbst mit ihrer eigenen Logik.

Treffen Sie keine Abmachungen, die Sie nicht einhalten können. Wenn Sie absolut sicher sind, daß Sie ein Versprechen halten können, dann können Sie auch die Verpflichtung eingehen. Nachdem Sie Ihr Versprechen eingehalten haben, sprechen Sie sich selbst Ihre Anerkennung dafür aus. Merken Sie, daß Sie die Verpflichtung nicht einhalten können, gehen Sie sie erst gar nicht ein. Es ist besser, weniger Verpflichtungen einzugehen und die wenigen wirklich zu beachten, als viele aufzustellen und sie dann nicht einzuhalten. Vergessen Sie nicht: Es geht hier um Ihr Selbstvertrauen, und das ist leicht zu zerstören und schwer wieder aufzubauen.

Die Beweisliste

Eine Übung, die Ihnen bei der Stärkung Ihres Selbstvertrauens behilflich sein kann, ist die folgende: Führen Sie – eventuell in Ihrem Tagebuch – eine sogenannte Beweisliste. Diese Liste nehmen Sie immer dann zur Hand, wenn Sie sich von Selbstzweifeln oder Ängsten bedroht fühlen. Auf ihr sind verschiedene Gelegenheiten aufgeführt, bei denen Sie das einhielten, was Sie sich vorgenommen hatten, wo Sie der Sieger, der Star waren, wo Sie die Erwartungen, die Sie an sich gestellt hatten, erfüllten. Vertrauen entsteht aus der Zuversicht, daß ein Versprechen – ob von Ihnen oder von einem anderen – eingehalten wird. Um Selbstvertrauen entwickeln zu können, müssen Sie Ihren eigenen Versprechen glauben, sie für bare Münze halten. Sie müssen wissen, daß Sie sich auf sich selbst verlassen können. Sie müssen im Grunde Ihres Herzens spüren, daß Sie sich selbst nicht im Stich lassen.

Motivation durch das Streben nach Ihrem höchsten Selbst

Wie Sie mit sich umgehen, bleibt letztlich Ihnen überlassen; Sie haben die Wahl. Sie können zu Ihren alten Verhaltensweisen der Grausamkeit gegenüber sich selbst zurückkehren und sich mit Hilfe von Bedrohungen, Nötigung und Panikmache in den Griff kriegen, oder Sie können sich für ein neues Verhalten entscheiden. Sie können sich selbst motivieren, indem Sie danach streben, Ihr »Höchstes Selbst« zu verwirklichen. Ein solches Vorgehen hat mit Angst vor den Konsequenzen, Sklaventreiberei oder unerbittlicher Disziplin nicht das geringste zu tun. Diese neue Art, mit sich selbst umzugehen, geht davon aus, daß Sie ein wertvoller Mensch sind, der fähig, willens und froh ist, seinen Beitrag zu leisten, sobald er den richtigen Ansporn gefunden hat.

- Entscheiden Sie sich, welche Verhaltensweisen Sie bekräftigen wollen: ordentlich sein, Aufgaben erledigen, sich an Ihre Abmachungen halten, pünktlich sein, sich fit halten, sich gesund ernähren, Schreibarbeiten rechtzeitig erledigen, Rechnungen pünktlich begleichen, Projekte fristgerecht abliefern – was auch immer.
- Schreiben Sie alles auf und überlegen Sie sich eine angemessene positive Anerkennung/Belobigung, die Sie sich zukommen lassen, wenn Sie es einhalten.
- Schließen Sie mit sich selbst einen Vertrag ab, daß Sie, falls Sie einer Erwartung, die Sie an sich gestellt haben, nicht entsprechen, auf diese Tatsache mit »Hmmmmmmmmmmm, das ist doch interessant, daß ich ...« reagieren. Das ist eine einfache Feststellung von Tatsachen und keine Anklage. Mit dem Kommentar braucht kein Urteil verbunden zu werden.
- »Hmmmmmmmmmmm« ist weniger ein Gedanke als ein bloßer Summton. Der Ton stimuliert die rechte, intuitive Gehirnhälfte, und nicht die linke, logisch-analytische Seite. Es geht darum, Ihr Verhalten zu beobachten, damit Sie es ändern können, und nicht

darum, es großartig aufzubauschen, um es auf diese Weise zu verstärken.

Der Vergebungsbrief

Diese Übung funktioniert bei Menschen, die bereit sind, die Vergangenheit Vergangenheit sein zu lassen. Sie taugt nicht für solche, die tiefgehende Ressentiments, Wunden und Verletzungen hegen, welche gründlicher verarbeitet werden müssen. Diese Übung ist in erster Linie für den Selbstgebrauch, doch Sie können sie auch in bezug auf andere Menschen in Ihrem Leben anwenden.

Die Vergebung ist ein äußerst wirksames Mittel. Falls Sie in einem inneren Kampf verwickelt sind und sich mit Ihrem Selbst nicht im Einklang fühlen, ist es an der Zeit, den Schaden wiedergutzumachen. Es liegt in Ihrer Macht und innerhalb Ihrer Fähigkeit, sich selbst vom Unrecht, das Sie sich zugefügt haben, freizusprechen. Durch einen offiziellen Brief an sich selbst, der Sie von der Schuld, die Sie sich selbst vorwerfen, befreit, können Sie mit sich wieder ins Reine kommen. Für die Situationen in Ihrem Leben, die Vergebung erfordern, können Sie diese Übung anwenden.

Suchen Sie sich einen ruhigen Ort und eine Zeit aus, in der Sie nicht gestört werden. Nehmen Sie einen Block Papier und einen Stift. Schreiben Sie einen Brief an sich selbst, der so beginnt:

Liebe(r).......,
an diesem (Tag, Monat, Jahr) vergebe ich Dir offiziell und in aller Form für folgende Vergehen: [hier führen Sie jeden Gedanken bzw. jede Handlung oder Tat an, den bzw. die Sie sich zum Vorwurf erhoben haben].

Am Schluß des Briefes schreiben Sie dann folgendes:

Ich bin befugt, Dir für alle obengenannten Vergehen zu vergeben und Straferlaß zu erteilen. Von heute an sollen diese Punkte von Deinem Register getilgt und nie wieder gegen Dich angeführt werden. Diesen Tag beginnst Du mit einem neuen, von keiner Missetat verunreinigten Blatt. Gehe hin und lebe Dein Leben als freier Mensch, der sich und die andern mit Respekt, Würde und Achtung behandelt. Herzlichen Glückwunsch!

Dann unterschreiben Sie den Brief.

Lesen Sie sich diesen Brief mit lauter, resoluter Stimme vor. Anschließend können Sie sich ihn entweder verbrennen oder einrahmen und an die Wand hängen.

Ein Manifest der Selbstachtung

Virginia Satir ist eine der großen Familientherapeutinnen unserer Zeit; ich hatte das Glück, sie und ihre Arbeit persönlich kennenzulernen. Ein Werkzeug, das sie bei ihrer Arbeit einsetzt, ist eine persönliche »Bill of Rights«, eine Aufstellung unveräußerlicher Rechte, die jedem Menschen zustehen. Sie können diese Liste photokopieren und sie z.B. an den Spiegel im Badezimmer hängen und sie jeden Tag beim Zähneputzen oder Haarebürsten durchlesen. Sprechen Sie sie sich laut vor. Lassen Sie Ihre Stimme an Intensität und Lautstärke gewinnen, damit Sie das, was Sie laut vorlesen, wirklich innerlich spüren. Am Anfang werden Sie sich möglicherweise albern oder komisch vorkommen. Die Stimme in Ihrem Kopf sagt Ihnen vielleicht: »Das stimmt doch alles gar nicht.« Achten Sie nicht darauf; bleiben Sie einfach dran und machen Sie weiter. Innerhalb von sechs Wochen werden Sie grundlegende Veränderungen spüren, sofern Sie die Übung wirklich gewissenhaft durchführen. Nachstehend die Liste der persönlichen Rechte, die jedem Menschen garantiert sind.

»Bill of Rights« von Virginia Satir

1. Ich brauche keine Schuldgefühle zu haben, bloß weil das, was ich tue, sage, denke oder fühle, einem anderen nicht gefällt.
2. Ich darf wütend sein und meine Wut ausdrücken, solange ich dabei nicht mein Augenmaß verliere.

3. Ich muß nicht die volle Verantwortung für Entscheidungen auf mich nehmen, sofern auch andere für die Entscheidungen mitverantwortlich sind.
4. Ich habe das Recht, »Ich verstehe das nicht« zu sagen, ohne mir dabei blöd vorkommen oder Schuldgefühle haben zu müssen.
5. Ich habe das Recht, »Ich weiß es nicht« zu sagen.
6. Ich habe das Recht, *nein* zu sagen, ohne dabei Schuldgefühle haben zu müssen.
7. Ich muß mich nicht dafür entschuldigen oder Gründe angeben, wenn ich *nein* sage.
8. Ich habe das Recht, andere um etwas zu bitten.
9. Ich habe das Recht, an mich gerichtete Bitten abzuschlagen.
10. Ich habe das Recht, es anderen mitzuteilen, wenn ich den Eindruck habe, daß sie mich manipulieren, betrügen oder ungerecht behandeln.
11. Ich habe das Recht, zusätzliche Verpflichtungen abzulehnen, ohne dabei Schuldgefühle haben zu müssen.
12. Ich habe das Recht, es anderen mitzuteilen, wenn ihr Verhalten mich irritiert.
13. Ich brauche meine persönliche Integrität nicht zu kompromittieren.
14. Ich habe das Recht, Fehler zu machen und für sie die Verantwortung zu tragen. Ich habe das Recht, mich zu täuschen.
15. Ich brauche nicht von allen gemocht, bewundert oder geachtet zu werden für alles, was ich tue.

Ereignisse ritualisieren

Feierliche Erklärungen, dramatisches Abfackeln, das Errichten von Monumenten oder fröhliches, ausgelassenes Feiern: Das sind Beispiele für das Ritualisieren von Ereignissen. Solche Ritualisierungen prägen das Erlebnis Ihrer Wahrnehmung, so daß Sie ein Ereignis wirklich »er-leben«. Sich etwas vorzustellen ist nicht dasselbe, wie es zu erleben. Oft muß man Ereignisse dramatisieren oder ritualisieren, um des vollen Ausmaßes ihrer Bedeutung gewahr zu werden.

Wir feiern einschneidende Ereignisse, um sie zu ritualisieren und uns damit klar zu machen, daß etwas Bedeutungsvolles passiert ist. Dies wirkt sich auf unsere innere Wahrnehmung der Wirklichkeit aus. Rituale in Verbindung mit Geburt und Tod, dem Eintritt in eine Religionsgemeinschaft, dem Einsetzen der Pubertät, mit Heirat, Jahrestagen, dem Feiern von Erfolgen, dem Beginn eines neuen Jahres usw. erlauben uns, es in unser zentrales Nervensystem aufzunehmen, daß eine bedeutende Veränderung stattgefunden hat. Wenn Sie Ereignisse nicht ritualisieren, dann wissen Sie zwar intellektuell, daß sich etwas verändert hat, doch es kommt Ihnen nicht »wirklich« vor. Denken Sie an die Rituale, die Sie versäumt haben (z.B. die Beerdigung eines Freundes), und beobachten Sie, wie oft Sie sich so verhalten haben, als ob der Betreffende noch am Leben wäre, als ob Sie seinen Tod nicht verinnerlicht hätten. Der Zweck des Ritualisierens besteht darin, Ihnen die Realität bestimmter Ereignisse ins Bewußtsein zu bringen, damit sie Ihnen »wirklich« erscheinen.

Innere Dialogführung als Mittel gegen Unschlüssigkeit

Geht es Ihnen auch oft so, daß Sie sich nicht entscheiden können? »Soll ich jetzt im Bett liegenbleiben oder einen Waldlauf machen? Soll ich mich mit Robert oder mit David verabreden? Soll ich das Angebot einer neuen Stelle annehmen oder bei meinem alten Job bleiben? Soll ich mein altes Auto behalten oder ein neues kaufen?« Kommt Ihnen das bekannt vor?

Unschlüssigkeit ist ein Hinweis auf eine subtile Form der psychischen Grausamkeit gegenüber sich selbst, die von einem ständigen inneren Dialog untermalt ist. Nehmen wir als Beispiel die Entscheidung, ein neues Auto zu kaufen oder das alte zu behalten. Eine Klientin namens Barbara führte diesen Dialog sogar in meinem Büro:

»Ich kann mich einfach nicht entscheiden. Soll ich mein Auto verkaufen und ein neues kaufen bzw. leasen, oder soll ich einfach das alte behalten?«

Ich bat sie, mir die Argumente dafür und dagegen aufzuzählen.

Sie sagte: »Ich finde, ich sollte ein neues Auto kaufen, weil ich mein jetziges schon vor vier Jahren gekauft habe und zur Zeit wohl den besten Wiederverkaufswert dafür erzielen würde; auf der anderen Seite ist ein neues Auto wirklich sehr teuer. Würde ich mein Auto verkaufen, dann würde ich auch die bei einem älteren Fahrzeug anfallenden Reparaturen vermeiden, doch andererseits hat mein Auto noch nicht einmal 70 000 Kilometer auf dem Buckel, was ja ganz toll ist für ein Auto, das schon vier Jahre alt ist. Es würde mir schon Spaß machen, ein neues Auto zu fahren, aber im Grunde brauche ich keins. Vor kurzem ließ ich eine neue Kupplung einbauen, und mit dem Cabrio-Verdeck hatte ich neulich Probleme, aber eigentlich sind es Kleinigkeiten, und größere Probleme habe ich mit dem Auto bisher nicht gehabt. Bei einem neuen Auto hätte ich keine Sorgen mehr wegen Wartung oder Reparaturen, aber wenn sie mir eine Niete andrehen würden, wäre es furchtbar!«

Sie redete immer weiter, bis ich sie fragte: »Was wollen Sie eigentlich?«

»Ich weiß nicht!« antwortete Barbara.

Ich sagte ihr: »Es kommt mir so vor, als ob Sie sich so oder so unweigerlich falsch entscheiden würden. Die große Guillotine im Himmel wartet darauf, Ihnen den Kopf abzuschlagen, wenn Sie sich falsch entscheiden.«

»Das stimmt ganz genau, und deshalb sitze ich seit Wochen fest und kann mich einfach zu keiner Entscheidung durchringen.«

Ich sagte, ich wolle ihr die Technik der inneren Dialogführung beibringen.

Die innere Dialogführung ist ein Prozeß, bei dem Sie im Geiste ein Gespräch mit sich führen, um die Stimmen in Ihrem Kopf zur Ruhe zu bringen, ein bestimmtes Maß an innerer Stille zu erlangen und in Ihrer Phantasie die Geschichte Ihrer Wahl durchzuspielen. Die innere Dialogführung funktioniert so: Wenn Sie in Ihrem Kopf den altbekannten Refrain hören, wählen Sie einfach eine Seite, egal welche, und stimmen ihr zu. Nachdem Sie das ein paarmal gemacht haben, hören die Stimmen von alleine auf und Sie können sich fragen: »Was will ich wirklich?«

Der Zweck dieser Übung ist, Ihre inneren Stimmen zum Schweigen zu bringen, damit Sie in sich die Stille haben, die Sie brauchen, um sich der eigentlichen Fragestellung widmen zu können. Aus dieser Stille heraus können Sie an Ihr intuitives Wissen appellieren, um bei sich zu spüren, wie Sie jetzt am besten vorgehen sollten. Um beim obigen Beispiel zu bleiben, nehmen wir einmal die Argumente, die für den Kauf eines neuen Autos sprechen. Wir wenden uns dieser, und nur dieser Alternative zu und lassen alle »Andererseits«-Einwände erstmal beiseite.

Spielen Sie es durch

Sie sagen: »Ich finde, ich sollte ein neues Auto kaufen, weil ich mein jetziges schon vor vier Jahren gekauft habe und zur Zeit wohl den besten Wiederverkaufswert erzielen würde.«

Dann sage ich: »Ja, das sollten Sie wahrscheinlich tun.«

Sie sagen: »Würde ich mein Auto verkaufen, dann würde ich auch die bei einem älteren Fahrzeug anfallenden Reparaturen vermeiden.«

Ich sage: »Ja, das stimmt.«

Sie sagen: »Es würde mir schon Spaß machen, ein neues Auto zu fahren.«

Ich sage: »Das kann ich verstehen.«

Sie sagen: »Bei einem neuen Auto hätte ich keine Sorgen mehr wegen Wartung oder Reparaturen.«

Ich sage: »Meine ich auch« und so weiter.

»Wie ist es Ihnen also ergangen?« fragte ich Barbara, nachdem wir die Situation auf diese Weise durchgespielt hatten.

Barbara sagte: »In meinem Kopf ist alles still geworden. Heißt das, daß das nun meine Entscheidung ist?«

»Nein«, antwortete ich. »Das ist nur der erste Schritt, der darin besteht, die Stimmen erst einmal zur Ruhe zu bringen. Es ist nicht das Endergebnis, nämlich eine Entscheidung zu treffen, mit der Sie sich innerlich wohlfühlen.«

»Was wäre, wenn ich die andere Seite vertreten würde, nämlich mein altes Auto zu behalten? Was wäre dann?« fragte Barbara.

Ich sagte: »Spielen wir es doch einmal durch und sehen wir, was dabei passiert. Sie sind an der Reihe.«

Barbara sagte: »Mein Auto hat noch nicht einmal 70 000 Kilometer auf dem Buckel, was ja ganz toll ist für ein Auto, das schon vier Jahre als ist.«

Ich sagte: »Das stimmt.«

Sie sagte: »Im Grunde brauche ich kein neues Auto.«

»Absolut nicht«, stimmte ich ihr zu.

»Was wäre, wenn sie mir eine Niete andrehen würden!« sagte sie.

»Das könnte schon passieren«, bestätigte ich.

»Bisher hatte ich wirklich keine größeren Probleme mit dem Auto,« stellte Barbara fest.

»Jaja.«

Und so weiter...

»Was fiel Ihnen dabei auf, Barbara?« fragte ich sie.

»Die Stimmen sind still geworden, genau wie beim anderen Mal.«

»Jetzt hören Sie mir sehr gut zu, wenn ich Ihnen diese Frage stelle: Wollen Sie Ihr jetziges Auto behalten oder ein neues kaufen?«

Ohne zu zögern, antwortete sie: »Ein neues kaufen, natürlich! Jetzt ist es mir völlig klar. Ich will ein neues Auto!« Sie war hocherfreut, das Problem gelöst zu haben und ihre Aufmerksamkeit etwas anderem zuwenden zu können.

Um aus der Gehirnakrobatik auszubrechen, die stets in die gleiche Tretmühle führt, brauchen Sie nur diese einfachen Schritte zu beachten:

1. Definieren Sie die zwei gegensätzlichen Standpunkte.
2. Schreiben Sie sie auf oder sprechen Sie sie auf Tonband.
3. Wählen Sie eine Seite, egal welche.
4. Führen Sie den Dialog entweder schriftlich oder mündlich, vertreten Sie dabei aber nur den einen Standpunkt.
5. Stimmen Sie allem, was Sie sagen, zu.
6. Wenn die Stimmen ruhig sind, stellen Sie sich selbst die Frage: »Was will ich?«
7. Hören Sie auf die Antwort und schreiben Sie sie auf.
8. Falls Sie nicht damit zufrieden sind, vertreten Sie den entgegengesetzten Standpunkt.
9. Wenn Sie keine Antwort bekommen, wiederholen Sie den Vorgang, bis Sie eine bekommen.

10. Wenn Sie eine Antwort bekommen haben, feiern Sie Ihren Erfolg und sprechen Sie sich selbst Ihre Anerkennung aus.

Tagebuch führen

Tagebuch zu führen ist eine weitere Methode, die gut funktioniert, besonders wenn Sie allein sind. Diese Technik ist nützlich, wenn Sie z.B. mit einem geliebten Menschen gestritten haben und sonst niemanden haben, mit dem Sie darüber reden können, oder wenn Sie auf Reisen und mit Ihren Gedanken allein sind, oder wenn Sie einfach nur näher hinschauen und eine innere Bestandsaufnahme machen wollen. Tagebuch führen ist ein guter Weg, sich auf sich selbst einzustimmen, mit dem Selbst in Kommunikation zu treten und Ihre inneren Vorgänge auseinanderzusortieren. Eric war ein sehr gutes Beispiel für jemanden, bei dem das Tagebuch-Führen hervorragend funktionierte.

So, wie Eric im Sessel in meinem Arbeitszimmer dasaß, wirkte er recht bekümmert. Er berichtete von den jüngsten Entwicklungen in seiner Beziehung mit Sandy. Er sagte: »Im Grunde scheint zwischen uns ja alles gut zu klappen.«

Ursprünglich hatte er mich wegen einer Schwierigkeit in Verbindung mit seiner Arbeit aufgesucht. Als wir seine Ziele in bezug auf seine Beratertätigkeit geklärt hatten, stellte er fest, daß er auch in seinen persönlichen Beziehungen ganz ähnliche Probleme hatte wie im geschäftlichen Bereich. Er sagte: »Ich weiß nicht, was ich dagegen machen kann, aber ich bin anscheinend total abgeschnitten von meinen Gefühlen. Jedesmal, wenn Sandy mich fragt, wie es mir geht oder was ich gerade empfinde, antworte ich, ohne es zu merken, automatisch mit dem, was ich denke. Sie hat mich darauf aufmerksam gemacht und sie hat recht. Was kann ich bloß machen, um meine Gefühle aufzuspüren, ihnen meine Aufmerksamkeit zu schenken, sie wirklich zu fühlen? Können Sie mir auch bei so einem Problem helfen?«

Ich machte Eric den Vorschlag, er solle anfangen, ein Tagebuch zu führen. Er fragte, wie das denn helfen würde. Ich sagte ihm, das sei ein Weg, die inneren Gedanken aufzuzeichnen und dann nach seinen tieferen Gefühlen zu forschen.

»Sie können Ihr Tagebuch als eine Art Wünschelrute benutzen, mit der Sie Ihre wahren Gefühle aufstöbern können.« Dann führte ich einige der wichtigsten Zwecke des Tagebuch-Führens auf:

- Ihre Gedankenprozesse und deren Funktionsweisen kennenzulernen;
- Ihre Gefühle langsam aufzudecken und auseinanderzusortieren;
- Ihre inneren Vorgänge von einer objektiven Perspektive aus zu betrachten.

Ihre innersten Gedanken und Gefühle vor Ihren Augen auf Papier zu sehen, kann Ihre Wahrnehmung der Realität verändern. Mit anderen Worten, Sie können beginnen, sich selbst von Ihren Gedanken, Gefühlen, Vorstellungen und von Ihrer momentanen Verfassung getrennt zu sehen. Dieses Tagebuch ist nicht wie das Tagebuch, das Sie vielleicht als Kind geführt haben. Damals ging es hauptsächlich darum, Tatsachen, Ereignisse und Gespräche festzuhalten. Diese Art von Tagebuch ist hingegen ein Mittel zur Selbstentdeckung. Es kann als Abladeplatz für das »Geplapper« in Ihrem Kopf dienen. Es kann als Werkzeug dienen, das Ihnen hilft, sich selbst zuzuhören. Es kann auch ein wertvoller Spiegel sein, in dem Sie sich in einem neuen Licht oder von einem anderen Blickwinkel aus sehen. Oft sind Sie sich über die grundlegenden Überzeugungen bzw. Entscheidungen, die Ihre Einstellungen und Ihr Verhalten bestimmen, gar nicht im klaren. Der Versuch, die hinter den geschriebenen Worten versteckte Botschaft zu entdecken, kann es Ihnen ermöglichen, Verhaltensmuster aufzubrechen, die Sie sonst weiterhin vor sich selbst verbergen würden. Sie können das Tagebuch auch als Werkzeug zur Selbstbestätigung verwenden. In Ihrem Tagebuch können Sie sich beispielsweise selbst anerkennend auf die Schulter klopfen, um Ihre Leistungen und Erfolge hervorzuheben.

Es gibt keinen richtigen Weg, wie Sie Ihr Tagebuch führen sollten. Ich kann Ihnen jedoch ein paar Hinweise geben, damit Sie so viel wie möglich aus der Erfahrung mit dem Tagebuch herausholen:

Schreiben Sie Ihre *Gefühle*, Reaktionen und Gedanken nieder. Richten Sie dabei Ihre Aufmerksamkeit vor allem auf Ihr inneres Erleben.

Erzählen Sie Ihre eigene innere Wahrheit, so gut Sie es können. Richten Sie Fragen an sich wie die folgenden:

- »Was ist die Wahrheit bezüglich dieser Angelegenheit?«
- »Steckt noch etwas Tieferes dahinter?«
- »Welche Wahrheit ist dahinter noch verborgen?«

Hören Sie Ihren inneren Vorgängen zu und schreiben Sie die Antworten auf, die Sie erhalten. Verwenden Sie Ihr Tagebuch, um dabei auftauchenden Fragen auf den Grund zu gehen. Dadurch schaffen Sie die Voraussetzungen für eine Katharsis, welche die mit einer bestimmten Frage oder einem bestimmten Vorfall verbundenen Gefühle freisetzt.

Setzen Sie Ihr Tagebuch als Werkzeug ein, wenn Sie in einem Konflikt stecken – z.B. wenn Sie mit einem geliebten Menschen in einen Streit verwickelt sind und nicht mehr weiter wissen. Beide – sowohl Sie als auch der andere – glauben, im Recht zu sein, und die Situation ist festgefahren. Greifen Sie in einem solchen Fall zu Ihrem Tagebuch und schreiben Sie alle Gefühle auf, die Sie aufspüren können; bohren Sie immer tiefer, um herauszufinden, was wirklich dahinterliegt. Dann, wenn Ihre Gefühle ganz nah an der Oberfläche sind, können Sie Ihr Tagebuch als Werkzeug benutzen, um die verschiedenen Schichten der Gedanken und der oberflächlichen Gefühle freizulegen und festzustellen, was *wirklich* los ist. Hinter der Wut verbergen sich z.B. oft die verletzlicheren Regungen, die im Fadenwerk unserer Gefühle verborgen liegen. Oberflächlich gesehen sind Sie z.B. eindeutig wütend. Wenn Sie aber tiefer bohren, stoßen Sie unter Umständen auf Verletztheit, Traurigkeit oder andere, noch zartere Gefühle. Um solches aufzuspüren, können Sie Ihr Tagebuch sehr wirksam einsetzen.

Wenn Sie sich irgendwie daneben fühlen und nicht wissen, warum, greifen Sie zum Tagebuch, um das, was in Ihnen gärt, nach außen hin zu verlagern. Machen Sie sich zunächst einmal keine Gedanken über Sinnzusammenhänge oder Verantwortung; schreiben Sie alles auf, was Sie beobachten, denken, fühlen, wahrnehmen oder urteilen.

Denken Sie auch nicht an Interpunktion, Grammatik, Syntax oder Rechtschreibung. Ihr Tagebuch ist ja nur für Ihre Augen bestimmt, also schreiben Sie alles gerade so auf, wie es Ihnen in den Sinn kommt. Sie sollten vielleicht darauf achten, daß es leserlich ist, damit Sie es später wieder entziffern können, doch redigieren, vorher ausprobieren, zensieren oder Informationen zurückhalten sollten Sie nicht.

Lassen Sie Ihr Tagebuch eine Zuflucht sein. Ihm können Sie Ihre geheimsten Erwartungen, Ängste, Wünsche, Hoffnungen und Träume anvertrauen. Sie sind der einzige, der jemals davon erfährt. Sie können Ihre Phantasien, Ängste, Juxe und Spielereien nach Belieben auskosten. Sie können sich ganz frei über Ihre Visionen, Freuden und Enttäuschungen auslassen.

Schreiben Sie täglich in Ihrem Tagebuch. Setzen Sie dafür täglich eine bestimmte Uhrzeit fest oder führen Sie es immer bei sich und machen Sie mehrmals im Laufe des Tages Ihre Einträge. Selbst wenn Sie nichts zu sagen haben – schreiben Sie auf, daß Sie nichts zu sagen haben, doch lassen Sie keinen Tag vergehen, ohne daß Sie Ihr Tagebuch führen. Treffen Sie mit sich selbst diese Abmachung und halten Sie sich daran.

Sich verwöhnen

Ein Klient namens Jimmy, ein sehr intelligenter und einfühlsamer Verleger, hatte ein sonderbares Problem. Eines Tages sagte er mir: »Ich liebe meine Arbeit, ich liebe meine Frau, ich liebe meine Kinder, aber ich weiß nicht, ob ich mich selbst wirklich mag.«

Ich fragte ihn, wieso er diesen Verdacht schöpfte.

»Für sie würde ich alles tun«, sagte er.

Ich bat ihn, sich konkreter auszudrücken.

Er sagte· »Ich rufe meine Frau ein-, zweimal am Tag an, manchmal nur, um ihr zu sagen, daß ich sie liebhabe. Ich kaufe ihr Blumen, meistens einmal pro Woche. Ich schreibe ihr kleine Zettel, die ich in der Wohnung, im Kühlschrank, auf ihrem Auto lasse, wo draufsteht, daß ich an sie denke. Ich achte darauf, daß wir an mindestens einem Abend in der Woche etwas Besonderes unternehmen – uns füreinander schön machen, gepflegt essen, vielleicht sogar tanzen gehen. Wir lassen die Kinder zu Hause und machen uns einen romantischen Abend, umwerben uns gegenseitig, flirten miteinander.«

Ich sagte: »Ich könnte fast neidisch werden. Ihre Frau muß sehr glücklich sein. Doch wie steht es mit den Kindern?«

»Oh, da ist es genau das gleiche. Ich gehe mit ihnen auf den Fußballplatz und ins Kino, ich helfe ihnen bei ihren Hausaufgaben. Im vergangenen Sommer war ich sogar mit ihnen Kanu fahren. Sie wissen, daß ich sie liebhabe, und das stimmt auch wirklich.«

Ich wollte wissen, welches Verhalten bzw. welche Handlungsweisen diese Botschaft vermittelten.

»Mit liegt etwas daran, ich mache sie mir zur Priorität,« sagte er. »Ich verbringe Zeit mit ihnen. Ich bin da, um mir ihre Probleme anzuhören. Ich bin wirklich interessiert. Und schließlich gebe ich auch Geld für sie aus.«

»Durch die Zeit, die Energie und das Geld, die Sie für Ihre Frau und Ihre Kinder aufbringen, zeigen Sie ihnen also, daß sie Ihnen wichtig sind?«

»Richtig!« sagte er.

»Gut«, sagte ich, »jetzt wollen wir uns aber Ihre Beziehung zu sich selbst ansehen. Was tun Sie, um sich selbst zu zeigen, daß Sie sich wichtig sind?« Er dachte einige Minuten lang nach.

»Nichts, absolut nichts!«

Ich sagte, »Irgend etwas muß es doch geben. Denken Sie scharf nach. Machen Sie vielleicht Sport?«

»Klar,« antwortete er, »ich bewege mich, aber das ist doch nur, um fit zu bleiben; das mache ich meiner Gesundheit zuliebe.«

Dann sagte ich: »Sie sehen z.B. immer sehr gepflegt aus. Wie steht's mit der Aufmerksamkeit, die Sie Ihrer äußeren Erscheinung widmen?«

»Das mache ich doch nur, weil es zu meinem Leben gehört«, erwiderte er. »Das muß ich, wegen meiner Arbeit.«

Ich versuchte Jimmy zu erklären, daß viele seiner Handlungen, anders als nur rein funktional definiert, auch als fürsorgliche Gesten aufgefaßt werden könnten. »Ich möchte gern, daß Sie Ihre Beziehung zu Ihrer Frau als Vorbild dafür verwenden, wie Sie mit sich selbst umgehen könnten. Sie wissen ja genau, womit Sie ihr eine besondere Freude bereiten können – indem Sie ihr etwa Blumen schenken, ihr Zettel schreiben oder einen besonderen Abend planen. Ebenso wissen Sie, woran Ihre Kinder Freude haben.«

Was machen Sie gerne? Wodurch fühlen Sie sich umhegt und umpflegt? Was läßt Sie spüren, daß Sie wertvoll sind? Womit könnte man Ihnen eine besondere Freude bereiten? Die Beantwortung dieser Fragen hilft Ihnen auf sehr wichtige Weise, eine gute Beziehung zu sich selbst aufzubauen. Die Fürsorge und Zuwendung müssen sich in konkreten Handlungen ausdrücken, so daß Sie sie wirklich *spüren* können. Der erste Schritt ist, eine Liste besonderer Aktivitäten oder Geschenke zusammenzustellen, mit denen Sie sich verwöhnen können.

Sich auf diese Weise zu verwöhnen, ist eine konkrete Möglichkeit, dafür einen Ausgleich zu schaffen, daß Sie sich selbst oft nicht genügend Aufmerksamkeit zukommen lassen. Durch solches Sich-Verwöhnen teilen Sie sich selbst auf konkret faßbare Weise mit, daß Sie sich etwas bedeuten. Damit zeigen Sie sich selbst, daß Sie bereit sind, sich die Zeit zu nehmen, das Geld auszugeben, die Energie aufzubringen, um sich selbst zu vermitteln, daß Sie wichtig und wertvoll sind. Setzen Sie Ihre fünf Sinne ein, um Ihrer Seele Nahrung zu geben. Es gibt bestimmte Sinneserfahrungen, Farben, Düfte, Klänge und Geschmacksrichtungen, die etwas Tiefes in Ihnen anführen und Ihnen ein besonderes Gefühl vermitteln. Jeder Mensch spricht auf andere Sinneseindrücke an, und wenn Sie ein wenig suchen, werden Sie ohne große Mühe entdecken, worauf Sie am intensivsten reagieren. Wenn Sie davon eine Liste zusammenstellen, dann haben Sie sie immer parat, wenn Ihnen im Moment nicht einfällt, womit Sie sich etwas Gutes tun könnten.

Einige solche Geschenke bzw. Aktivitäten wären z.B.:

- in der Sonne liegen
- den Sonnenuntergang genießen
- morgens länger schlafen
- im Bett frühstücken
- Tagebuch schreiben
- Waldlauf machen
- ausgiebig baden
- sich massieren lassen
- mit Ihren Kindern spielen
- reiten gehen

- fein essen gehen
- ins Kino gehen
- sich sportlich betätigen
- tanzen gehen

Sie stellen am besten Ihre eigene Liste von Geschenken, Aktivitäten oder Erlebnissen zusammen, die Ihnen besonders guttun, die Ihnen die Botschaft vermitteln: »Du bist jemand Besonderer«, »Ich mag dich«, »Du bist mir wichtig«, »Du bist es wert.« Solche fürsorglichen Gesten sind eine Möglichkeit, über bloße Worte hinauszugehen und sich selbst konkret und spürbar etwas mitzuteilen. Wenn Sie sich auf diese Weise aktiv etwas gönnen, werden Sie überrascht sein, wie Sie sich hinterher fühlen. Es ist fast so, als wenn Sie einen Liebhaber hätten, der ganz vernarrt in Sie ist und Ihnen auf verschiedenerlei Weise mitteilt: »Ich habe dich lieb!« So wichtig es ist, sich öfters zu verwöhnen, es gibt auch zwei Gefahren, auf die man bedacht sein sollte:

- Die erste ist, sich nur pro forma zu verwöhnen, ohne daraus ein Ritual zu machen – etwa wenn Sie sich beiläufig oder blasiert sagen: »Ach, ich glaube, ich lasse mir eine Massage verpassen.« Damit verwandeln Sie ein freudiges Erlebnis in eine langweilige Routineverpflichtung. Anstatt die körperliche Wohltat und die Freude an einem Geschenk zu erleben, ziehen Sie die Aktivität mechanisch durch, weil Sie wissen, daß Sie sich ja verwöhnen sollten. Sie vergessen, das Erlebnis des Empfangens, des Umsorgt- und Für-wichtig-genommen-Werdens, zuzulassen. Sich verwöhnen heißt auch sich nähren.
- Manchmal macht man sich etwas vor und sagt sich, daß man ein Geschenk an sich selbst *verdient* hat. Dann wählt man eine Ersatzbefriedigung, die wie ein Geschenk aussieht, sich aber in Wirklichkeit bloß als ein weiterer Anlaß entpuppt, sich selbst zu quälen. Ein Beispiel für solches Verhalten ist, wenn man sich einen Riesen-Eisbecher leistet, obwohl man im Grunde abnehmen will, oder das Geld, das eigentlich für die Miete bestimmt war, für ein paar neue Stiefel ausgibt. Zunächst hat man den Eindruck, sich etwas Gutes zu tun, doch im Endeffekt handelt es sich bloß um eine weitere Gelegenheit, sich selbst wieder eins überzubraten.

Die Kluft zwischen Realität und Richtmaß

Nachdem ich das alles mit Jimmy durchgesprochen hatte, warf er ein: »Ich werde wohl nie aufhören, mich herunterzumachen! Vielleicht bin ich Ihr erster Mißerfolg. Schließlich können Ihre Methoden nicht völlig narrensicher sein. Eine Niete muß es geben, und die bin anscheinend ich!«

»Nicht so schnell, Jimmy«, entgegnete ich. »Wenn Sie sich damit abgefunden haben, die eine Ausnahme zu sein, dann kann ich nichts daran ändern. Doch wenn Sie bereit sind, es noch einmal zu wagen, können wir es auch anders versuchen. Was sagen Sie dazu?«

»Ich bin zwar skeptisch«, sagte er, »aber bereit, einen Versuch zu machen. Also machen wir uns daran.«

»Manche Menschen sind wirklich sehr streng mit sich,« sagte ich. »Sie quälen sich selbst, indem sie sich unerreichbare Ziele stecken und dann mit ›Habe ich doch gleich gesagt‹ reagieren, wenn sie ihre Ziele nicht erreichen. Es geht aber noch weiter: Das Ziel wird verzerrt und zu einem allgemeingültigen Richtmaß aufgebauscht, das als Vorbild dafür ausgelegt wird, wie sie sein sollten, und sich grundlegend davon unterscheidet, wie sie wirklich sind. Ich persönlich bin der Meinung, daß Sie, Jimmy, mit Vorliebe diese Art der Selbstgeißelung praktizieren.«

Indem sie ständig die Realität ihrer Situation mit dem unwirklichen Richtmaß (d.h. wie sie sein sollten) vergleichen, benutzen Selbstgeißler diese Diskrepanz als Zündstoff für ihre Selbstquälerei.

Es gibt zwei Möglichkeiten, diesen Zündstoff bzw. diese Munition für Ihre Selbstquälerei zu entschärfen:

- Sie ändern die Realität, so daß sie dem Richtmaß entspricht, oder
- Sie ändern das Richtmaß, so daß es der Realität entspricht.

So oder so besteht Ihr Ziel darin, eine Entsprechung der beiden Größen herbeizuführen und auf diese Weise den Grund für Ihre Selbstquälerei aus der Welt zu schaffen.

Als ich das Jimmy erzählte, sagte er: »Nun ja, die Realität so zu ändern, daß sie dem Richtmaß entspricht, das kann ich verstehen, denn wenn man umgekehrt das Richtmaß ändern würde, um es der

Realität anzupassen, würde man sich selbst nie herausfordern oder nach Spitzenleistungen streben.«

»Im Gegenteil«, sagte ich. »Wenn Sie Realität und Richtmaß zusammenführen, dann können Sie das Richtmaß so weit hochschrauben, wie Sie nur wollen, solange Sie die Diskrepanz zwischen den beiden nicht dazu mißbrauchen, um sich selbst fertigzumachen. Sie können sie als Spielraum für Ihre eigene Entwicklung ausnützen, doch Sie sollten sie auf keinen Fall als Munition für einen Selbstangriff einsetzen. Um ein Beispiel zu geben: Fünf Kilo abnehmen zu wollen, ist ein tolles Ziel, aber Sie dürfen sich selbst nicht damit niederknüppeln.«

Was ich Jimmy da sagte, begann ihm langsam zu dämmern, und wir machten uns daran, die verschiedenen Bereiche, in denen er sich selbst drangsalierte, näher unter die Lupe zu nehmen. Er schrieb sämtliche Zielvorstellungen auf, denen er in Verbindung mit seiner Gesundheit und körperlichen Verfassung, seinem Beruf, seiner Familie, seinen Hobbys, seiner Wohnung, seiner Freizeit, seinen geheimen Wünschen und ganz allgemein seinem Auftreten in der Welt nachgehen wollte. Dann prüften wir, ob diese Ziele im Hinblick auf die ihm zur Verfügung stehende Zeit realistisch waren oder nicht. Daraufhin fragte ich ihn, welche Ziele heruntergeschraubt werden müßten, damit das von ihm aufgestellte Richtmaß (seine Zielvorstellung) der gegenwärtigen Realität entsprach. Dabei wies ich darauf hin, daß eine allzugroße Kluft zwischen den beiden Größen den Spielraum für Selbstvorwürfe ebenfalls ziemlich ausweiten würde. Auf diesen Spielraum würde sich sein Verstand stürzen, um seine Fortschritte und sogar seine guten Absichten in Grund und Boden zu verdammen. Unser Ziel war es, ein Spiel aufzustellen, bei dem er gewinnen konnte und das jeden Spielraum für Selbstquälerei aus dem Weg räumte.

Als weiteres Beispiel dafür, wie die Kluft zwischen Realität und Richtmaß uns tyrannisieren kann, gilt Sam, Sohn eines Pfarrers. Das *Richtmaß*, das seine Familie für ihn festgesetzt hatte, war, ein würdiger Pfarrerssohn zu sein. Er sollte allen weltlichen Vergnügungen entsagen, Selbstverleugnung und Selbstaufopferung praktizieren. Die *Realität* der Situation sah jedoch so aus, daß Sam nach allem Hedonistischen und Materiellen lechzte, was ihm nur unter die Finger kam. Die Diskrepanz zwischen Richtmaß und Realität war sein Spielraum für die Selbstquälerei. Da er dem von seinen Eltern festgesetzten Richtmaß nicht entsprechen konnte und er davon ausging, daß es nicht O.K. war, das zu wollen, was er in Wirklichkeit aber wollte, konnte er *nie* wirklich zufrieden sein. Um seine Selbstquälerei, d.h. seinen Negaholismus, aus dem Weg zu schaffen, mußte er das Richtmaß und die Realität miteinander in Einklang bringen.

Er mußte entweder sein Leben nach dem für ihn festgesetzten Richtmaß ausrichten und die Realität zum Richtmaß hin verschieben, oder aber sein Recht in Anspruch nehmen, das, was er wollte, ohne Schuldgefühle verlangen *und* bekommen zu dürfen. In diesem Fall müßte er das Richtmaß zur Realität hin verschieben. So war er aber in der Situation festgehalten, niemals O.K. sein zu können, nie den Erwartungen zu entsprechen, weder die Wünsche seiner Eltern noch seine eigenen befriedigen zu können. In dieser Zwickmühle gefangen, konnte er sich nur damit behelfen, daß er

- zu einer stimmungsverändernden Substanz griff, um der Realität zu entgehen;
- den Spielraum für die Selbstquälerei voll ausnutzte, um sich zu drangsalieren.

Negaholismus heißt, in diesem Spielraum gefangen zu sein, sich immer und immer wieder vorzusprechen, daß man nicht das sein, tun oder haben kann, was man will. Und jedes Suchtverhalten, darunter natürlich auch der Negaholismus, weist bestimmte konkrete, übereinstimmende Merkmale auf.

Beziehung als Spiegelkabinett

Ein wichtiger Bereich, in dem Suchtverhalten zum Tragen kommt, sind Beziehungen. Suchtverhalten ist stets von mangelndem Selbstwertgefühl begleitet, und solange Sie Ihre eigene Individualität und Einzigartigkeit, Ihre Stärken und Schwächen nicht akzeptiert haben, wird es schwierig, wenn nicht unmöglich sein, jene Eigenschaften bei einem anderen Menschen zu akzeptieren. Der andere spiegelt, riesig vergrößert und in prächtigen Farben ausgemalt, jene Anteile von Ihnen wider, die Sie noch nicht an sich akzeptiert haben. Dabei muß das, was Ihr Partner als Spiegelbild zeigt, keineswegs mit Ihrem Verhalten identisch sein. Das funktioniert etwa so: Wenn Sie es nicht ertragen können, daß er soviel fernsieht, kann es sein, daß Sie sich kaum freie Zeit gönnen. Es macht Sie verrückt, daß er unproduktiv herumliegt, während Sie sich zur Emsigkeit getrieben fühlen. Jedesmal, wenn etwas am anderen Sie zur Weißglut bringt, können Sie wahrscheinlich eine wertvolle Entdeckung über Ihre Beziehung zu sich selbst machen.

Beim Blick in dieses Spiegelkabinett ist jeder mit zwei Möglichkeiten konfrontiert:

- den anderen wegen seiner Mängel zu kritisieren bzw. zu verurteilen oder
- die Gefühle von Unzulänglichkeit, Einsamkeit, Angst vor dem Verlassensein, vor dem Eingesperrtsein zu bewältigen, die Sie in Ihrer Isolation festhalten.

Menschen und Situationen so sein lassen, wie sie sind

Ertappen Sie sich manchmal bei dem Gedanken: »Ach, wäre er bloß ein bißchen größer«, oder »Wenn er nur ein bißchen liebevoller mit mir umgehen würde«, oder »Wenn sie nicht so launisch wäre«, oder »Wenn sie nur verstehen würde, welcher Druck auf mir lastet und mit was für Schwierigkeiten ich zu kämpfen habe«? Man kann sich sehr leicht wünschen, das, was wir haben, wäre anders als es ist. Hat man einen VW, so wünscht man sich, man hätte einen Porsche. Haben Sie einen Partner, der stark und mächtig ist, wünschen Sie sich, er wäre sensibler und offener. Haben Sie eine Freundin, die lustig und verspielt ist, wünschen Sie sich, sie wäre ernsthafter und konzentrierter. Es ist wirklich nicht schwer, zu hoffen oder sich zu wünschen, das, was man hat, wäre anders. Die wirkliche Herausforderung besteht jedoch darin, Menschen und Situationen so gelten zu lassen, wie sie sind. Wenn Sie mit ihnen nicht einverstanden sind, dann lassen Sie sie gehen; behalten Sie sie nicht bei unter ständigen Vorwürfen, daß sie nicht anders sind, als sie in Wirklichkeit eben sind.

Denken Sie nicht, handeln Sie!

Zwischen Denken und Handeln ist ein gewaltiger Unterschied. *Denken* heißt dasitzen und sich überlegen, wie man am besten vorgehen soll. Es bedeutet, daß man versucht, das Richtige zu tun und jeden Fehler zu vermeiden. Es bedeutet, im Käfig Ihrer Gedanken eingesperrt zu sein. *Handeln* heißt hingegen Initiative ergreifen. Handeln bedeutet, ins kalte Wasser zu springen und sich für etwas, egal was, zu entscheiden – auf jeden Fall aber aktiv zu werden und vom Denken zur Tat zu schreiten. Oft haben wir solche Angst davor, das Falsche zu machen, daß wir ewig darüber brüten – im Glauben, daß wir uns unserer Handlung um so sicherer sind, je länger wir vorher darüber nachdenken. Wir meinen, auf Nummer Sicher zu gehen, wenn wir alle Möglichkeiten durchspielen, doch in Wirklichkeit ist es eher wie das Spiel einer Katze mit einer halbtoten Maus: Wir patschen die Sache zuerst in die eine, dann in die andere Richtung, dann springen wir darauf, dann kauern wir uns zusammen, dann springen wir wieder hoch. Vergessen Sie nicht: Es kommt nicht so sehr darauf an, *wie* Sie handeln, sondern vielmehr, daß Sie *überhaupt* handeln.

Ihren Körper einsetzen, um mit Ihrem Kopf zu Rande zu kommen

Denken Sie einen Augenblick lang nach. Können Sie sich daran erinnern, sich je niedergeschlagen, deprimiert, down gefühlt zu haben, wenn Sie körperlich aktiv waren? Wahrscheinlich nicht. Es ist nämlich sehr schwer, sich selbst psychisch fertigzumachen, wenn man sich körperlich verausgabt. Wenn Sie sich dabei ertappen, daß Sie sich von Ihren negativen Gedanken beherrschen lassen, Trübsal blasen oder den Laden dichtmachen, bewegen Sie sich einfach. Sind Sie gerade zu Hause, dann machen Sie einen Dauerlauf oder Gymnastik. Sind Sie bei der Arbeit, dann gehen Sie ein paarmal energischen Schrittes durch das Zimmer oder schwingen Sie Ihre Arme ein paarmal im Kreis herum. Wenn Sie allein zu Hause sind, können Sie eine Platte auflegen und wie wild durch das Wohnzimmer tanzen. Versuchen Sie nicht krampfhaft, sich zu überlegen, welche Aktivität wohl die beste wäre, sondern fangen Sie einfach an, sich zu bewegen, und Sie merken dann von allein, was Ihnen guttut.

Das Kind in uns zum Spielen herauslassen

Das Erziehen meiner Tochter ist eine Herausforderung für mich, da ich mir nicht immer sicher bin, wie mich verhalten soll, um ihr eine gute Mutter zu sein. Ich versuche es mir allerdings zu merken, wenn mich etwas zur Weißglut bringt, und dann eine kleine Bestandsaufnahme meiner Gefühle zu machen. Oft stelle ich fest, daß ich mir in meinem Leben selbst nicht gestatte, das zu tun, was sie tut. Das Kind in mir lehnt sich auf und sagt insgeheim: »Und was ist mit mir? Ich durfte nie eine solche Unordnung in meinem Zimmer haben. Wieso darfst du das? Das ist ungerecht!« Ich habe eine Liste all der Verhaltensweisen meiner Tochter zusammengestellt, die mich aufregen, beunruhigen oder eben verrückt machen. Die folgende Liste gilt dem Kind in mir, das nie richtig Kind sein durfte:

1. nur ein paar Bissen von dem Essen auf meinem Teller nehmen und den Rest stehenlassen
2. nur Kekse essen wollen, und es mir zugestehen
3. schlampig sein
4. mich verkleiden

5. mein Zimmer, die Küche, meinen Schreibtisch, praktisch alles in Unordnung zurücklassen
6. mein Haar verrückt frisieren, etwa zu einem Pferdeschwanz direkt über der Stirn
7. albern sein
8. singend durch die Wohnung tanzen
9. zeichnen oder malen ohne besonderes Ziel vor Augen
10. fernsehen, unproduktiv herumliegen oder mit Puppen spielen

Wenn ich zu zwanghaft werde oder anfange, das Leben allzu ernst zu nehmen, frage ich mich, ob mein inneres Kind sich vielleicht vergessen, benachteiligt oder verloren fühlt. Wenn die Antwort »Ja« lautet, dann muß ich schleunigst etwas »Kind-Zeit« einplanen, damit das Kind in mir sich austoben kann, und einfach ein bißchen mehr Kind sein.

Den Humor beibehalten

Allzu oft nimmt man sich furchtbar ernst. Das Leben erscheint einem äußerst schwerwiegend und gewichtig. Die eigenen Probleme und Sorgen kommen einem traumatisch und belastend vor. Die Lebensumstände scheinen wie aus dem Buch Hiob. In solchen Situationen ist es eine unendliche Hilfe, wenn man die Sachen auf die leichte Schulter nehmen kann. Suchen Sie nach dem Komischen an dem, was sich gerade abspielt. Versuchen Sie, ob Sie Ihre Bedrücktheit nicht etwas weniger wichtig nehmen können. Wenden Sie sich an einen Freund, der Ihre Stimmung aufhellen kann. Norman Cousins sagte einmal, Lachen sei der größte Heiler, und er hat recht. Seien Sie kreativ in der Suche nach Dingen, die Sie zum Lachen bringen.

Sich selbst in Ordnung finden, egal was kommt

Aufgrund der Macht, die alte Verhaltensmuster oder Gewohnheiten ausüben, ist es leicht, wieder in eine selbstkritische Haltung abzurutschen. Auf das Urteil eines anderen mit Selbstkritik zu reagieren, ist eine altbekannte Art und Weise, sich selbst dafür abzuwerten, wie man nun einmal ist. Sie brauchen sich selbst – oder einen anderen – nicht abzuwerten; im Gegenteil, Sie müssen voll hinter sich selbst stehen, egal was kommt. Sie brauchen Verständnis, Mitgefühl, Milde und Unterstützung, und diese Qualitäten brauchen Sie in erster Linie von sich selbst. Nachdem Sie bewiesen haben, daß Sie sich selbst solche Fürsorge zukommen lassen, können Sie auch zulassen, daß ein anderer Mensch für Sie da ist – dann spiegelt er Ihre Beziehung zu sich selbst wider.

Bei den in diesem Kapitel besprochenen Methoden handelt es sich um Werkzeuge zur täglichen Erhaltung Ihres neugewonnenen positiven Lebensgefühls. Es ist jedoch auch lebenswichtig, daß Sie für Notfälle gewappnet sind. Das nächste Kapitel zeigt Ihnen, wie Sie Krisen bewältigen können.

Kapitel 8

Erste-Hilfe-Plan für Krisensituationen

Notmaßnahmen

Sie verfügen nun über das Handwerkszeug, das Sie zur »täglichen Erhaltung« Ihrer inzwischen positiv gewordenen Lebenseinstellung brauchen; doch was passiert, wenn Sie wieder einmal von einem Anfall von Negativität heimgesucht werden? Bösartig und tückisch wie sie sind, können solche Rückfälle Ihr neugewonnenes Selbstwertgefühl sofort wieder zunichte machen. Die im folgenden aufgeführten Maßnahmen können Sie als Erste-Hilfe-Plan für Krisensituationen betrachten.

Hilfe!

Es hilft, wenn man in einem solchen Notfall bereits vorher genau weiß, wie man sich verhalten soll, d.h. wenn man Schritt für Schritt nach einem festgelegten Plan vorgeht. Verfügt man nicht schon im voraus über einen Schlachtplan, dann hängt man, ehe man sich's versieht, tief in der Misere drin, wenn ein Anfall von Negativität einen hinterrücks überfällt. Um eine Vorgehensweise, die für Sie gut funktioniert, zu entwerfen, brauchen Sie ein gewisses Maß an Selbstkenntnis.

Sie müssen wissen, was Sie handlungsunfähig macht und was Sie wieder in Gang bringt. Sie müssen wissen, was für Sie funktioniert. Sie müssen in Aktion treten können und wissen, wie Sie eine Abwärtsspirale wieder umkehren. Die folgenden Werkzeuge sind eher auf kritische Augenblicke als auf die tägliche Erhaltung Ihrer Gemütsverfassung ausgerichtet. Wenn Sie von Panik oder Negativität ergriffen werden oder wenn alles andere nichts nützt, zaubern Sie diese Liste hervor, um sich wieder aus der Misere zu ziehen.

Wie Sie eine negative Stimmung umkehren

Sie haben bestimmt schon festgestellt, daß es Augenblicke gibt, wo Sie schlecht gelaunt oder mies drauf oder einfach nur grantig sind. In solchen Situationen müssen Sie unbedingt etwas Positives unternehmen, um Ihre Stimmung umzukehren. Bei einer solchen Stimmungsumkehrung geht es darum, eine negative Stimmung, Einstellung oder Verhaltensweise in ihr Gegenteil zu wenden. Es gibt vieles, was man zu diesem Zweck unternehmen kann, doch zuallererst müssen Sie Ihre Stimmung bzw. Einstellung wirklich ändern *wollen*. Sie müssen das Bedürfnis haben, Ihre Gemütsverfassung umzupolen. Ist das der Fall, dann können Sie z.B. irgendeine oder mehrere der folgenden Methoden anwenden:

- sich kaltes Wasser ins Gesicht schütten
- spazierengehen
- Musik hören, die Sie besonders mögen
- sich hinlegen
- drei tiefe Atemzüge machen
- in ein Kissen hineinschreien
- sich von einem Menschen, den Sie liebhaben, umarmen lassen

Panik kreativ einsetzen

Die meisten Menschen, die gegen den Negaholismus ankämpfen, geraten beim bloßen Gedanken an einen Anfall von Negativität in Panik. Die Vorstellung, daß sämtliche Dämonen die Oberhand gewinnen könnten und fortan das Sagen hätten, macht Angst, um es gelinde auszudrücken. Eine Möglichkeit, bei einem solchen Anfall gegenzusteuern, ist, genau das Gegenteil von dem zu tun, wie die meisten von uns von sich aus reagieren würden. Wenn Sie spüren, wie ein solcher Anfall aufkommt, werden Sie wahrscheinlich die Bremse ziehen, sich dagegen sperren, ihn abzuwenden versuchen. Ein solcher Widerstand läßt den drohenden Anfall jedoch nur noch hartnäckiger werden. Am Ende sind Sie wie in einem Wirbelsturm gefangen, dem Sog der Negativität machtlos ausgeliefert. Wenn Sie das nächste Mal einen Anfall von Negativität am Horizont erblikken: Anstatt ihm Widerstand zu leisten, versuchen Sie doch einmal, sich bewußt in den Anfall hineinzubegeben. Agieren Sie ihn aus, dramatisieren Sie ihn, machen Sie eine vollendete Theateraufführung dessen, was in Ihrem Kopf abläuft. Sprechen Sie den Text vor, unterstreichen Sie Ihre Worte mit den dazugehörigen Gebärden und machen Sie sich einen Spaß daraus, eine große Schau abzuziehen. Selbstverständlich brauchen Sie dazu einen sicheren Platz, an dem Sie so auftrumpfen können, wo niemand Sie beurteilt, wo Sie ohne jede Hemmung toben und wüten können. So etwas machen Sie natürlich lieber nicht an Ihrem Arbeitsplatz, wo die anderen Sie wahrscheinlich für verrückt halten, oder im Supermarkt, wo Ihnen womöglich sogar die Zwangseinweisung drohen könnte. Es geht darum, die Menschen und Orte auszumachen, bei denen Sie sich sicher fühlen und wo Sie neue Verhaltensweisen ausprobieren und Alternativen zu Ihrem bisherigen Vorgehen erforschen können. Experimentieren Sie damit herum, nicht als endgültige Lösung, sondern einfach nur als Alternative zu grauen Haaren und Magengeschwüren.

Ihre eigene Feueralarmübung entwerfen

Als Sie noch zur Schule gingen, mußten Sie wahrscheinlich an Feueralarmübungen teilnehmen, damit im Ernstfall jeder genau wußte, wie er sich zu verhalten hat. Die Feueralarmübung wurde regelmäßig abgehalten, damit die Kinder automatisch den vorgeschriebenen Ablauf befolgten, ohne nachzudenken und ohne in Panik zu geraten. Wenn bei mir an der Schule der Feueralarm ertönte, legten wir sofort alles aus der Hand, standen ruhig auf und bildeten eine Schlange. Dann folgten wir gelassen demjenigen, der an der Spitze stand, aus dem Zimmer und in den Schulhof; wir rannten nicht, aber wir gingen so schnell wie möglich. An unsere Feueralarmübungen kann ich mich bis heute noch sehr genau erinnern. Wenn ich das Feueralarmzeichen hörte, reagierte ich so mechanisch wie der Pawlowsche Hund. Eine Art Feueralarmübung ist auch für den Negaholiker äußerst wichtig. Auch hier handelt es sich um einen vorgeschriebenen Ablauf, nach dem Sie sich, ohne nachzudenken, richten, sobald Sie ein Signal bekommen, daß Sie sich in Gefahr befinden. Diese Feueralarmübung schneiden Sie auf sich selbst zu, und Sie exerzieren sie immer wieder durch, damit sie dann in Ihrem Gedächtnis gespeichert wird, wenn kein Notfall vorliegt, und Sie im Ernstfall automatisch reagieren können. Wenn Sie sich von einem Anfall von Negativität bedroht fühlen, können Sie irgendeine der folgenden Techniken anwenden:

- *Luft holen.* Das erste Anzeichen eines Anfalls ist, daß man nicht mehr richtig durchatmet. Es mag sich sehr simpel anhören, doch wenn Sie dreimal tief Luft holen, können Sie den Mechanismus einen Augenblick lang unterbrechen und sich selbst die Möglichkeit geben, sich wieder in den Griff zu bekommen. Vielleicht stellen Sie an verschiedenen strategischen Orten – z.B. vor dem Badezimmerspiegel, am Kühlschrank, an der Wand über Ihrem Schreibtisch, am Armaturenbrett Ihres Autos – ein kleines Schild auf, das Sie darin erinnert, erst einmal innezuhalten, tief Luft zu holen und den Anfall auf diese Weise im Keim zu ersticken. *Durchatmen!*
- *Sich bewegen.* Machen Sie einen kleinen Gang durch Ihr Arbeitszimmer, um das Haus, um den Häuserblock; springen Sie auf und ab; wenn das zu anstrengend ist, laufen Sie ein bißchen auf der Stelle; wenn Ihre Umgebung daran keinen Anstoß nimmt und Sie sich nicht verletzen, machen Sie einen Kopfstand. Bewegung ist entscheidend, um Sie aus Ihrem Kopf heraus- und in

Ihren Körper hineinzuholen. Schließlich beginnt das negative Denken im Kopf. Wenden Sie also Ihre Aufmerksamkeit von Ihren Gedanken ab und Ihrem Körper zu.

- *Spiegel-Selbstgespräche.* Reden Sie mit sich im Spiegel. Führen Sie immer einen Spiegel bei sich. Sie könnten ihn sogar zum auslösenden Signal für Ihre Feueralarmübung machen – »Laßt mich an einen Spiegel!« Wenn Sie dann an einen Spiegel geraten sind, sprechen Sie sich liebevolle, fürsorgliche Worte vor: »Hallo Liebes, es ist alles in Ordnung, du machst es so gut, wie du kannst. Ich verstehe und ich weiß, was du durchmachst. Ich verlasse dich nicht, mit mir kannst du rechnen, gemeinsam stehen wir es durch.«
- *Aufschreiben.* Wenn Sie gerne schreiben, könnte das Signal für Sie »Papier!« sein. Greifen Sie zu einem Block oder zu Ihrem Tagebuch und lassen Sie alles aufs Papier fließen. Machen Sie sich keine Gedanken über Sinnzusammenhänge oder Gedankenorganisation. Schreiben Sie einfach das auf, was Sie im Kopf haben. Später können Sie es sich ja noch einmal anschauen, doch zunächst einmal sollten Sie es einfach nur loswerden.
- *Gespräche mit anderen.* Wenn Sie sich gerne mündlich aussprechen, dann führen Sie vielleicht lieber mit jemandem ein Gespräch. Gespräche können von Angesicht zu Angesicht oder am Telefon statfinden. Vielleicht können Sie mit einem Freund oder einer Freundin eine Abmachung treffen, die denjenigen bzw. diejenige zum »Feueralarmkumpel« macht, wenn Ihnen ein Anfall von Negativität droht.

Es richtig machen wollen

Vor einer Sache sollte man sich bei der Gestaltung einer solchen Feueralarmübung in Acht nehmen: auf sich Druck auszuüben, daß man sie *richtig* macht. Es gibt kein richtig oder falsch; es gibt nur *Ihren* Weg, und Ihr Weg bedeutet: alles, was für Sie funktioniert. Zwingen Sie sich bloß nicht, Ihre Feueralarmübung in irgendeiner Weise zu gestalten, die für Sie nicht leicht und natürlich ist. Vergessen Sie nicht: Eine Feueralarmübung muß mechanisch ablaufen und darf keine besondere Anstrengung erfordern. Sie sollten automatisch und ohne Mühe oder Denkanstrengungen reagieren können, damit Sie sich aus einer potentiell gefährlichen Situation schnell und wirksam und ohne überlegen zu müssen retten können. Sie können dabei auch Ihren Spaß haben, besonders wenn Sie berücksichtigen, worin Ihre spezifischen Mechanismen bestehen und was für Sie am besten funktioniert.

Das sind die Schritte, die Sie befolgen müssen, um eine wirksame Feueralarmübung zu gestalten:

- Stellen Sie zunächst eine Liste der Situationen, Menschen und Umgebungen auf, die bei Ihnen am häufigsten einen Anfall von Negativität auslösen.
- Schreiben Sie dann »Signale« auf, die Sie aus der Gegenwart (oder dem zeitlichen Rahmen, in den Sie hineingerutscht sind, welcher es auch immer sein mag) herausreißen und Sie darauf aufmerksam machen könnten, daß es höchste Zeit ist, Ihr Verhalten umzustellen.
- Wählen Sie ein Signal aus und schreiben Sie vier mögliche Handlungsschritte auf, die Sie danach unternehmen könnten. Bei der Feueralarmübung in der Schule waren es z.B.: Stop, alles niederlegen, eine Schlange bilden, schweigend das Gebäude verlassen. Ihre Feueralarmübung muß genauso einfach sein. Sie müssen nach Empfang des Signals mit vier einfachen Handlungsschritten reagieren können, die Sie aus der Gefahrenzone entfernen.

Ollie war z.B. in höchstem Maße reaktiv. Er fürchtete sich vor seinen Panikanfällen. Gemeinsam erarbeiteten wir eine aus vier Schritten bestehende Feueralarmübung, die er anwenden konnte, wenn er die Panik in sich hochkommen spürte. Er erzählte mir, daß der Ring, den er trug, für ihn eine besondere Bedeutung hatte, und diesen Ring wollte er gerne in irgendeiner Weise in seine Feueralarmübung einbauen. Ich fand das schon mal einen sehr guten Anfang und fragte ihn, wie er den Ring einsetzen wollte.

»Ich möchte an das Wort ›Ring‹ denken, dann will ich den Ring mit den Fingern meiner anderen Hand berühren. Dann will ich tief durchatmen. Zuletzt will ich meinen Namen, das Datum, die Uhrzeit und den Ort, an dem ich mich gerade befinde, aufsagen, um mich daran zu erinnern, wer und wo ich bin. Dieses Vorgehen wird mich wieder in den gegenwärtigen Augenblick bringen, damit ich mich dann bewußt entscheiden kann, ob ich mich aufregen will oder nicht.«

In den frühen Stadien der Genesung vom Negaholismus sollte man unbedingt wissen, wie man am besten mit Anfällen von Negativität umgeht; solche Rückfälle werden mit der Zeit immer seltener auftreten, doch man sollte sich darauf gefaßt machen, daß man am Anfang noch relativ oft damit zu kämpfen haben wird.

Jeden Tag aufs neue

»Jeden Tag aufs neue« ist ein Spruch der Anonymen Alkoholiker, der für jede Suchtpersönlichkeit außerordentlich wertvoll ist. Menschen, die von Suchtverhalten gekennzeichnet sind, neigen dazu, Situationen als endloses Kontinuum ohne Meilensteine, ohne Anfang und Ende anzusehen. Die Aufforderung, »Jeden Tag aufs neue« zu nehmen, rückt die Situation in die richtige Perspektive und bewirkt, daß man die Aufmerksamkeit auf den heutigen Tag richtet – Sie brauchen nicht an den Rest Ihres Lebens oder die nächsten zehn Jahre zu denken, sondern lediglich einen einzigen Tag durchstehen: heute. Ob Sie sich nun vorgenommen haben, mit dem Rauchen aufzuhören oder keinen Zucker mehr zu essen oder drei Monate auf die Selbstquälerei zu verzichten: Gehen Sie zunächst einmal nur von heute aus. Eine Verpflichtung »für immer und ewig« einzugehen macht Angst. Wenn Sie zu Suchtverhalten neigen, fällt es Ihnen schwer, sich selbst zuzutrauen, irgend etwas »für immer und ewig« zu machen bzw. nicht zu machen. Von »Ewigkeit« können wir uns nämlich nur schwer einen Begriff machen.

Die meisten Menschen können sich vorstellen, für einen Tag eine Verpflichtung einzugehen und sie einzuhalten: d.h. für heute. Von der Dauer eines Tages kann man sich einen Begriff machen, und für einen Tag kann man sich zutrauen, die Verpflichtung, die man mit sich selbst eingegangen ist, auch wirklich einzuhalten. Es gibt jedoch Zeiten, in denen selbst ein Tag wie ein unermeßlicher Zeitraum erscheint. In solchen Fällen gehen Sie eben die Verpflichtung ein, die Sie einhalten können. Verpflichten Sie sich zunächst einmal für eine Stunde und prüfen Sie nach Ablauf dieser Zeit, wie es Ihnen ergeht. Dann erneuern Sie Ihre Verpflichtung für die nächste Stunde und gratulieren sich dazu, daß Sie Ihre Verpflichtung für die letzte Stunde eingehalten haben und so weiter.

Dankbar sein auch für das scheinbar Selbstverständliche

Negaholiker haben, wie wir immer wieder gesehen haben, einen ausgesprochenen Hang dazu, sich nur auf das Negative zu konzentrieren. Es gibt z.B. ein Kinderspiel, bei dem drei Rechenaufgaben gezeigt werden:

$$\begin{array}{r} 6 \\ +\ 4 \\ \hline 10 \end{array} \qquad \begin{array}{r} 8 \\ +\ 5 \\ \hline 12 \end{array} \qquad \begin{array}{r} 9 \\ +\ 7 \\ \hline 16 \end{array}$$

Was fällt Ihnen auf, wenn Sie diese drei Rechenaufgaben betrachten? Seien Sie ehrlich. Sehen Sie, daß zwei Aufgaben richtig und eine falsch ist? Sehen Sie, daß man sich bei der einen Aufgabe um eins verrechnet hat? Oder sehen Sie das ganze so, wie die meisten von uns dazu erzogen werden: »Eine Aufgabe ist *falsch!*« Die meisten Menschen betrachten die drei Aufgaben und sehen davon nur eine: die, welche falsch ist. Daß zwei davon richtig sind, das fällt uns gar nicht weiter auf. Zu unserem Bewußtsein dringt nur das vor, was falsch ist. Ebenso ergeht es einem beim Zeitunglesen: Man liest von Bombenanschlägen, Ermordungen, Vergewaltigungen, Dürrekatastrophen, politischen Attentaten, Großbränden, Kriegen; von Bestechungsskandalen, Korruption, Unehrlichkeit, Unmoral und Charakterschwäche bei Politikern. Unsere Gesellschaft richtet ihre Aufmerksamkeit zu einem großen Teil auf das Negative, und wir werden unbewußt dazu erzogen, auch so zu denken. Wir lassen das Positive unberücksichtigt, während wir das Negative in den Vordergrund rücken.

Um diese Einstellung zu ändern, müssen Sie gegen den Strom anschwimmen. Das gilt nicht nur für Ihre Einstellung der Welt gegenüber, sondern auch für Ihre Einstellung in bezug auf Ihr eigenes Leben. Es betrifft Ihre Einstellung zu Ihrer Beziehung zu sich selbst ebenso wie zu den Menschen um Sie herum. Oft nehmen wir Dinge als selbstverständlich hin. Zum Beispiel unsere Gesundheit: Wir nehmen es als selbstverständlich hin, daß wir gesund sind. Sie lernen Ihre Gesundheit erst dann richtig schätzen, wenn Sie sie nicht mehr haben.

Joan, eine Klientin und Freundin von mir, litt unter einer schlimmen Grippe, die sie einfach nicht abschütteln konnte. Über drei Monate lang schlug sie sich damit herum, und während der ganzen Zeit fühlte sie sich einfach elend. Als sie endlich wieder gesund wurde, war sie richtig dankbar. Auch andere Dinge nehmen wir als selbstverständlich hin, z. B. Harmonie in unseren Primärbeziehungen. Oft gehen wir davon aus, daß wir automatisch das bekommen, was wir wollen. Wenn in unserem Leben alles glatt läuft, sehen wir es als natürlich an. Je mehr wir die kleinen Vorteile und Geschenke, die das Leben uns zu bieten hat, als selbstverständlich hinnehmen, um so mehr sind wir überrascht, wenn die Sachen nicht nach unseren Vorstellungen laufen.

Sich selbst aus dem Schlamm ziehen

Nancy hatte Schwierigkeiten in ihrer Partnerbeziehung. Sie und ihr Freund Robert hackten aufeinander herum und bekriegten sich wegen der kleinsten Lappalien. Sie machte sich offensichtlich Sorgen deswegen. Auf meine Frage, ob es etwas gäbe, wofür sie dankbar sein könnte, antwortete sie traurig: »Ich glaube nicht.« Die Probleme, die sie in ihrer Beziehung erlebte, hatten alles andere in den Schatten gestellt.

Ich drängte sie, näher hinzusehen und zu prüfen, ob es nicht doch irgend etwas gäbe, wofür sie Dankbarkeit empfinden könnte. Sie dachte einen Augenblick nach und sagte dann trübselig: »Nun, ich bin noch am Leben, dafür könnte ich wohl dankbar sein.«

Ich sagte: »Das ist schon mal ein guter Anfang. Gibt es noch etwas?«

Nach einigem Suchen begann sie, verschiedenes aufzuzählen: Ihre Tochter war gesund, glücklich und wohlauf. Ihre Arbeit lief momentan besser denn je. Des weiteren funktionierte ihr Auto einwandfrei, ihre Rechnungen waren bezahlt, ihre Frisur sah gut aus und sie hatte sogar zwei Pfund abgespeckt. Beim Erzählen kam sie richtig in Fahrt, und es fiel ihr immer mehr ein.

Vor meinen Augen wandelte sich ihr Gesicht: Ich konnte zusehen, wie sich ihr finsterer Blick verzog und sie anfing zu strahlen. Sie steigerte sich immer mehr hinein, und schießlich hatte sie sich praktisch ganz alleine (mit nur ein bißchen gutem Zureden) aus dem Schlamm gezogen und ans Licht begeben.

Wenn Sie im Schlamm steckengeblieben sind, machen Sie eine »Segensliste«. In diese Liste tragen Sie all die Dinge ein, für die Sie dankbar sein können. Sie tragen auch das ein, was im Grunde ganz offensichtlich ist, und besonders das, was Sie eigentlich als selbstverständlich hinnehmen. Nachdem Sie alles aufgeschrieben haben, lesen Sie Ihre Liste dreimal durch, damit der Inhalt wirklich in Ihr Bewußtsein dringt.

Die Hand nach Hilfe ausstrecken

Wie ich schon bemerkt habe, verliert man sehr leicht die richtige Perspektive. Man vergißt nur allzu gern, daß auch andere Menschen Situationen kennen, die Ihren Erlebnissen durchaus ähnlich sind. Für Ihr Ego ist es ein fürchterlicher Schlag festzustellen, daß Sie nicht allein sind: Ihre Probleme mögen Ihnen entsetzlich vorkommen, doch einzigartig sind sie nicht, und irgendwo gibt es bestimmt jemanden, der das alles ebenfalls durchgemacht hat. Für die meisten von uns ist diese Erkenntnis zutiefst verunsichernd, denn wir neigen dazu, unsere eigenen Probleme als die schlimmsten und schwerstwiegenden zu erachten und meinen, sie streng geheim halten zu müssen. Wir glauben, daß uns niemand verstehen kann und daß auf uns große Sünde lastet.

In einem Gruppenausbildungsseminar, das ich leitete, enthüllte einmal eine Frau aus der Gruppe ihr dunkelstes Geheimnis, um endlich das Gefühl loszuwerden, es sei etwas mit ihr nicht in Ordnung. Ihr kam es vor, als ob sie mit einem Makel behaftet sei, der sie beschmutzte und ihren Wert herabsetzte. Sie legte ihre Seele vor der Gruppe bloß und gestand mit großer Scham, daß sie sich einen vaginalen Virus zugezogen hatte. Das tat sie mit großem Widerwillen, und sie brauchte lange, um ihr Geständnis überhaupt herauszubekommen. Als das Geheimnis aber endlich gelüftet war, sagten etwa 80 Prozent der Frauen in der Gruppe: »Ach, so etwas habe ich auch.« Sie war schockiert, erleichtert, froh, nicht allein zu sein, froh, daß die Gruppe sie verstand. Sie war also *nicht* durch einen Schandfleck verunstaltet. Das Wissen, daß sie nicht allein war, brachte ihr Erleichterung und Trost. Meistens fällt es Frauen leichter als Männern, ihre Probleme, Geheimnisse und Sorgen miteinander auszutauschen. Auf diesem Gebiet können Männer-Selbsthilfegruppen Männern wirklich helfen, aus der Isolation auszubrechen und sich gegenseitig neue Einsichten und Unterstützung zu vermitteln.

Die Wirklichkeit sieht nämlich so aus: Je mehr Sie Ihre Hand nach Hilfe ausstrecken und von anderen Menschen neue Perspektiven, Bestätigung oder Unterstützung entgegennehmen, desto »normaler« fühlen Sie sich. Es ist ganz wichtig, sich »normal« zu fühlen. Je mehr Sie sich »anders« fühlen, um so stärker empfinden Sie auch Entfremdung, Distanz und Abgetrenntsein. Je mehr Distanz und Entfremdung Sie empfinden, um so größer ist Ihr Potential, sich der Negativität zu verschreiben und Negaholiker zu werden. Das kommt daher, daß Sie sich in sich selbst zurückziehen und mit niemand anderem mehr reden, und Zack! schon haben die negativen inneren Stimmen die Macht an sich gerissen. Ehe man sich's versieht, sind Sie deren Schreckensherrschaft machtlos ausgeliefert.

Ihre Verlegenheit überwinden

Die Hand nach Hilfe ausstrecken macht oft verlegen. Das liegt daran, daß wir meinen, perfekt sein, auf alle Fragen eine Antwort parat haben, niemanden brauchen und ganz allein und ohne fremde Hilfe zurechtkommen zu müssen. Zuzugeben, daß wir nicht perfekt sind, daß wir nicht alle Antworten wissen, daß wir unter Umständen auf fremde Hilfe angewiesen sind, ist uns peinlich.

Die Sucht nach Perfektion

Als ich einmal in der amerikanischen Provinzstadt Des Moines ein Seminar leitete, gestand mir einer der Teilnehmer mutig: »Wir sind nette, anständige Leute, die kaum Probleme haben, und im übrigen wollen wir perfekt sein. Wir sind darum bemüht, das Image der Perfektion aufrechtzuerhalten. Deshalb wollen wir nicht, daß Sie oder irgend jemand sonst, auch die Menschen, die uns nahestehen, erfahren, daß wir keineswegs immer wissen, wo es lang geht.«

Ich fand diese mutige und ehrliche Aussage sehr aufschlußreich, nicht nur in bezug auf die Einwohner von Des Moines, sondern auf die Menschen überall. Wie viele von uns stellen die unrealistische Erwartung an sich selbst, perfekt sein zu müssen, alles schon beim ersten Mal problemlos hinzukriegen, keine Probleme zu haben? Wie grausam von uns, uns einem solchen Druck auszusetzen.

Affirmationen

Wenn Sie sich bei solchen altvertrauten, perfektionssüchtigen Verhaltensmustern ertappen, sprechen Sie sich eine Affirmation, d.h. einen bejahenden, bestätigenden Satz, vor, der Sie daran erinnert, daß es auch anders geht. Hier sind einige Beispiele, unter denen Sie wählen können:

- »Man lernt nur aus Fehlern. Du mußt etwas tun und dabei auch Fehler riskieren, um etwas zu lernen.«
- »Alles ist Übungssache.«
- »Leute, die keine Fehler machen, machen überhaupt nichts.«

- »Ich habe die Wahl. Ich kann es mir aussuchen, kein Perfektionist zu sein.«

Affirmationen als positiver Wink und als Warnsignal

Es ist ungemein hilfreich, solche Affirmationen oder »Lieblingssprüche« zu haben, die Sie sich bei Bedarf vorsprechen können. Diese Sätze funktionieren als positiver Wink und als Warnsignal. Sie dienen dazu, Sie daran zu erinnern, daß Sie in einer bestimmten Situation nicht unbedingt so handeln müssen, wie Sie das bisher immer getan haben. Sie haben das Recht, die Fähigkeit und die Macht, Ihr Verhalten zu ändern, wenn Sie es wollen. Diese Tatsache vergessen wir so oft, daß wir Erinnerungshilfen brauchen. Wir glauben, daß wir entweder nicht das Recht dazu haben oder dazu unfähig sind oder daß es nicht in unserer Macht liegt, uns anders zu vehalten.

Weitere Beispiele für solche »Lieblingssprüche« sind:

- Das hier ist ein eingefahrenes Verhaltensmuster.
- Es liegt in deiner Macht, zu wählen.
- Du mußt dich nicht verrückt machen lassen.
- Wie könntest du es ganz anders machen?
- Diese Situation ist nicht von Dauer, sie wird vorübergehen.
- Bleib dran, und in ein paar Stunden sieht alles ganz anders aus.

Wählen Sie eine der oben aufgeführten Affirmationen oder erfinden Sie Ihre eigenen. Schreiben Sie sie auf und hängen Sie sie an strategischen Orten bei Ihnen zu Hause, an Ihrem Arbeitsplatz oder in Ihrem Auto auf. Sprechen Sie sie sich immer dann vor, wenn Sie daran erinnert werden müssen, daß Sie die Zügel in der Hand haben, daß Sie Ihr Leben führen können, wie Sie wollen.

Die Macht der Entscheidung

Wir vergessen nur allzu gerne, über welche Macht wir tatsächlich verfügen. Wenn Sie sich für etwas entscheiden, üben Sie Ihre Fähigkeit und Ihre Macht aus, darüber zu bestimmen, was passieren soll. Sie beweisen, daß Sie wissen, was passieren soll, und daß Sie bereit sind, es laut zu sagen und für die daraus erwachsenden Konsequenzen einzustehen. Wenn Sie sich entscheiden, bringen Sie den Neinsager zum Schweigen und begeben sich in die Gefilde der Gewißheit. Sie handeln zielgerichtet und überzeugt. Wenn Sie in der Entscheidungslosigkeit verharren, hemmen Sie Ihr inneres Wissen, Ihre Fähigkeit, Veränderungen zu bewirken. Es ist sehr wichtig, sich daran zu erinnern, daß es in unserer Macht liegt, uns zu entscheiden.

Wie man wieder Spaß am Leben bekommt, wenn er einem abhanden gekommen ist

Wir alle kennen Zeiten, wo uns das Leben keinen Spaß mehr macht. Die Arbeit ist nur noch Routine, man erstickt im Alltagstrott, und das wichtigste Thema in der Partnerbeziehung ist, wer den Müll hinausträgt. Keine Aufregung – kein Spaß. Alles erscheint düster und trüb. In solchen Zeiten ist es das beste, Sie stellen etwas wahrhaftig Verrücktes an. Wenn Sie etwas Verrücktes, etwas völlig Unerwartetes tun, schütteln Sie gewissermaßen die Moleküle durcheinander; Sie verändern die Energie. Die Energie zu verändern, ist von entscheidender Bedeutung, da Sie durch Ihre Routine in einem Muster eingesperrt sind, das festgefahren, langweilig und vorhersehbar ist. Brechen Sie aus, stürzen Sie sich ins Abenteuer, machen Sie etwas Neues, vielleicht etwas leicht Riskantes. Spielen Sie, tun Sie etwas, was Sie normalerweise nicht tun, stellen Sie etwas Tolles auf die Beine! Hiermit will ich Sie nicht aufwiegeln, sich einer Aktivität hinzugeben, die illegal, unmoralisch oder dickmachend ist, aber ich will Sie dazu ermutigen, ein bißchen loszulassen, um die Energie in andere Bahnen zu lenken.

Vielleicht steht es hinter dem Senf?

Es war immer sehr unterhaltsam, meiner Klientin Lucy beim Erzählen zuzuhören. Eines Tages kam sie in mein Büro und sagte: »Mein Ziel für diese Sitzung ist, herauszufinden, was mit mir los ist, wenn ich ziellos durch die Küche irre.« Ich verstand nicht ganz, was sie meinte, und bat sie, es mir näher zu erklären.

Sie sagte: »Es passierte z.B. neulich abends: Ich ging in die Küche, öffnete den Kühlschrank, schaute herum, machte ihn wieder zu. Dann ging ich zum Küchenschrank, machte die Tür auf, schaute herum und machte sie wieder zu. Dann ging ich zum Brotkasten, wühlte ein bißchen drin herum und machte ihn wieder zu. Und dann ging ich wieder zum Kühlschrank, machte die Tür auf und dachte mir: ›Es muß doch hier sein. Ich weiß, daß es hier sein muß!‹ Ich stand da, schaute mir das Aufgebot an Lebensmitteln an und dachte: ›Steht es hinter dem Senf? Oder ist es hinter der Milch versteckt? Vielleicht ist es auch im Gemüsefach!‹ Ich suchte also nach irgend etwas, und ich muß ganz ehrlich gestehen, daß ich nicht einmal Hunger hatte. Ich suchte nach etwas, womit ich ein Loch zustopfen konnte.«

Lucy wollte aufhören, sich so aufzuführen, und wissen, was ihrem Verhalten zugrunde lag.

Wenn Sie sich dabei ertappen, daß Sie sich auf Automatik gestellt haben, halten Sie, wenn möglich, inne und fragen Sie sich, was Sie gerade fühlen. Versuchen Sie, ob Sie damit in Verbindung treten können, anstatt automatisch das Loch zuzustopfen.

Und wenn sich trotzdem nichts tut?

Geraten Sie nicht in Panik. Halten Sie inne, sitzen Sie ruhig da und bitten Sie um eine Botschaft. Nachdem Sie um eine Botschaft gebeten haben, hören Sie hin – als ob Sie bei einem Telefongespräch auf eine Antwort warten würden. Sie müssen hinhören, um die Botschaft empfangen zu können. Botschaften nehmen eine Reihe verschiedener Formen an. Sie kommen in Form von direktem Wissen, durch andere Menschen, die Ihnen Dinge mitteilen, durch Bücher und andere Medien – praktisch in jeder erdenklichen Gestalt.

Botschaften sind von grundlegender Bedeutung für die Genesung des Negaholikers. Sie ermutigen Sie nicht nur dazu, Ihrer Intuition zu vertrauen und sich auf den größeren Sinnzusammenhang zu konzentrieren, sondern sie erinnern Sie auch daran, daß, sofern Sie hinhören, Ihr Leben durch eine weise, wohlwollende Kraft gelenkt werden kann. Im nächsten Kapitel erfahren Sie mehr über Botschaften.

Kapitel 9

Auf Ihre innere Weisheit hören

Wir alle haben einen Sinn für Stimmigkeit. Stimmigkeit bei Menschen, Stimmigkeit im Hinblick auf bestimmte Orte, bezüglich des richtigen Zeitpunktes, wann man etwas unternehmen, wann man mit etwas aufhören oder etwas vermeiden sollte. Sie kennen sicher den Spruch aus der Bibel: »Pflanzen hat seine Zeit, ausreißen, was gepflanzt ist, hat seine Zeit; ... Steine sammeln hat seine Zeit.« Nun, damit hat es mehr auf sich, als einfach nur, daß man sich nach dem Wechsel der Jahreszeiten richten, die Mondzyklen oder die Position der Sterne beobachten sollte. Manche nennen es den sechsten Sinn. Andere sagen dazu »weibliche Intuition«, obwohl nach meiner Erfahrung Männer genauso darüber verfügen können wie Frauen, wenn sie sie nur zulassen. Diese Art von Wahrnehmung nennt man auch Intuition, inneres Wissen, innere Führung, Instinkt, »Bauch«-Gefühl, Höheres Selbst und Verbindung mit dem Unendlichen; in Wahrheit läuft, wenn wir in bezug auf unsere inneren Mechanismen ehrlich mit uns sind, sehr viel mehr ab, als die meisten von uns normalerweise zugeben.

Spirituelle DNS – die innere Führung

Das, wovon hier die Rede ist, fasse ich gerne mit dem Begriff »spirituelle DNS« zusammen. Ich bin der Meinung, daß wir mit einer angeborenen inneren Weisheit auf die Welt kommen, die tief in unserem Inneren verborgen ist und uns Botschaften übermittelt bezüglich der Entscheidungen, die für uns richtig sind. Wenn Sie aufmerksam hinhören, können Sie sich auf diese Frequenz einstimmen, auf der laufend Informationen ausgesendet werden. Diese Nachrichten werden ständig übermittelt, doch es liegt an uns, ob wir uns darauf einstimmen und die Nachrichten aufnehmen oder sie ignorieren. Ihre Rundfunkstation sendet z.B. auch jederzeit, doch Sie werden wahrscheinlich nicht immer zuhören. Sie haben die Möglichkeit, das Radio leiser zu stellen oder ganz auszuschalten; die Nachrichten werden aber immer weiter ausgestrahlt, ob Sie nun zuhören oder nicht.

Diese »spirituelle DNS« übermittelt Ihnen Botschaften über alles: wann Sie Bewegung brauchen, wann Sie sich lieber erholen sollten, wann Sie Gesellschaft brauchen und wann Sie mit sich alleine sein müssen. Die Botschaften kommen von innen und geben Signale weiter, die Ihnen mitteilen, was Ihr Selbst in jedem Augenblick für sein Wohlbefinden braucht. Das Problem liegt darin, daß die Botschaften meist nicht mit *Ihrer* Vorstellung dessen, was Sie im betreffenden Augenblick tun sollten, übereinstimmen.

Wenn Sie z.B. gerade damit beschäftigt sind, einen Bericht zu schreiben, bekommen Sie vielleicht die Botschaft, einen Freund, der in einer anderen Stadt wohnt, anzurufen. Sie wissen wahrscheinlich nicht, wieso Sie ausgerechnet in diesem Augenblick diese Botschaft erhalten, doch Sie haben die Wahl: Sie können entweder mit der Botschaft hadern oder danach agieren. Wenn Sie damit hadern – was die meisten Menschen tun –, sagen Sie sich: »Jetzt ist nicht die beste Zeit, um anzurufen, ich habe im Moment zuviel zu tun, wahrscheinlich ist er auch gar nicht zu Hause, ich bin zu müde, ich habe gerade keine Lust, ich mache es später«. Wenn Sie jedoch auf die Botschaft hören, wird es Ihnen in der Mehrzahl der Fälle so gehen, daß Ihr Freund zu Hause sein und ans Telefon gehen wird und unter Umständen sogar sagen wird: »Komisch, eben habe ich an dich gedacht, wie merkwürdig, daß du ausgerechnet jetzt anrufst.«

Ihre Botschaften werden Ihnen mitteilen, wann Sie ausspannen, sich hinlegen müßten, wann Sie etwas Zeit für sich brauchen, wann Sie spazierengehen oder ein bestimmtes Restaurant besuchen sollten. Wenn Sie aufmerksam hinhören, bekommen Sie klare Hinweise darüber, wann Sie am besten eine Reise unternehmen sollten, wann

Sie besser zu Hause bleiben, wann Sie Ihre Arbeit verändern sollten, wann Sie sich aus einer Beziehung lösen sollten und wann es besser ist, am Ball zu bleiben.

Botschaften vermitteln Ihnen ständig Informationen aller Art. Natürlich kann es für Sie ein wenig beunruhigend sein, wenn Sie sich etwas vorgenommen haben und die Botschaft Ihnen etwas anderes mitteilt. Sie haben z.B. vor, sich zu einem Mittagsschlaf hinzulegen, und erhalten die Botschaft, aufzustehen und etwas zu notieren, damit Sie es nicht vergessen. Sie wollen essen gehen, und die Botschaft sagt Ihnen, erst einmal innezuhalten und dann auf die Toilette zu gehen. Sie wollen ein Buch lesen, und die Botschaft teilt Ihnen mit, einen Spaziergang zu machen. Wenn Sie mit den Botschaften in Verbindung stehen, fangen Sie unter Umständen an, sich zu fragen, wer hier das Sagen hat, Sie oder die Botschaften.

Es gibt zwei Hauptschwierigkeiten, die den Empfang der Botschaften erschweren. Wenn z.B. in Ihrem Kopf ein ständiges Geplapper herrscht, können Sie die Botschaften buchstäblich nicht hören. Die Mitteilungen sind wie ein leises Geflüster, und im Vergleich dazu lärmt das Geplapper im Kopf wie aus einem Megaphon und übertönt die subtileren Nachrichten. Es ist, als ob Sie auf Ihrer Stereoanlage Pachelbels Kanon in D-Dur auf Lautstärke 3 spielen, während jemand im Nachbarzimmer einen Militärmarsch auf Lautstärke 10 hört. Es ist kaum möglich, die leisen Stimmen der Intuition zu hören, wenn in Ihrem Kopf ein ständiges Geplapper herrscht.

Das zweite Problem ist, daß Sie oft, auch wenn Sie die Nachrichten vernehmen, nicht darauf hören, was Sie Ihnen mitteilen wollen. Da sie so bizarr und absurd klingen, gehen Sie darüber hinweg, als wären sie völlig unbedeutend. Anstatt ihnen zuzuhören, gehen Sie mit diesen subtilen Nachrichten, die ständig übermittelt werden, so um, daß Sie sie abtun, anzweifeln, wegdrängen, ignorieren und offenkundig mißachten. Wenn Sie von Ihren Gefühlen abgeschnitten sind und Ihren Botschaften keinen Glauben schenken, enden Sie unweigerlich in einem Zustand des »Ich weiß nicht«. Worauf es hingegen ankommt, ist, daß Sie in die Lage geraten, die Botschaften, die Ihnen Ihre innere Führung im Hinblick auf Ihr Leben übermittelt, zu hören, aufzunehmen, zuzulassen, ihnen zu vertrauen und sich auch danach zu richten.

Die Botschaft ist das Medium: sie bringt die Dinge ins Laufen

Diana war Schaufensterdekorateurin und hatte gerade Schwierigkeiten, eine Arbeit zu finden. Während unserer Sitzung fragte ich sie ganz unschuldig: »Diana, gibt es irgend etwas, was Sie lieber machen würden als Schaufenster dekorieren?«

Sie sagte: »Was meinen Sie damit?«

»Nun,« antwortete ich, »wenn Menschen sich darüber im klaren sind, was sie wollen, dann erreichen sie es normalerweise auch. Wenn sie es nicht erreichen, dann steht ihnen meist etwas im Weg. Entweder sie glauben nicht wirklich daran, daß sie das erreichen können, was sie wollen, sie haben Angst, ihre Wünsche verwirklicht zu sehen, oder aber sie klammern sich an dem fest, was sie bisher gemacht haben. Sie halten sich an das, was sie machen »sollten«, und setzen nicht das, was sie im gegenwärtigen Augenblick wirklich wollen – mit anderen Worten ihren Herzenswunsch –, in die Tat um.«

Sie dachte ungefähr zehn Sekunden lang darüber nach und sagte dann: »Sie wollen also wissen, was ich wirklich möchte?«

»Ja, genau – was würden Sie gerne außer Schaufensterdekoration machen? Oder wo wären Sie lieber als hier?«

Es platzte aus ihr heraus wie eine Flutwelle, welche die Schleusentore durchbricht: »Ich wäre natürlich lieber in Paris. Das wäre doch jeder!«

Ich antwortete: »Letzteres glaube ich zwar nicht, doch das tut nichts zur Sache. Sie wären jedenfalls lieber in Paris?«

»Mein Gott, ich würde alles dafür geben, um in Paris zu leben, aber es ist unmöglich. Ich meine, ich habe eine Wohnung, ein Kind, Verantwortung. Es ist einfach unmöglich.«

Im Verlauf unseres Gesprächs erinnerte ich sie immer wieder daran, daß der Weg, auf dem sie sich befand, mit Widrigkeiten, Kampf und Anstrengung besät war. Ich fragte sie, ob sie irgendeine Verbindung feststellen konnte zwischen ihrer gegenwärtigen Lebenssituation und ihrem Wunsch, nach Paris zu gehen.

Schließlich packte sie aus und erzählte mir, daß sie seit fünfzehn Jahren Schaufenster dekoriert hatte und inzwischen gründlich die Nase voll hatte. Sie sagte, daß sie die Botschaft, nach Paris zu gehen, schon ganz lange weggedrängt hatte. Von der Vorstellung, nach Paris zu gehen, war sie wie besessen, es war ihr ein und alles.

Ich sagte ihr, daß es mir persönlich egal war, ob sie in Amerika oder Europa lebte und daß diese Entscheidung einzig und allein für sie wichtig war. Sie überlegte und schwankte einige Male hin und her, doch am Ende beschloß sie, das Risiko einzugehen und zu versuchen, ihren Traum zu verwirklichen: in Paris zu leben. Innerhalb von 24 Stunden hatte sie ihre Wohnung vermietet; nach Ablauf von zehn Tagen hatte sie die nötigen Anordnungen getroffen, ihre Tochter unter den Arm geklemmt und sich auf den Weg nach Paris gemacht.

Einen Monat später bekam ich eine Postkarte mit dem überschwenglichen Wortlaut: »Vielen Dank dafür, daß Sie mich ermutigt haben, auf das zu hören, was ich nicht hören wollte. Ich liebe es hier. Ich war noch nie glücklicher in meinem ganzen Leben. Ich bin am richtigen Platz, jetzt wird sich alles andere auch ergeben. Gott segne Sie! Herzlichst, Diana.«

So funktionieren Botschaften. Sie sind irrational, unlogisch und unvernünftig. Sie ergeben keinen logischen Sinn, aber sie fühlen sich stimmig an. Auf die Botschaften hören ist wie aus einer anderen Realität heraus handeln. Wenn Sie Ihr Leben nach Ihren intuitiven Botschaften ausrichten, spalten Sie sich von der verwirrten Masse ab. Botschaften passen nicht in das wissenschaftliche, rationale, analytische System. Wenn Sie im Einklang mit Ihrem Höheren Selbst leben und auf diese subtilen Nachrichten hören, glauben manche Leute vielleicht, Sie hätten Ihren Kontakt zur Realität verloren. Es ist jedenfalls ganz anders als alles, was man uns in der Schule beigebracht hat.

Ihrem Verstand wird es schwerfallen, Botschaften zuzulassen, und zwar wegen der vielen Fragen, die offenbleiben. Fragen wie: »Woran kann ich den Unterschied zwischen dem Geplapper im Kopf und einer echten Botschaft erkennen? Wo liegt der Unterschied zwischen Botschaften empfangen und sich auf die faule Haut legen? Woher weiß man, ob man nicht einfach nur nachgiebig gegen sich selbst ist? Kann man nicht auch Schwierigkeiten bekommen, wenn man auf seine Botschaft hört?« Natürlich gibt es auch Antworten auf diese Fragen, doch was in Wirklichkeit dahintersteckt, ist folgendes: »Das ist so anders als alles, was mir bisher beigebracht wurde, daß es mir Angst macht. Ich fürchte mich vor diesen Vorstellungen, weil es nichts gibt, woran man sich festhalten könnte. Auf Grund meiner Erziehung kommt mir das alles fremd und absonderlich vor.«

»Geh und stell dich ans Straßeneck!«

Buzz studierte Betriebswirtschaft an einer exklusiven Elite-Universität an der amerikanischen Ostküste, war sehr traditionell eingestellt und hielt an den Wertvorstellungen seiner Eltern fest. Einmal verbrachte er ein Wochenende in Boston zusammen mit seiner Frau und zwei anderen Paaren. Die drei Paare verabredeten sich zum Abendessen in einem bestimmten Restaurant und beschlossen, mit zwei Autos hinzufahren. Buzz und seine Frau waren als erste im Lokal; die anderen ließen auf sich warten. Als die Getränke kamen, vernahm Buzz die Botschaft, sich am Straßeneck hinzustellen. Er rationalisierte diese Nachricht jedoch weg, indem er sich sagte: »Wieso sollte ich mich ans Straßeneck hinstellen, wenn die anderen alle wissen, wo wir uns verabredet haben? Außerdem haben wir jetzt Februar, und draußen ist es kalt. Die kommen doch jeden Augenblick.«

Als der Salat kam, hörte er wieder die innere Botschaft, nur diesmal lauter und deutlicher. »Geh und stell dich ans Straßeneck.« Inzwischen fühlte er sich etwas vervös, doch er blieb standhaft und schenkte der Nachricht kein Gehör.

Er haderte mit ihr: »Schau mal, die wissen doch, wo wir uns treffen. Es sind doch intelligente Leute. Ich genieße es, hier mit meiner Frau zusammen im Warmen zu sitzen, meinen Wein zu trinken und die Musik zu hören.«

Als der Kellner zum dritten Mal an den Tisch gekommen war, um ihre Bestellung aufzunehmen, hörte er laut und deutlich die Worte: *»Geh und stell dich ans Straßeneck!«* Er hatte hartnäckig dagegen angekämpft, doch nun sagte er sich: »Ist schon gut, ich mach' ja schon!« Er wandte sich resigniert seiner Frau zu und sagte: »Ich gehe mich eben mal ans Straßeneck stellen.«

Sie fragte, warum. Er antwortete: »Frag nicht, ich bin gleich wieder da.«

Vor sich hin brummend ging Buzz durch den Saal; er kam sich ziemlich albern vor. Kaum hatte er sich ans Straßeneck gestellt, da kam das Auto mit den beiden anderen Paaren vorbeigefahren. Er war verblüfft; sie auch. Sie fragten ihn, wieso er dort am Straßeneck stehe, und er sagte, daß er ihnen alles im Restaurant bei einem Glas Wein erklären würde. Die anderen stellten das Auto ab, und als alle sechs am Tisch saßen, wurde die ganze Geschichte aufgerollt.

Die anderen waren in ein anderes Restaurant mit demselben Namen gegangen, fanden dort Buzz und seine Frau nicht vor und hatten sich fast damit abgefunden, daß sie wohl nicht gemeinsam speisen würden, als sie plötzlich, während sie mit dem Auto durch Boston kurvten, Buzz am Straßeneck stehen sahen. Sie lachten alle herzlich, und Buzz fragte sich insgeheim, wo die Idee, sich ans Straßeneck zu stellen, überhaupt hergekommen war.

Es gibt ein merkwürdiges und unerklärliches Gefühl der Stimmigkeit bei Entscheidungen, die aus Ihrem Innern heraus erwachsen. Sie wissen nicht, weshalb Sie etwas Bestimmtes sagen oder tun, doch auf irgendeiner Ebene wissen Sie, daß es stimmt. Botschaften sind eben die Hinweise in der Schnitzeljagd des Lebens. Selten erscheinen sie einem sinnvoll. Sie teilen nur mit, wohin man gehen oder was man tun soll, und Sie haben der Nachricht zu vertrauen und zu folgen, wenn Sie den Preis gewinnen wollen.

Botschaften nehmen viele verschiedene Formen an. Sie können als innere Führung auftreten wie bei Buzz. Sie können in der Gestalt zu Ihnen durchdringen, daß z.B. mehrere Freunde Ihnen gleichzeitig die gleiche Empfehlung geben. Botschaften können Telefonanrufe, Briefe, Bücher, Zeitschriften, praktisch alles sein, worüber Sie Informationen empfangen können. Botschaften erkennen Sie daran, daß sie nicht weggehen. Sie treten immer wieder und unaufhörlich auf. Nach dreimaliger Wiederholung der gleichen Botschaft ist es eine gute Idee, innezuhalten, hinzuschauen und zuzuhören.

Botschaften geben Ihnen, wenn es sein muß, auch eins auf den Deckel

George stand unter beträchtlichem Streß. Er war gerade dabei, umzuziehen, was ihn leicht durcheinander brachte. Er hatte Schwierigkeiten mit seiner Partnerin, was sein Wohlbefinden beeinträchtigte, und er arbeitete zuviel. Er erhielt immer wieder die Botschaft, sich hinzulegen und auszuspannen. Fest entschlossen setzte er sich darüber hinweg und trieb sich noch härter an. Die Botschaften nahmen viele verschiedene Formen an: Muskelschmerzen, die Klagen seiner Frau, seine Müdigkeit und jeden Tag Kopfschmerzen. Dennoch weigerte er sich, kürzer zu treten; statt dessen peitschte er sich nur noch mehr an. Eines Tages bückte er sich, um eine schwere Kiste zu heben, und er konnte sich nicht mehr aufrichten. Sein Rücken verkrampfte sich, und er konnte sich nicht von der Stelle bewegen. Er war vorübergehend lahmgelegt. Kurz darauf wurde er von einem Krankenwagen ins Krankenhaus gebracht, wo er medikamentös behandelt wurde, bis die Krämpfe nachließen. Als George im Krankenhausbett lag und sich die unmittelbare Vergangenheit vor Augen führte, begriff er, inwieweit er die Warnsignale mißachtet hatte. Nun hatte George keine Wahl mehr. Ob er wollte oder nicht, jetzt mußte er sich endlich hinlegen. Für die Zukunft beschloß er, auf die Botschaften zu hören, bevor sie ihn aufs Kreuz legten.

Botschaften machen sich laut und deutlich bemerkbar

Während eines Treffens mit ihrem Geschäftspartner Alex ordnete Sally an, daß alle Telefonanrufe zu ihrer Sekretärin umgeleitet werden sollten. Es wurden mindestens zwanzig Anrufe durchgestellt. Ein einziges Mal im Verlauf des Gesprächs erhielt Sally die »Botschaft«, selbst ans Telefon zu gehen. Dieser Anruf war genau der, auf den sie wartete. Er war von Max, ihrem dritten Geschäftspartner, den sie schon seit zwei Tagen zu erreichen versucht hatte. Sie konnte das Gefühl nicht erklären, daß sie diesmal selbst ans Telefon gehen sollte.

»Ich hatte einfach einen starken, klaren Impuls, nach einem einzigen Klingelzeichen selber ans Telefon zu gehen«, sagte sie zu Alex.

Botschaften: nicht nur Schein, sondern auch Sein

Joe hatte immer wieder den Impuls, nach Washington zu ziehen. Es machte ihn schier verrückt. Er sagte sich immer: »Ich habe dort weder eine Arbeit noch eine Wohnung, und im übrigen – was habe ich da überhaupt verloren? Soll ich etwa nach Washington ziehen und dort herumlungern?«

Diese hartnäckige Botschaft beunruhigte ihn. Sie kehrte immer wieder, und er war davon wie besessen.

Eines Tages lief er die Straße entlang, und eine aus einem Groschenroman herausgerissene Seite wehte ihm zwischen die Füße. Er hob die Seite auf und las die erste Zeile: »Libbie war verwirrt. Natürlich würde sie gern nach Washington ziehen, doch warum machte Cole soviel Aufhebens darum?«

Joe flippte fast aus. »Hilfe«, dachte er, »diese Botschaften kommen von überall.«

Als wir zusammentrafen, war er von diesem merkwürdigen Vorfall noch ziemlich beeindruckt. Ich fragte ihn, was er in bezug auf die Botschaft, seine wiederkehrenden Gefühle und nun diese hergewehte Romanseite unternehmen wolle. Er gab zu, daß diese Zeichen ziemlich deutlich sprachen. Er meinte, daß er vielleicht nach Washington gehen sollte, um sich zumindest ein bißchen umzusehen und herauszufinden, was ihn dorthin zog. Er hoffte, daß er vor Ort einen anderen Hinweis bekäme. Vielleicht würde dann alles klarer.

Joe ging tatsächlich nach Washington, und dort lernte er Pam kennen. Es war zwar ein Zufallstreffen, doch bald begannen sie, ihre Zukunft gemeinsam zu planen.

Kreative Botschaften

Marion hatte nie in ihrem Leben gemalt, und der einzige Zeichenkurs, den sie je besucht hatte, war eine Katastrophe gewesen. Das einzige, was sie malen konnte, war ein Cocktailglas mit heraufsteigenden Sektbläschen. Sie hatte sich nie für künstlerisch begabt gehalten, und ihre Zeichenlehrer bestätigten ihren Verdacht.

Fünfzehn Jahre nach dem Reinfall mit dem Zeichenkurs und in einer ganz anderen Stadt fing sie einmal an, bei einem Vortrag auf ihrem Notizblock Figürchen zu malen. Sie wurde ganz fasziniert von ihren schönen kleinen Bildchen. In den darauffolgenden Tagen stellt sie fest, daß sie sich immer öfter dazu hingezogen fühlte, fast gedankenlos so kleine Figürchen vor sich hin zu malen. Sie ließ den Impuls zu und gestattete sich, nach Herzenslust zu malen.

Der nächste Impuls war, den Bildchen Farbe hinzuzufügen und die Zwischenräume mit ihren Lieblingsfarben auszufüllen. Das Malen und Mit-Farbe-Ausfüllen entwickelte sich weiter. Ehe sie sich's versah, hatte sie sich in einem Farbengeschäft mit Leuchtfarben in ihren Lieblingstönen Türkis, Pfirsich und Minze eingedeckt. Der Malspaß, der auf kleinen Papierfetzen angefangen hatte, war angewachsen: aus den kleinen Quadraten waren zwei Meter hohe Leinwände geworden.

Marion hatte ihre erste Ausstellung und verkaufte sechs Bilder. Sie konnte immer noch nicht zeichnen, doch ihre Fähigkeit, mit Farbe und Licht umzugehen, ermöglichten es ihr jetzt, ihre Brötchen als Künstlerin zu verdienen.

Marion erhielt die Botschaft, Figürchen zu malen, dann Farbe hinzuzufügen und später zu malen. Die Botschaft kam ihr nie logisch vor, doch logisch sind Botschaften nie. Im Grunde war es sowieso egal; sie hörte auf ihre Botschaften und liebte ihre Kunst.

Das »Du solltest«-Spiel

Als Kinder lernen wir zumeist, wie wir uns benehmen sollten. *Benehmen* hat für verschiedene Menschen verschiedene Bedeutungen, doch meistens bedeutet es, höflich, rücksichtsvoll und verantwortungsbewußt zu sein und sich angemessen zu verhalten. Das sind wünschenswerte Eigenschaften; sie machen einen Menschen nicht nur zum willkommenen Gast, sondern auch zum angenehmen Zeitgenossen. Sind Sie höflich, rücksichtsvoll und verantwortungsbewußt und verhalten Sie sich angemessen, dann werden Sie von der Gesellschaft akzeptiert; Sie sind ein guter Geschäftspartner und ein guter Freund. Das Problem ist jedoch, daß manche Menschen in diesen vier Verhaltensweisen steckenbleiben und beginnen, ihr ganzes Leben nach diesen »Du solltest«-Geboten auszurichten, und dabei ihr eigenes Selbst vergessen. Mit anderen Worten, sie führen ihr Leben in Abhängigkeit von der Billigung und der Akzeptanz der anderen. Sie benehmen sich so, wie sie es sollten, und ihr Verhalten ist immer angemessen, doch sie verhalten sich so, weil sie damit den Erwartungen anderer entsprechen. Verhält man sich immer so, wie man »sollte«, wird die Deutlichkeit der Botschaften oft verwischt. Wenn Sie Ihr Leben nach diesen Geboten führen, haben Sie keinen großen Spaß. Die subtilen kleinen Botschaften verlieren sich im »Du solltest«-Spiel.

Die Funken verschwinden aus Ihrem Leben, wenn die »Du solltest«-Stimmen überhandnehmen.

Botschaften als Knüppel einsetzen

Manche Negaholiker wissen über Botschaften Bescheid. Jene, die über dieses Wissen verfügen, können gefährdet sein, weil sie diese Botschaften gegen sich selbst anwenden. Das läuft etwa so:

Negaholiker erhalten Botschaften, die sie nicht akzeptieren können oder wollen. Mit anderen Worten, die Botschaften sind zu unerhört, zu teuer oder zu riskant. Die Botschaft wird als unerwünscht verworfen und abgetan. Anschließend kritisiert der Negaholiker sich selbst dafür, daß er diese Botschaft überhaupt empfangen hat oder daß er nicht darauf gehört bzw. danach gehandelt hat. (Man findet immer einen guten Grund, um sich selbst fertigzumachen.) Ein Teufelskreis entsteht, bei dem der Negaholiker sich deswegen Vorwürfe macht, weil er hingehört bzw. nicht hingehört hat, weil er nicht darauf vertraut, weil er nicht zur Tat schreitet usw. Und auf diese Weise können Negaholiker das Spiel mit den Botschaften kreativ einsetzen, um sich selbst zu geißeln. Wenn Sie Ihren Botschaften nicht trauen und Sie sich wegen der Botschaften, die Sie empfangen bzw. nicht empfangen, selbst anklagen, dann können Sie natürlich unmöglich wissen, was Sie wirklich wollen.

Gegen die Botschaften ankämpfen

Da, wie ich bereits bemerkte, Botschaften irrational, unlogisch und unvernünftig sind, kommen sie einem nie sinnvoll vor. Wenn Sie ein analytisch denkender, von der linken Gehirnhälfte beherrschter Typus sind, werden Botschaften Sie verrückt machen. Sie werden regelrecht gegen sie ankämpfen.

Emily mußte z.B. umziehen und sie erhielt die Botschaft, allein zu wohnen. Das fühlte sich für sie stimmig an, doch Herb, ihr Partner, wollte nichts davon wissen. »Du wirst bei mir wohnen, und keine Widerrede.« Auf einer Ebene fühlte sie sich umsorgt und geliebt, auf einer anderen aber unbehaglich und innerlich aufgewühlt. Sie konnte nicht verstehen, weshalb sie sich so beunruhigt fühlte, aber sie wußte, daß etwas nicht stimmte.

Anstatt die Wahrheit über ihre Gefühle zu sagen, verurteilte sie sich selbst für das, was sie fühlte. Sie war wütend auf sich, weil es im Zusammenwohnen mit Herb einfach nicht klappte. Sie verurteilte sich selbst als pingelig, steif oder neurotisch. Sie sagte sich, daß sie wohl nirgends zufrieden wäre, daß sie Herb dankbar sein und endlich Ruhe geben sollte. Sie hatte Angst, Herb zu verletzen, wenn sie ihm mitteilte, daß sie nicht mit ihm zusammenleben wollte. Sie hatte Schuldgefühle, weil sie nicht bei ihm bleiben wollte, obwohl er so liebenswürdig und rücksichtsvoll war. Herb bot sogar an, vorübergehend ausziehen und ihr seine Wohnung für eine Woche zu überlassen, wenn das ihr helfen würde. Sie bekam dadurch nur noch mehr Schuldgefühle. Sie meinte, aus Rücksicht auf Herb bleiben zu müssen; schließlich war er so zuvorkommend und rücksichtsvoll gewesen. Doch andererseits konnte sie weder gut schlafen noch sich richtig erholen, da sie nicht wußte, wo sie hingehörte.

Emily war innerlich gequält. Weder hörte sie auf ihre Botschaften, allein zu leben, noch schaffte sie es, mit Herb wirklich auszukommen. Wo sie sich hinwandte, hatte sie das Gefühl, daß jeden Augenblick die große Guillotine vom Himmel niederfahren und ihr wegen ihrer Missetaten den Kopf abschlagen würde. Sie war ängstlich und voller Panik und schlug ständig mit Worten auf sich ein.

In unserer Sitzung fragte ich sie, wann sie zum letzten Mal eine »Selbstbestätigungsliste« aufgestellt hatte. Sie sagte, daß es schon Wochen her war. Ich empfahl ihr, so bald wie möglich eine zu verfassen, damit sie sehen konnte, was sie in der letzten Zeit alles zustande gebracht hatte. Dann fragte ich sie, wie sie wohnen würde, wenn sie es sich vollkommen aussuchen könnte. Sie beschrieb mir ihre Traumwohnung: ein großes, ausgebautes Fabrikgeschoß mit viel Platz und Licht und Luft. Alles sollte wolkenweiß und friedlich und ruhig sein. Mehr als alles andere in der Welt wollte sie sich friedlich fühlen. Ich fragte sie, ob sie dies für möglich hielt, und sie sagte ja. Dann, in einer erneuten Sitzung, bemühten wir uns darum, die Botschaft, die möglicherweise im Unterbewußtsein lauerte, an die Oberfläche zu befördern.

Je mehr sie sich die Erlaubnis gab, sich selbst zuzulassen so zu sein, wie sie war, so zu fühlen, wie sie fühlte, und auf ihre Botschaften zu hören, um so friedlicher und ruhiger wurde sie. Je mehr sie auf ihre Botschaften hörte und dem vertraute, was sie in ihrem Innern spürte und hörte, um so weniger war sie versucht, sich selbst herunterzumachen. Emily mußte wählen, ob sie wegen ihrer Gedanken, Gefühle, Botschaften auf sich selbst wütend sein wollte, oder ob sie sanft mit sich umgehen und ihre Gedanken, Gefühle, Botschaften als ihre eigene Wahrheit anerkennen wollte.

Manche Menschen glauben, daß es unweigerlich zum Happy-End führt, wenn sie ihren inneren Botschaften folgen. In Ihrem Leben mag es sehr wohl ein Happy-End geben, doch vielmehr geht es beim Annehmen Ihrer Botschaften darum, daß Sie die Lektionen bewältigen, die Sie zu lernen haben, damit Sie dorthin gelangen können, wo Sie hinwollen. Das Bewältigen solcher Lernaufgaben ermöglicht es Ihnen, Ihren Zweck im Leben zu erfüllen. Botschaften ermutigen Sie außerdem dazu, Ihr Leben in Fülle und Freude zu leben.

Die Hauptkritik, die ich von Leuten in bezug auf das Beachten von Botschaften zu hören bekomme, besteht in einer Flut von »Ja, aber...«-Einwänden wie z.B.: »Ja, aber... *Sie* müssen nicht jeden Morgen zu einem Arbeitsplatz hin, den Sie nicht ausstehen können«; »Ja, aber... was ist, wenn ich die Botschaft höre, meinen Mann zu verlassen? Ich habe doch bestimmte Verantwortungen, wollen Sie damit sagen, daß ich einfach abhauen soll?« Oder: »Ja, aber... Sie haben es nicht halb so schlecht wie ich, ich kann mich doch nicht einfach meinen inneren Botschaften überlassen. Und wenn ich die Botschaft erhielte, von nun an einfach nur zu Hause zu bleiben? Was soll ich denn machen, meine Arbeit aufgeben?«

Wohl gemerkt: Ich empfehle hier *wirklich* nicht, daß Sie sich unverantwortlich verhalten oder jene Menschen, Verantwortungen oder Pflichten fallenlassen, die gegenwärtig in Ihrem Leben eine Rolle spielen. Weit davon entfernt: Würden Sie sich nämlich unverantwortlich verhalten, dann würden Sie das wieder als Vorwand nehmen, sich erbarmungslos herunterzumachen, und dann könnten wir wieder von vorne anfangen. Das wäre eine sinnlose Übung. An Ihren eigenen Maßstab heranreichen, der Mensch sein, der Sie in Wirklichkeit sind, beim Lernen Ihrer Lektionen sanft mit sich umgehen – das sind die Grundvoraussetzungen, die Sie auf den Weg zur Genesung bringen werden.

Das nächste Kapitel hilft Ihnen, mit Ihrem neuen Leben zu beginnen.

Kapitel 10
Der Weg zur Genesung

Der Weg zur Genesung funktioniert, wie die Anonymen Alkoholiker sagen, jeden Schritt aufs neue, jeden Tag aufs neue, wenn es sein muß sogar jeden Augenblick aufs neue. Seien Sie geduldig, mitfühlend und verständnisvoll sich selbst gegenüber, da man alte Muster nicht über Nacht auflösen kann. Hören Sie auf, sich ständig zu martern und zu schinden, und gestehen Sie sich Ihr Mensch-Sein zu. Gehen Sie liebevoll, rücksichtsvoll und sanft mit sich um – mindestens so sehr, wie Sie es mit anderen tun würden.

In diesem Buch haben Sie gesehen, daß die Abhängigkeit von negativen Denkweisen eine weit verbreitete Suchtform ist, aber daß es auch sehr wohl einen Weg aus dieser Falle gibt. Doch auch wenn Ihnen alle Techniken geläufig sind, mit denen Sie sich aus dem Sumpf herausziehen können – selbst dann, wenn Sie genau verstehen, woher das Negativ-Syndrom kommt –, werden Ihnen diese Erkenntnisse nichts nützen, sofern Sie sie nicht in die Praxis umsetzen. Wenn *Sie* Ihre Negativität nicht wirklich in den Griff kriegen und umkehren wollen, damit Sie vom Leben das bekommen, was Sie wollen, und Ihre Energie positiv umpolen, wird Ihnen keine der hier angesprochenen Maßnahmen auch nur einen Schritt weiterhelfen. *Sie müssen von sich aus Ihre Negativität wirklich besiegen wollen!*

Es gibt Begründungen und es gibt Ergebnisse. Sie können entweder das Ergebnis erzielen – d.h. das bekommen, was Sie wollen – oder über die Begründungen die Erklärungen und Rechtfertigungen verfügen, die Ihnen klarmachen sollen, weshalb Sie *nicht* bekommen können, was Sie wollen. Es liegt an Ihnen. Sie haben die Wahl.

Selbstachtung

Sich selbst mögen und sanft mit sich umgehen: Das ist eigentlich das Grundthema dieses Buchs – sich selbst soweit zu achten, daß man sich alles Gute im Leben gönnt; wissen, daß man die guten Dinge verdient, und es sich gestatten, die Freuden, Schätze und Geschenke entgegenzunehmen, die das Leben lebenswert machen. Sie müssen es wirklich wollen, daß Ihr Leben wunderschön ist. Glauben Sie daran, daß das auch möglich ist. Seien Sie fest davon überzeugt, daß auch Sie es so haben können. Um dahin zu kommen, müssen Sie eben das machen, was dazu nötig ist, also durchhalten, loslassen, in Gang setzen, akzeptieren, zulassen, fühlen, beten, auf die Botschaften hören – alles, was nötig ist, damit Sie Ihren Negaholismus hinter sich lassen und Ihre Herzenswünsche verwirklichen können.

Selbstvertrauen

Es reicht jedoch nicht aus, daß Sie sich selbst mögen; Sie müssen auch Ihrer inneren Weisheit trauen. Jene leisen Botschaften, die zu Ihrem Bewußtsein durchdringen und Sie auf sich aufmerksam machen, sind Ihre Verbindung mit Ihrem wahren Weg. Hören Sie, vertrauen Sie auf das, was Sie hören, und handeln Sie danach, solange es weder Sie noch irgend jemanden sonst verletzt. Vergessen Sie nicht: Ihre Botschaften sind Ihre »spirituelle DNS« und Ihre Landkarte zum Auffinden und Befolgen Ihres Weges.

Ihre eigene »Hilfsmannschaft« rekrutieren

Hätte Gott gewollt, daß jeder von uns allein vor sich hinwurstelt, hätte er jeden von uns auf seine eigene kleine Insel gesetzt. Wir sind nun aber von Menschen umgeben, damit wir lernen, miteinander zu leben und uns gegenseitig zu unterstützen. Völlig selbstbezogen sein und sich nur um die eigenen Bedürfnisse und Wünsche kümmern ist kurzsichtig und führt geradewegs in die Isolation. Sich immer nur um andere kümmern und dabei sich selbst vergessen bringt unweigerlich Groll und Martyrium mit sich. Die Sorge um sich selbst und die Sorge um andere sollten sich die Waage halten. Sobald Ihre eigenen Bedürfnisse und Wünsche hinreichend befriedigt sind, ist es natürlich, anderen ebenfalls zu ihrer Bedürfnis- und Wunschbefriedigung verhelfen zu wollen. In diesem Sinne ist es angemessen und erstrebenswert, eine »Hilfsmannschaft« hinter sich zu haben, eine Gruppe von Menschen, die sich gegenseitig in ihren Bemühungen um Wohlbefinden und Selbstentfaltung unterstützen wollen. Es handelt sich um einen Kreis von Freunden, die sich dafür einsetzen, das Höhere Selbst – bzw. die »Botschaften« – zu unterstützen und zu fördern. Es sind Menschen, die gelernt haben zu unterscheiden, wann ein Freund nur einen Zuhörer braucht und wann hingegen ein sanfter Stoß von außen erforderlich ist. Solche Menschen wissen auch, wie man andere in den verschiedensten Situationen unterstützen kann und wie eine angemessene Reaktion aussieht.

Um eine solche » Hilfsmannschaft«, d.h. im Grunde eine Selbsthilfegruppe auf die Beine zu stellen, beginnen Sie mit einem Freund, der bereit ist, Ihnen zuzuhören und Ihnen gegenüber ehrlich zu sein. Nachdem Sie einen tragfähigen Rahmen zwischen Ihnen und Ihrem Freund aufgebaut haben, können Sie sich überlegen, ob Sie einen dritten mit hineinnehmen, dann einen vierten und so weiter. Im Idealfall sollte die Gruppe nicht mehr als zehn Mitglieder umfassen, doch da gibt es sicher auch Ausnahmen. Wenn die Gruppe z.B. vornehmlich aus Berufstätigen besteht, die geschäftlich oft unterwegs sind, werden Sie möglicherweise die Mitgliederzahl erweitern wollen, damit jederzeit genügend Leute verfügbar sind, an die Sie sich bei Bedarf wenden können.

Seien Sie auf der Hut vor der Falle des »Ich schaffe das schon selbst«-Syndroms. Das klingt nach: Ich brauche keinen, ich packe alles allein. Die Kehrseite ist jedoch, jedesmal sofort zum Telefonhörer zu greifen, wenn Sie auch nur den leisesten Anflug von Unsicherheit, Zweifel und Angst verspüren. Das sind natürlich beides Extreme, doch da das binäre Denken uns sehr vertraut ist, neigen Sie unter Umständen zum einen oder zum anderen Extrem. Nehmen Sie sich jedoch vor beiden in acht, da Ihnen weder das eine noch das andere weiterhilft.

Mit Veränderungen umgehen

Um effektiv mit Veränderungen umzugehen, müssen Sie die Dynamik des Veränderungsprozesses verstehen. Veränderungen bereiten etwa 95 Prozent der Bevölkerung ausgesprochene Schwierigkeiten. Die meisten Menschen wehren sich gegen die Veränderungen im Leben, während andere – ein sehr kleiner Prozentsatz – durch sie gedeihen. Da wir alle im Grunde genommen Gewohnheitstiere sind, neigen wir dazu, am Altbekannten festzuhalten. Unbewußt setzen wir unseren Bezugsrahmen aus all jenen Erfahrungen, Gefühlen, Gedanken, Einstellungen, Haltungen, Ansichten und Wahrnehmungen zusammen, die wir im Laufe der Jahre angehäuft haben und als wahr ansehen. Da wir diese Wahrnehmungen eben als wahr ansehen, ist dieser Bezugsrahmen Teil unserer Identität geworden. Wir identifizieren uns damit, und oft halten wir ihn sogar für unser Selbst.

Veränderungen sprengen unseren Bezugsrahmen und bringen ihn durcheinander. Wenn unser Bezugsrahmen durcheinandergeraten ist, halten wir noch stärker am Altvertrauten fest; mit anderen Worten, wir klammern uns an dem fest, was wir kennen. Ins Unbekannte, in die Leere vorzupreschen, bringt uns in Bereiche, wo wir Risiken eingehen und aufs Vertraute verzichten müssen. Jeder normale Mensch sperrt sich erst einmal gegen den Sprung in die Leere, ins Ungewisse, in die unsichere Zukunft.

Um Veränderungsprozesse gut zu überstehen, müssen Sie bewußt die Richtung verstärken, in die Sie gehen wollen, und bewußt die Orientierung schwächen, von der Sie sich abwenden. Die Vergangenheit muß in Ihren Augen weniger anziehend werden als Ihre Vorstellung von der Zukunft. Sie müssen sich das Bild einer positiven, erstrebenswerten, einladenden Zukunft ausmalen und immer wieder vor Augen halten. Wenn Sie sich jedoch der Nostalgie hingeben, die Sie wieder in die Erinnerung an die »gute alte Zeit« hineinzieht, können Sie jede Hoffnung, mit Ihren Bemühungen um Veränderung Erfolg zu haben, gleich vergessen. Die Nostalgie wird Sie in Ihren alten Bezugsrahmen zurücklocken, weil er ja vertraut, kalkulierbar und sicher ist. Selbst wenn Ihr alter Bezugsrahmen unerwünscht, unbequem, schmerzhaft oder traumatisch ist, Sie werden sich immer wieder zu ihm hingezogen fühlen: Wegen seiner Vertrautheit verbinden Sie ihn mit Ihrer Identität. Der Übergangszustand ist immer noch so ungewiß und unbeständig, daß es schwer ist, ihn auszuhalten, ohne in den vorhergehenden Zustand zurückzufallen. Es ist wie bei einem alten Freund: Unter Umständen mögen Sie ihn gar nicht mehr so gerne, doch Sie kennen ihn so gut, daß Sie ihn nicht einfach zum alten Eisen werfen können. Nach allem, was Sie durchgemacht haben, müßten Sie mit einem neuen ganz von vorne anfangen.

Bei jedem Wechsel von einem Zustand zu einem anderen gibt es drei Phasen: das Altbekannte, der Übergang und die Zukunft. Der gegenwärtige Zustand ist bekannt, vertraut und kalkulierbar. Meist neigt man dazu, eine vertraute Situation nicht verlassen zu wollen. Schließlich sind wir Gewohnheitstiere; selbst wenn die Situation schmerzhaft ist, harren wir oft eher in einer negativen Situation aus, als uns von dem, was uns vertraut ist, zu trennen.

Vom gegenwärtigen, vertrauten Zustand in den Übergangszustand zu wechseln, ist verwirrend und desorientierend, bedeutet es doch, sich ins Ungewisse, Unkalkulierbare, Unsichere zu stürzen. Die Übergangsphase ist äußerst unstabil, da die Vertrautheit fehlt. Die meisten Menschen, die sich ihrer Beweggründe oder des aufgrund der Veränderung möglichen Gewinns unsicher sind, werden in der Übergangsphase in ihre alten Verhaltensmuster zurückfallen. Sie ziehen sich auf das zurück, was sie kennen – obgleich nicht unbedingt lieben –, anstatt den neuen Zustand anzuvisieren.

Ist der erwünschte, der Zukunftszustand, erreicht, dann wird er zum neuen Status quo. Haben Sie den Übergang überwunden, dann wird die Zukunft zur Gegenwart, das »Dort« zum »Hier«. Die Herausforderung besteht darin, sich zum erwünschten Zustand durchzulotsen, ohne auf halber Strecke wieder umzukehren.

Die Übersicht zeigt die Merkmale jeder einzelnen Phase auf. Falls Sie einen Veränderungsprozeß durchlaufen, können Sie nachprüfen, in welchem Stadium Sie sich gerade befinden.

Phasen eines Veränderungsprozesses

Gegenwart	Übergang	Zukunft
• gewiß	• Angst vor Verlust	• gewiß
• kalkulierbar	• Ängstlichkeit	• kalkulierbar
• stabil	• veränderter Bezugsrahmen	• stabil
• definiert/vertraut	• Mini-Identitätskrise	• definiert/vertraut
• bequem	• Unvertrautheit	• bequem
• Identität	• Verwirrung	• stabile Identität
• sicher	• Aktivität	• sicher
• konkret	• Unbeständigkeit	• konkret
• bekannt	• Desorientierung	• bekannt
• kontrollierbar	• Ambiguität	• kontrollierbar
	• Ungewißheit	• aktiv
	• Unkalkulierbarkeit	
	• Fremdheit	
	• Unordnung	
	• Instabilität	
	• Risiko/Aufregung	
	• Unbequemlichkeit	
	• Gefährlichkeit	
	• Unkontrolliertheit	

Den Prozeß leben

Es gibt zehn spezifische Richtlinien oder Leitsätze, die Ihnen bei der Überwindung Ihrer Negativität behilflich sein können. Praktizieren Sie diese Richtlinien jeden Tag, damit Sie Ihre neu gewonnene positive Einstellung auch wirklich beibehalten. Diese Leitsätze sind keineswegs willkürlich; außerdem sind sie für den Genesungsprozeß unerläßlich.

Die zehn Richtlinien

1. Jeden Tag meines Lebens genießen und an allem, was ich tue, Spaß haben.
2. Meine Gefühle wahrnehmen, erleben und anerkennen.
3. Die Wahrheit, meine Wahrheit, nach bestem Wissen und Gewissen aussprechen.
4. In mich gehen und nach meinen Botschaften, meiner inneren Führung und Richtung schauen.
5. Mich auf Lösungen statt auf Probleme konzentrieren.
6. An mich selbst, an andere und an das Unmögliche glauben.
7. Bewegung in mein Leben hereinlassen; die Hand nach Hilfe ausstrecken und/oder mich beraten lassen, wenn ich »festsitze«.
8. Mich selbst, jeden Teil von mir bedingungslos liebhaben und wertschätzen.
9. Meinen Träumen, meiner Inspiration, meinem »Höheren Selbst«, meinen Botschaften nachgehen.
10. Alles in meinem Leben als einen Spiegel meiner selbst ansehen; lernen, wachsen, die Vollkommenheit im übergeordneten Plan suchen.

Gelassenheit erlangen

Es gibt neun Schritte auf dem Weg zur Gelassenheit. Jeder einzelne Schritt ist für den Gesamtprozeß wichtig. Letztendlich besteht das Ziel darin, inneren Frieden zu finden, den inneren Kampf ein für allemal zu beenden. Negaholismus bedeutet das Fehlen von Gelassenheit. Es ist nur der zerstörerische innere Dialog, der uns vom gelassenen Frieden der Selbstliebe fernhält.

Gelassenheit ist jedoch ein zweischneidiges Schwert. Gelassenheit erreicht man nicht durch vorzeitiges Aufgeben oder Sich-Zufriedengeben, auch nicht durch zwanghaftes Sich-Antreiben. Gelassenheit bedeutet, zwischen den Gegenpolen das Gleichgewicht zu halten. Das heißt, innerlich nicht davon abhängig zu sein, wie Sie z.B. aussehen oder wie die Dinge laufen »sollten«. Es heißt nicht, sich nur hochentwickelt, bewußt oder gar heilig zu verhalten. Es bedeutet

bedeutet statt dessen, authentisch, echt, wirklich *Sie* zu sein. Es bedeutet, die Wahrheit zu sagen und bereit zu sein innezuhalten, zu fühlen, hinzuhören und zu lernen. Es bedeutet, mit Ihrem Höchsten Selbst in Verbindung zu treten.

Der nachfolgende »Weg zur Gelassenheit« zeigt die verschiedenen Stadien, die ein Mensch in seinem Leben durchlaufen kann, wenn er sich auf die Suche nach innerem Frieden oder Gelassenheit begeben hat. In jedem einzelnen Stadium ist es möglich, anzuhalten und dort den Rest seines Lebens zuzubringen. Es können auch durch Reflexion, Introspektion und Kontemplation noch tiefgründigere und bedeutungsvollere Wege gegangen werden.

Spätestens wenn Sie das Stadium der Selbstverwirklichung erreichen, werden Sie Ihren Hang zum Negaholismus aufgegeben haben müssen. Bis dahin werden Sie jedoch auf jeder Stufe, bis hin zur Meisterschaft, jede Menge Negaholiker entdecken können.

Überleben

Der Weg beginnt mit dem Überleben. Überleben ist das grundlegendste Entwicklungsstadium und hat in erster Linie damit zu tun, daß man überhaupt am Leben bleibt. Fragen des Überlebens sind z.B. Nahrung, Unterkunft und Sex. Werden die Überlebensbedürfnisse nicht gesichert, so stirbt man.

Kampf

Kampf ist die nächste Phase nach dem Überleben. Kampf hat weniger mit Überlebensfragen zu tun als mit dem Versuch, sich aus dem Sumpf des Alltags herauszuziehen. Jeden Tag schlägt man sich damit herum, irgendwie durchzukommen und sich aus der Tretmühle herauszuhalten, die einen wieder in die Überlebensphase zurückziehen könnte.

Stabilität

Stabilität bedeutet, eine Ebene zu erreichen, auf der Sie stehen können, ohne sich ständig den Elementen und den Geldeintreibern ausgesetzt zu fühlen. Wenn Sie die Stabilitätsebene erreicht haben, können Sie aufatmen und auf dem Weg des Lebens eine kleine Pause einlegen. Die schlimmsten Probleme sind ausgebügelt, und im Moment ist alles stabil.

Selbstbestimmung
Wenn Sie dieses Stadium erreichen, sind Sie zu dem Schluß gekommen, daß es an Ihnen ist, aus Ihrem Leben etwas zu machen. Sie haben jetzt den Stier an den Hörnern gepackt und fühlen sich der Herausforderung, Ihr eigenes Schicksal zu bestimmen, gewachsen.

Suchen
In dieser Phase suchen Sie nach alternativen Möglichkeiten des Handelns. Sie suchen nach Bedeutung, Sinn und Relevanz für Ihr Leben. Sie suchen nach Antworten, die sinnvoll erscheinen.

Streben
Wenn Sie beim Stadium des Strebens angelangt sind, sehen Sie das Licht am Ende des Tunnels, und Sie wollen dort hinkommen. Sie streben ständig vorwärts, darauf erpicht, endlich dort zu sein. Sie wissen, daß Sie noch nicht am Ziel sind, und Sie wollen möglichst bald ankommen, und so drängen all Ihre Bemühungen Sie voran. Sie agieren nach dem Motto »Nur noch eins«, und Sie geben nicht auf.

Meisterschaft
Meisterschaft bedeutet einen Durchbruch. Sie haben die erste Sprosse der Leiter des »Angekommen-Seins« erreicht. Ihre Leistungen, Ihre Person oder irgendein bestimmter Aspekt Ihres Selbst erhält öffentliche Aufmerksamkeit. Es gibt Belohnungen finanzieller und ideeller Art, auch Anerkennung, so daß Sie möglicherweise jetzt schon das Gefühl haben, »angekommen« zu sein. Falls Sie keine spirituelle Orientierung haben, heißt die Meisterschaft für Sie tatsächlich, angekommen zu sein; ansonsten wissen Sie, daß das noch nicht alles ist.

Selbstverwirklichung
Jenseits der Meisterschaft weiß der Mensch, dem die Selbstverwirklichung geglückt ist, daß Ruhm und Reichtum, wenngleich wünschenswert, nicht alles sind. Bei diesem Menschen stimmen Worte und Taten überein. Er »handelt, wie er spricht« und besitzt die Fähigkeit, seine Wünsche nach Lust und Laune in die Tat umzusetzen.

Er ist Experte in dem, was er als Lebenswerk gewählt hat, eine Tätigkeit, die er als Vehikel zur Meisterung der Kunst des Lebens benutzt.

Gelassenheit

Gelassenheit ist der Zustand von Ruhe, Frieden, Licht, Klarheit, Gewißheit. Sie bedeutet die Transzendenz des »Ich kann«- zum »Ich weiß«-Zustand. Gelassenheit bedeutet, in einem »Ich kann«-Selbst zu leben, zu wissen, wer man ist, was man will und wie man es erreicht.

Jeder Negaholiker kann den Zustand der Gelassenheit erreichen. Auch Sie können sämtliche Stadien durchschreiten. Sie können sich auf den Weg zur Genesung begeben und Ihren Negaholismus vollständig besiegen. Erforderlich sind der Wunsch, die Bereitschaft und das Engagement. Sie können es schaffen. Sie brauchen nur an sich zu glauben, darauf zu vertrauen, daß Sie es schaffen; Sie müssen nur jeden Tag aufs neue nehmen und Gott um Hilfe bitten. Auch Sie können all Ihre Träume verwirklichen. *Lieben Sie sich selbst, vertrauen Sie Ihren Entscheidungen, und alles ist möglich.*

Empfohlene Literatur

Forward, Susan/Torres, Joan (1988): *Liebe als Leid. Warum Männer ihre Frauen hassen und Frauen gerade diese Männer lieben,* Bertelsmann

Coleman, Daniel (1987): *Lebenslügen und einfache Wahrheiten. Warum wir uns selbst täuschen,* Beltz

Goldberg, Philip (1988): *Die Kraft der Intuition. Wie man lernt, seiner Intuition zu vertrauen (The Intuitive Edge),* Scherz

Fensterheim, Herbert/Baer, Jean (1988): *Sag nicht ja, wenn du nein sagen willst,* Goldmann

Norwood, Robin (1986): *Wenn Frauen zu sehr lieben. Die heimliche Sucht, gebraucht zu werden,* Rowohlt

Peck, M. Scott (1986): *Der wunderbare Weg. Eine neue Psychologie der Liebe und des spirituellen Wachstums,* Bertelsmann [auch: Goldmann 1989]

Restak, Richard (1988): *Geheimnisse des menschlichen Gehirns. Ursprung von Denken, Fühlen, Handeln,* Moderne Verlagsgesellschaft

Schwartz, David J. (1989): *Die Wunderwirkung großzügigen Denkens,* Goldmann

Witkin-Lanoil, Georgia (1985): *Die gestreßte Frau,* Bucher

dies., (1987): *Männer unter Streß. Symptome, Gefahren, Überlebensstrategien,* Droemer

Deutschsprachige Aktivitäten

Wenn Sie an Informationen über Vorträge, Seminare und Workshops in deutscher Sprache interessiert sind, wenden Sie sich an:
Egger, Philips & Partner AG, Fraumünsterstraße 19,
CH-8001 Zürich, Tel. 01/2 21 32 20.

Aus unserem Programm:

Roger Fisher, Scott Brown

Gute Beziehungen

Die Kunst der Konfliktvermeidung,
Konfliktlösung und Kooperation
Aus dem Englischen von Linda Gränz
1989. 244 Seiten

Gute Beziehungen – zu Freunden, Kollegen, Mitarbeitern, unter Geschäfts- oder Tarifpartnern und auch zwischen Regierungen – sind leider alles andere als selbstverständlich. *Wie* sie gut werden können: das zeigt das neue Buch von Roger Fisher und Scott Brown. Die Autoren haben Beziehungsprobleme auf allen Ebenen untersucht. Die Techniken und Strategien, die sie daraus entwickeln, lassen sich von jedem von uns in jeder Situation anwenden.

Roger Fisher, William Ury

Das Harvard-Konzept: Sachgerecht verhandeln – erfolgreich verhandeln

8. Auflage 1989. 213 Seiten

Lange Zeit haben Soziologen, Juristen und Staatswissenschaftler der Harvard-Universität an der Frage herumgetüftelt, ob erfolgreichem Verhandeln in Familie, Wirtschaft und Politik ganz bestimmte, erlernbare und vielseitig anwendbare Prinzipien oder Strategien zugrunde liegen. Sie haben diese Frage jetzt mit einem eindeutigen »Ja« beantwortet und ihre jahrelangen Forschungsergebnisse in dem Buch »Das Harvard-Konzept: Sachgerecht verhandeln – erfolgreich verhandeln« anschaulich und überzeugend dargestellt.

Campus Verlag · Frankfurt am Main

Susan Schenkel

Mut zum Erfolg

Warum Frauen blockiert sind und was sie dagegen tun können
Aus dem Amerikanischen von Julia Nowotny-Iskander
Mit einem Vorwort von Martina I. Kischke
5. Auflage 1989. 191 Seiten

»Wenn wir etwas unternehmen, dann setzen wir eine Spirale in Gang, die nach oben führt. Wenn wir uns Ziele setzen, wie bescheiden sie auch sind, merken wir, daß *wir* etwas bewirken können. Je mehr wir uns dieser Macht bewußt werden, desto mehr Lust bekommen wir, uns neue Ziele zu setzen, neue Pläne zu machen und sie in die Tat umzusetzen.« *Susan Schenkel*

»Die amerikanische Psychologin und Verhaltens-Therapeutin Susan Schenkel hat ein interessantes Buch geschrieben. Sie geht nicht nur der Frage nach, woran das liegt, daß Frauen sich zu wenig zutrauen, sondern gibt auch sehr nützliche Tips, wie man innere Blockaden und Unsicherheiten überwinden kann.« *Freundin*

»Ihr Ratgeber ist nicht ein Allerweltsbuch mit billigen Standardrezepten. Es geht sehr prägnant auf die Umstände der Sozialisation, welche das Verhalten von Frauen im Berufsleben bestimmt, ein. Das Buch hilft, die innerliche Einstellung zu überwinden – um in der Außenwelt besser zu bestehen. Zunächst macht das Buch vor allem einmal Mut, den Kampf überhaupt aufzunehmen. Das ist sein größtes Verdienst.« *Blick für die Frau*

»Sehr empfehlenswert für Frauen – aber auch für Personalchefs und für Männer, die unter dem Leistungsdruck in der Außenwelt leiden.« *Bilanz*

Campus Verlag · Frankfurt am Main